汉语迂回致使结构的多维度研究

杨江锋 著

中国社会科学出版社

图书在版编目（CIP）数据

汉语迂回致使结构的多维度研究/杨江锋著. —北京：中国社会科学出版社，2022.12

ISBN 978-7-5227-1746-3

Ⅰ.①汉⋯ Ⅱ.①杨⋯ Ⅲ.①现代汉语—语法—研究 Ⅳ.①H146

中国国家版本馆 CIP 数据核字（2023）第 060755 号

出 版 人	赵剑英
责任编辑	张　林
特约编辑	王　萌
责任校对	闫　萃
责任印制	戴　宽

出　　版	中国社会科学出版社
社　　址	北京鼓楼西大街甲 158 号
邮　　编	100720
网　　址	http://www.cssph.cn
发 行 部	010-84083685
门 市 部	010-84029450
经　　销	新华书店及其他书店
印　　刷	北京明恒达印务有限公司
装　　订	廊坊市广阳区广增装订厂
版　　次	2022 年 12 月第 1 版
印　　次	2022 年 12 月第 1 次印刷
开　　本	710×1000　1/16
印　　张	16.5
插　　页	2
字　　数	217 千字
定　　价	88.00 元

凡购买中国社会科学出版社图书，如有质量问题请与本社营销中心联系调换
电话：010-84083683
版权所有　侵权必究

目 录

第一章 绪论 …………………………………………… （1）
第一节 课题缘起 ……………………………………… （1）
第二节 理论背景 ……………………………………… （2）
第三节 语料说明 ……………………………………… （5）
第四节 本书章节安排 ………………………………… （17）

第二章 汉语迂回致使结构研究现状 ………………… （19）
第一节 致使结构的分类 ……………………………… （20）
第二节 迂回致使结构的基本界定 …………………… （24）
第三节 多元视角下汉语分析型致使结构研究概述 … （25）
第四节 多元视角下汉语兼语式研究概述 …………… （34）
第五节 对当前研究的简评 …………………………… （39）

第三章 迂回致使结构结果动词的构式搭配分析 …… （43）
第一节 典型迂回致使结构结果动词研究现状 ……… （43）
第二节 构式搭配分析法 ……………………………… （45）
第三节 迂回致使结构结果动词的提取和构式搭配
　　　　 分析法的使用 ………………………………… （49）

第四节　统计结果和分析 …………………………………… (51)
　　本章小结 ……………………………………………………… (83)

第四章　语体视角下的迂回致使结构研究 …………………… (85)
　　第一节　主观性、主观化与迂回致使结构 …………………… (85)
　　第二节　汉语迂回致使结构与语体 …………………………… (88)
　　第三节　语体的原型范畴观 …………………………………… (89)
　　第四节　统计结果 ……………………………………………… (92)
　　第五节　分析讨论 …………………………………………… (101)
　　本章小结 ……………………………………………………… (109)

第五章　原型理论视域下汉语迂回致使结构研究 ………… (111)
　　第一节　引言 ………………………………………………… (111)
　　第二节　致使结构的相关原型模型 ………………………… (111)
　　第三节　研究设计 …………………………………………… (118)
　　第四节　研究结果 …………………………………………… (121)
　　第五节　讨论分析 …………………………………………… (127)
　　第六节　致使结构原型的复杂性：来自英语 make 类
　　　　　　迂回致使结构的证据 ……………………………… (132)
　　本章小结 ……………………………………………………… (154)

第六章　构式视角下的迂回致使结构研究 ………………… (156)
　　第一节　迂回致使结构的图式构成 ………………………… (156)
　　第二节　汉语致使结构中动词的意义和句式的意义 ……… (158)
　　第三节　汉语迂回致使构式的类型 ………………………… (163)
　　本章小结 ……………………………………………………… (184)

第七章 结论 ………………………………………… (186)
- 第一节 主要结论 ………………………………………… (186)
- 第二节 主要创新 ………………………………………… (188)
- 第三节 研究不足和展望 ………………………………… (189)

附录1 "使"字迁回致使结构结果动词槽位的动词
及其观测频次列表 ……………………………………… (190)

附录2 "让"字迁回致使结构结果动词槽位的动词
及其观测频次列表 ……………………………………… (195)

附录3 "叫"字迁回致使结构结果动词槽位的动词
及其观测频次列表 ……………………………………… (202)

附录4 "使、让、叫"字迁回致使结构结果动词槽位
多元共现词位分析数据表 ……………………………… (205)

参考文献 ………………………………………………… (226)

图目录

图 4-1 "使"和"让"迂回致使结构在 CCSC 分类语料中观测频次和期望频次差值对比 …………… (95)

图 4-2 "使"和"让"迂回致使结构在 LCMC 分类语料中观测频次和期望频次的差值对比 …………… (99)

图 4-3 "使"和"让"迂回致使结构与 LCMC 分类语体的偏向倾向 …………………………………………… (100)

图 4-4 "语体—话语功能—主观性倾—结构选择"对应图 …………………………………………………… (109)

图 5-1 迂回致使结构的动作链 ……………………… (112)

图 5-2 致使结构的理想化认知模型 ………………… (117)

图 6-1 驱动分解图 …………………………………… (157)

图 6-2 迂回致使构图式 ……………………………… (166)

图 6-3 [NP$_{subj}$ MAKE NP$_{obj}$ VP$_{infinitive}$] 构式 ………… (166)

图 6-4 动词词汇类型、语法化与致使强度趋势 …… (174)

图 6-5 改进后迂回致使构式示意图 ………………… (178)

表目录

表1-1　LCMC 文本类别信息表……………………………（9）

表1-2　LCMC 取样时间跨度及比例 ………………………（10）

表1-3　CCSC 的标注结构 …………………………………（14）

表3-1　"使、叫、让"字分析型致使结构中后段动词的
语义类型 …………………………………………（45）

表3-2　共现词"感到"与 [NP_1 + 使 + NP_2 + V]
结构的交叉列联表 ………………………………（51）

表3-3　"使"字迁回致使结构结果动词槽位出现频次
最高的前40个动词 ………………………………（52）

表3-4　"让"字迁回致使结构结果动词槽位出现频次
最高的前40个动词 ………………………………（53）

表3-5　"叫"字迁回致使结构结果动词槽位出现频次
最高的前40个动词 ………………………………（54）

表3-6　"使"字迁回致使结构 [NP_1 + 使 + NP_2 + V]
共现词位表（$p<0.05$）…………………………（56）

表3-7　结果动词语义类型 …………………………………（62）

表3-8　"让"字迁回致使结构共现词位表
（$p<0.05$）………………………………………（67）

表3-9 "叫"字迂回致使结构共现词位表
　　　　（$p<0.05$）………………………………………（77）
表3-10 "使"字迂回致使结构的多元显著共现词位表……（80）
表3-11 "让"字迂回致使结构的多元显著共现词位表……（81）
表3-12 "叫"字迂回致使结构的多元显著共现词位表……（83）
表4-1 "使"和"让"迂回致使结构的整体分布…………（93）
表4-2 "使"和"让"迂回致使结构在CCSC分类语料
　　　中的观测频次……………………………………（94）
表4-3 "使"和"让"迂回致使结构在CCSC分类语料
　　　中的期望频次……………………………………（96）
表4-4 "使"和"让"迂回致使结构在CCSC分类语料
　　　中观测频次和期望频次的差值…………………（96）
表4-5 "使"和"让"迂回致使结构在LCMC分类语料
　　　中的观测频次……………………………………（97）
表4-6 "使"和"让"迂回致使结构在LCMC分类语料
　　　中的期望频次……………………………………（98）
表4-7 "使"和"让"迂回致使结构在LCMC分类语料
　　　中观测频次和期望频次的差值…………………（98）
表5-1 致使结构三个原型模型及其参数指标 …………（120）
表5-2 三个动词的相关结构在语料库中的分布 ………（121）
表5-3 汉语迂回致使结构与致使结构原型模型匹配性
　　　分布数据…………………………………………（123）
表5-4 汉语迂回致使结构与弹子球模型参数不匹配
　　　分布数据…………………………………………（123）
表5-5 汉语迂回致使结构与直接操控模型参数不匹配
　　　性分布数据………………………………………（124）
表5-6 迂回致使动词与顺序象似性模型 ………………（127）

表5-7	[MAKE Y V$_{inf}$] 和 [X MAKE Y V$_{inf}$] 结构在四种语体中的分布	(138)
表5-8	致使者的生命度在四种语体中的分布	(139)
表5-9	致使者的具体语义属性在四种语体中的分布	(141)
表5-10	被使者的生命度在四种语体中的分布	(143)
表5-11	被使者的具体语义属性在四种语体中的分布	(144)
表5-12	致使类型在四种语体中的分布	(144)
表5-13	结果动词类型在四种语体中的分布	(146)
表5-14	出现频次最高的前10个结果动词	(149)
表5-15	搭配吸引强度最高的前10个结果动词及其显著值	(149)
表6-1	汉语显性使令动词	(180)
表6-2	能用于迂回致使结构的非纯致使动词	(181)
表6-3	汉语使令动词	(182)
表6-4	至少两个文献来源都认同用于迂回致使结构的动词	(183)

第 一 章

绪　　论

第一节　课题缘起

汉语迂回致使结构在句法上的基本形式表现为 [NP$_1$ [$_{VP}$ V$_{cause}$ NP$_2$ V$_{effect}$ NP$_3$]]，语义上由五个槽位构成，即致使者、致使动词、被使者、结果动词和受事，其中受事槽位只有在结果动词为及物动词时才出现。现代汉语中能用于迂回致使结构的致使动词主要包括致使助动词（如："使""让""叫"等）和所谓的使令动词（或非纯致使动词），如例句（1）—(5)。

(1) 一个偶然的机会，使鞍钢人改变了初衷，踏上了风险之路①。

(2) 英国反对党工党外交事务发言人布朗说，政府的决定将会使英国被嘲笑为"种族隔离制度的最后的朋友"。（结果动词为被动式）

(3) 你让不让人吃饭啊，不让吃人就算啦！

(4) 这样的情况总应该让母亲知道吧？（致使者缺省，受事话题化）

---

① 本书中所有未特别标明出处的例句均出自文中提及的 LCMC 和 CCSC 两个语料库。

（5）你叫我怎么办我就怎么办！

致使结构一直是语言学界的研究热点。就汉语致使结构的研究而言，句法学、语义学、认知语言学等领域的研究者都从各自的研究视角分析过汉语迂回致使结构，成果也很丰硕。从对中国知网的查询结果看，学界对汉语致使结构的研究主要集中在2003—2004年，主要成果是以如熊仲儒（2003）、梁晓波（2007［2003］）、牛顺心（2004）、郭姝慧（2004）、周红（2004）、宛新政（2004）等为代表的一批博士学位论文。这些论文主要涉及汉语致使结构的各种分类、语义特点、句法特征及语言习得等，迂回致使结构不是主要关注的问题。

尽管对汉语致使结构的研究成果丰富，但就目前的研究现状而言，迂回致使结构的研究还处在边缘化状态，仍然存在着需要解决的问题。例如，"使"和"让"字迂回致使结构一直被认为是近义结构，其唯一的区别在于口语和书面语上的差异，但是却没有相关研究对这种语体差异后面的动因给出过解释。此外，对汉语迂回致使结构的研究也缺乏新视角，例如文献中所述的四种致使结构原型模式能否完整解释汉语迂回致使结构，从未经过研究考证。再则，从研究方法上看，大多的研究采用定性描述和引例论证的方式，基于真实、自然的语料库对汉语迂回结构进行定量和定性相结合的研究数量极少。这种研究现状促使我们要对汉语迂回致使结构作进一步的深入研究。

第二节　理论背景

一　基于使用的模式

基于使用的模式（Langacker，1987；Barlow & Kemmer，2000）强调人类的语言知识源于对语言的实际使用中的亲身体验，所以，语言在实际使用中的种种因素都会对语言结构的产生、变化以及在人心智中的表征产生影响。是基于使用的模式承认人的基本认知能力对于语法的构建作用。其中语言使用的频率会对语言认知主体在心智中的表征和语言结构产生影响。频率效应与人类基本认知能力之一的固化更是紧密相连。就语言结构而言，无论是复杂、抽象，还是具体，只要在语言使用中出现的频次足够高，就可以在认知主体的心智中获得表征。这种频率效应的最佳载体就是源于真实、自然环境下的人们的语言产出。而语料库作为自然发生环境下的语言文本的汇集可以为我们提供一个从语言使用角度来研究语言的最好途径。

二 认知构式语法

传统语言学将词汇和语法视为本质上截然不同的语言现象，认为词汇只包含了语言符号（即形式和意义的配对），而语法只是抽象的、无意义的句法规则。相比之下，认知构式语法则将词汇和语法视作由有意义的语言单位和语言符号共同组成。持这种观点的构式语法形成了一个构式理论家族群（Stefanowitsch & Gries，2005）。这些构式语法理论中最引人注目的就是 Goldberg（1995，2003，2006）的认知构式语法。

Goldberg（1995：4）将构式定义为：C 是一个构式当且仅当 C 是一个形式意义的配对 <Fi, Si>，且 C 的形式（Fi）或意义（Si）的某些方面不能从 C 的构成成分或其他先前已有的构式中得到完全预测。也就是说，任何语言表达式，只要它的形式、语义或功能的某些方面是不可预测的，就都可称之为构式。这个定义主要涉及了从形式上不能完全预测其意义的构式，或者说一些特殊构式。形式、意义和功能的不可预测性指的是无法用常规的语法规则和意义形成规则来解释。不可预测性是多方面的，其中包含蕴含、预设、语体风格等语用意义,所有这些与构式的关系都是约定俗成的,是构式必备的表达功能,构式的识解必然涉及构式的各种意义(严辰松,2008)。后来,Goldberg(2006:5)又对构式定义进行了拓展,将语言所有层面的形式都看作是构式,并认为能解释特殊结构的理论也就能用来解释那些语言形式完全可以被预测的常规结构,只要这些语言形式出现的频次够高,那这些语言形式也能够以构式的形式储存起来。认知语言学认为,语法以经验为基础,也就是说是基于使用的、高频率出现的大量的语言实际用例通过心理固化形成一套从具体到抽象的认知结构,其中就包括构式。使用频次在建立知识系统的过程中起着关键作用。简言之,构式语法认为,构式不是构件的简单相加,即构式的整体意义大于或等于各个构件的意义之和。如果用 A、B 和 C 代表各个构件及其意义,S 代表整个构式的意义,那么,$S \geq A+B+C$。也就是说,当 $S=A+B+C$ 时,构式能够被预测,构式的整体意义等于各个构件的意义之和;当 $S>A+B+C$ 时,构式不能被完全预测,构式的整体意义大于各个构件的意义之和(吴义诚、李艳芝,2014)。构式语法在研究论元结构构式时主要涉及构式与其填充动词之间存在互动性关系(Goldberg,1995:24-66)和构式与构式之间存在传承网络(Goldberg,1995:72-81)。故此,从构式的意义上讲,典型迂回致使结构的抽象表达 [$NP_1 + V_{Cause} + NP_2 + V_2$] 可以自足性地看作是一个上位构式,而以 [$NP_1 + 使 + NP_2 + V_2$] 体现的"使"字迂回致使结构和以 [$NP_1 + 让 + NP_2 + V_2$] 体现的"让"字迂回致使结构可以被视为 [$NP_1 + V_{Cause} + NP_2 + V_2$] 的下位构式。

三 原型理论

范畴化是人类认知的有机组成部分,就如 Lakoff(1987:5)所说的:"对我们的思维、感知、行动和言语来说,再也没有什么比范畴划分更基本的了"(There is nothing more basic than categorization to our thought, perception, action and speech)。所谓范畴化就是人类通过对认知对象进行感知、分辨、比较和概括,从而对认知对象进行分类和归类的过程。而原型理论就是认知语言学关于范畴划分的理论。经典的范畴理论基于客观主义"非此即彼"的范畴观,认为事物的特征是二元化的,范畴之间界限清晰,范畴内部成员无典型性差异(Taylor, 2003:21)。而 Wittgenstein(2001[1953]:27-28)对此则提出了质疑,认为范畴各成员之间未必具有共同特征,而是以"家族相似性"的方式存在的。之后,Eleanor Rosch 及其同事(如 Rosch & Mervis, 1975; Rosch, 1978)进行了大量的心理学实验来探索范畴的内部结构,引入了术语"原型"(prototype),并用实验证明范畴具有原型效应(prototype effect 或 typicality effects)。原型就是范畴中的典型成员,是与同一范畴成员有最多共同特征的实例,具有最大的家族相似性(Ungerer & Schmid, 2001:29)。范畴成员按照具有该范畴所有特征的多少,具有不同的典型性(prototypicality)。对致使结构原型进行描述和探讨的理论模型共有四种:即致使结构顺序象似性模型(Gilquin, 2006)、弹子球模型(Langacker, 1991:13)、直接操控模型(Lakoff & Johnson, 1980:69-76; Lakoff, 1987:54-55)和致使结构的理想化认知模型(熊学亮、梁晓波 2003)。

第三节 语料说明

一 汉语语料库概况

真正意义上的现代语料库的研制工作始于20世纪60年代的"布朗大学当代美国英语标准语料库"。此后,"布朗家族语料库"(McEnery & Hardie, 2012:97-100)以及上亿词级的语料库英国国家语料库(British National Corpus)和美国国家语料库(American National Corpus)先后问世,使得英美国家基于语料库的语言学研究在世界上遥遥领先。

相对英语语料库资源而言,公开可供使用的大型现代汉语书面语平衡语料库和口语语料库的数量就少很多。具有代表性的现代汉语书面语语料库有"现代汉语书面语平衡语料库""北京大学汉语语言学研究中心语料库"和台湾"中研院"的"现代汉语平衡语料库"。但这些语料库在语料的代表性、语料的深加工、检索与过滤、上下文的扩展和检索统计功能等方面都存在一定的差距。而可供公开使用的现代汉语口语语料库在数量的多少、规模的大小(主要表现在语料录音时间长度和所包含字词数量)、语料的平衡性(主要表现在语料是对话还是独白、是私下的还是公开的、是正式的还是非正式的等方面)、加工深度(主要涉及分词、词性标注、句法标注等)等方面都无法与现代汉语书面语语料库资源相比拟和匹配,与英语国家大规模口语语料库的研发更是无法相提并论。当然,在很大程度上,这与口语语料收集本身所具有的难度、公开语料要获取授权的难度,以及研发机构语料库只供己用的目的等都有相当大的关系。但现代汉语口语语料库公开资源匮乏的现状也从另一个层面说明了现代汉语语言研究在一定程度上忽视了对相关语言现象在口语中具体特征的考查。现有文献中涉及的现代汉语口语语料库主要有六个:第一是由中国人民大学张卫国教授制作完成的"北京话口语语料库"(贺阳,2008),它所包含的语料采集于20世纪80年代末期,主要内容为亲朋好友、邻里、同事、同学等之间的日常对话,小部分为正式程度较高的谈话、会议发言、大学生辩论赛等,文字转写部分约95万字。该语料库未公开发行。第二是"北京口语语料库",该库是由北京语言大学语言研究所研制的个人口述型口语语料库。它按照社会语言学的抽样原则,调查了

500位在北京生长的本地居民而获取的口语语料。其网络在线版的"北京口语语料查询系统"包括了184万字的转写文本，可以依据说话人的属性特征和话题进行查询，该语料未经分词和词性标注处理，也没有提供任何统计功能。第三是兰开斯特—洛杉矶汉语口语语料库（Lancaster-Los Angeles Spoken Chinese Corpus）（Xiao & Tao, 2006），其库容约为100万词次，包括了对话和独白两种形式的普通话语料。该库共由七部分组成：面对面对话的转写文本6个、海外华人与其家人的电话对话转写文本120个（该部分所收录的语料为下文提及的"美国宾夕法尼亚大学汉语电话语料库"）、影视剧转写文本12个、中央电视台《实话实说》节目转写文本20个、1993年至2002年大学生辩论赛转写文本9个、北京本地居民个人口述转写文本49个、经过编辑的口述实录《北京人——100个普通人的自述》。该语料库使用中国科学院计算所开发的"汉语词汇分析系统"软件（ICTCLAS）对语料进行了分词，并使用北大词性赋码对语料进行了词性标注。因为语料的版权问题，该语料库未公开发行。第四是美国宾夕法尼亚大学汉语电话语料库（CALLHOME Mandarin Chinese Transcripts），它是由美国宾夕法尼亚大学语言数据联盟发布的汉语电话语料库。该库建成于1996年，包括了120个时长为5—10分钟的电话对话，对话参与者以汉语为母语，人在北美和海外学习或工作，多数电话是打给家里人、同学或好友的。该库使用ICTCLAS分词标注系统对其语料库进行切分和词性标注后，共包含有300767个词。第五是由中国社会科学院语言研究所在2000年至2002年期间研制的"CADCC—汉语普通话自然口语对话语料库"，它所包含的语料数据出自经过挑选的相互不认识的标准普通话发音人，对发音人的对话内容没有任何限制，录音场所为室内录音间。该语料库共有12个对话单元，每一对话单元有两位发音人，共约14小时语料。第六是由中国传媒大学研发的"现代汉语广播媒体口语语料库",收录了电视和广播节目的转写文本共约1亿字,是迄今为止国内最大的口语语料库。此外,还有尚未对外公开的专用于话语分析的"北京地区现场即席话语语料库"(Gu, 2001)。

二 汉语口笔语语料库：LCMC 和 CCSC

基于对语料代表性、平衡性、最大可比性和获取可行性的考虑,本研究中使用的汉语语料库是 LCMC 和由笔者个人收集语料所建立的"汉语口语语料库"(CSLC Corpus of Spoken Chinese,简称"CCSC")。

本研究中汉语书面语语料使用的是兰开斯特汉语语料库(Lancaster Corpus of Mandarin Chinese version 1.0,简称"LCMC")(McEnery & Xiao, 2003; McEnery, Xiao & Mo, 2003)。LCMC 是一个100万词次的现代汉语书面语通用型平衡语料库,按照 FLOB (Hundt, Sand & Siemund, 1998) 语料库的模式构建,包含了从15个文体类型中选取的500篇长度分别为2000词左右的样本,所取样本的出版日期主要在1991年前后(见表1-1)。和 FLOB 相比,LCMC 收录语料时只在两个方面做了微调(McEnery, Xiao & Mo, 2003)：第一,FLOB 中文体类别代码为"N"的"冒险小说"在LCMC 中改成了"武侠小说",这样做有三个原因：中国没有所谓的"西部小说";"武侠小说"和"冒险小说"在内容性质上是属于同一类的;"武侠小说"在中国数量众多,流行很广。第二,考虑到汉语中有些文体类型无法按照 FLOB 的抽样时段获取对应的电子文本,LCMC 中所收录语料样本的出版年代便扩大到了1991年前后各两年的跨度范围,即1989年到1993年期间(见表1-2)。为了保证取样内容的同质性,LCMC 所选取的语料都源自中国大陆的出版刊物。LCMC 采用中国科学院计算所开发的"汉语词汇分析系统"软件（ICTCLAS）对语料进行了分词，并使用北大词性赋码对语料进行了词性标注。语料文件采用 Unicode（UFT-8）编码、XML 格式存储，文本本身采取了五重标注结构，即文本类型、文本在语料库中的位置、段落、句子（带有编号）、单词及标点的赋码标注。LCMC 的赋码总数为 1001826 词次，其词字型比约为 1.6。

所使用的汉语口语语料是依据兰开斯特——洛杉矶汉语口语语料库（Lancaster-Los Angeles Spoken Chinese Corpus）（Xiao & Tao, 2006）的主体框架由笔者自建的汉语口语语料库（CSLC Corpus of Spoken Chinese，简称"CCSC"）。CCSC 包括六部分：

表1-1　　　　　　　　　LCMC 文本类别信息表

代码	文体类别	样本数量（个）	所占比例（%）
A	新闻报道	44	8.8
B	社论	27	5.4
C	新闻评论	17	3.4
D	宗教	17	3.4
E	操作语体	38	7.6
F	流行读物（通俗社会生活）	44	8.8
G	传记和散文	77	15.4
H	杂类（报告和公文）	30	6.0
J	学术科技	80	16.0
K	一般小说	29	5.8
L	侦探小说	24	4.8
M	科幻小说	6	1.2
N	冒险小说	29	5.8
P	爱情小说	29	5.8
R	幽默	9	1.8

表1-2　　　　　　　　LCMC取样时间跨度及比例

代码	1989年	1990年	1991年	1992年	1993年
A	—	22.7%	72.7%	2.3%	2.3%
B	7.4%	14.8%	51.9%	3.7%	22.2%
C	—	5.9%	88.2%	5.9%	—
D	5.9%	17.6%	41.2%	11.8%	23.5%
E	—	23.7%	44.7%	10.5%	21.1%
F	6.8%	25.0%	29.5%	13.6%	25.0%
G	1.3%	10.4%	64.9%	16.9%	6.5%
H	—	—	100.0%	—	—
J	1.2%	7.5%	72.5%	17.5%	1.3%
K	—	—	79.3%	13.8%	6.9%
L	—	8.3%	62.5%	16.7%	12.5%
M	—	—	100%	—	—
N	3.4%	13.8%	48.3%	31.1%	3.4%
P	10.3%	6.9%	55.2%	20.7%	6.9%
R	—	—	44.4%	22.2%	33.3%

（1）讲普通话的大学生2—5人之间的日常生活对话，共253个录音文本，单个对话时间长度最短为2分40秒，最长约为13分钟，对话总时长约为950分钟，转写后共194853字（汉语的字以正则表达式[\u4e00 - \u9fa5] | [a - zA - Za - zA - Z0 - 90 - 9 \. % %]+为定义进行统计，下同）。这些日常对话在形式上包含了两人或两人以上面对面的谈话、私下谈话等。所有对话均是由大学生志愿者采用便携式录音器材（如手机、MP3、MP4、录音笔等）暗中录下的。负责录音的同学中有些直接参与了对话活动，有些只是或接性地参与了对话，还有个别完全是作为旁观者从头到尾没有参与对话。负责录音的同学在对话录音完成后均会告知所有参与对话的人员其谈话已被录音，且转写文本只会用于学术研究，不会用于商业

用途，并征求他们对是否同意其谈话被用作此用途的意见。如果参与对话的人员中有人不同意，那么相关录音会由负责录制的同学当场从录音器材中删除。进行转写的253个录音文件均为征得相关谈话参与者同意后保留下来的；

（2）20世纪90年代中期最受大众欢迎的情景电视连续剧《我爱我家》50集的转写文本，共180955字；

（3）电视谈话节目《实话实说》共83期的转写文本，其中1996—2000年期间有60期，2001—2006年期间有23期，共计554621字；

（4）1999年中国名校大学生辩论赛9场的转写文本，共141552字；

（5）20世纪80年代末北京本地居民个人口述12份，这些语料取自北京语言大学所建的北京口语语料库在线检索系统免费提供的12个样本，共54768字；

（6）经过编辑的口述实录《北京人——100个普通人的自述》（张欣、桑晔，1987）。先对原作进行电子扫描，然后使用OCR工具ABBYY把扫描所得文件转化为Word文本，再进行逐字逐句的人工校对。去除了文本中所有由作者添加在括号里的注释、说明等后，该口述材料共计305763字。

上述六类语料中，第一类语料属于典型的无准备的自然对话语料。第二类语料虽然是脚本型的对话语料，但因为其故事情节主要反映老百姓的日常生活，所以它的对话也更接近自然对话。相关的研究（如Quaglio，2009）也表明，情景喜剧对话与自然对话在核心语言特征上具有相当高的一致性。第三类语料是谈话类性质的，虽然此类电视谈话节目每期的主题都是事先设定好的，但谈话过程中主要参与者的话语都属于无准备的面对面对话，从这个意义上来说，它与自然对话非常接近。在第四类语料中，虽然谈话双方都是围绕着某一主题展开对话，但辩论双方要想达到既能清楚表达和捍卫自己一方立场，又能有理有据地反驳对方观点的目的，就需要依靠各方参辩选手针对当时具体语境做出良好的临场发挥，所以这类语料基本上属于无讲稿的对话，也是贴近自然对话的。第五类语料属于典型的无准备的自然型独白话语。第六类语料虽然在来源上是属于无准备的自然型话语，但由于其经过了记录者所做的一定程度的编辑，所以这一类语料表现出了一定的"杂糅性"，即这类语料在尽可能保持自然口语话语特征的同时，还是带有一些脚本型话语的特点。

在语料转写的过程中，笔者考虑到这些口语语料是用于对语言现象的语法分析，而不是用于话语韵律等话语分析中对语料转写细节有着更为严格要求的研究，所以笔者对 CCSC 中前四类的语料采用宽式的转写规范进行转写，即：第一，尽可能使用在发音上相近并且在意义上与上下文匹配的汉字来表示原始录音语料中的声音；第二，文本转写中尽可能保留了原始语料中出现的语气词、停顿词等，但对停顿时间的长短没有采用标识符号；第三，出于对保证文本转写效率和准确程度的考虑，笔者未对原始语料中出现的有可能透露说话人身份的人名、地名、单位名等专有名词进行匿名处理，但在论文写作过程中，当出于举例需要而从转写的语料中所选取的例句包含有此类信息时，会采取匿名替换处理措施，以防止原谈话人的个人信息泄漏；第四，转写文本中出现的标点符号是转写者依据原始录音语料所表达的意义主观决定的，所以 CCSC 中只标识了话轮（话语段落）计数编号，没有标识句子编号。

CCSC 口语语料库共计 1432512 字（汉语的字以正则表达式 [\u4e00 - \u9fa5] | [a - zA - Za - zA - Z0 - 90 - 9 \. % %] + 为定义进行统计）。CCSC 采用 ICTCLAS 2008 进行分词，以北大词性赋码进行词性标注。之所以使用 ICTCLAS 来给口语语料库进行分词和词

性标注，原因有三：第一，LCMC 就是使用该词性标注软件进行标注的，这就可以保持口语和书面语两个语料库分词标注上的一致性；第二，根据相关研究，ICTCLAS 使用内嵌的北大词性赋码来标注语料准确度高（Zhang, Yasuda & Sumita, 2008），公开测试结果表明，ICTCLAS 2008 分词精度达 98.13%，词性标注精度达 94.63%（转引自肖忠华、戴光荣，2010）；第三，该分词软件已被用于千万词级别的影视剧口语语料库建设，如 Cai & Brysbaert (2010)，更进一步证实了其分词标注的基本可靠性。分词标注后的 CCSC 经初步手工校对处理后，使用 Power GREP v3.2 依据词性标注统计出 CCSC 共有 1007817 词次（汉语的词以正则表达式 [\u4e00 - \u9fa5a - za - zA - ZA - Z0 - 90 - 9\. %%] + 为定义进行统计，下同）。进行分词后的 CCSC 各组成部分语料所包含的词次数量依次为："日常对话"共有 143802 词次，"我爱我家"共 135154 词次，"实话实说"共 382269 词次，"辩论赛"共 89442 词次，"个人口述"共 39733 词次，"百人自述"共 217417 词次。在 CCSC 中，对话共有 750667 词次，占总库的 74.5%，独白共有 257150 词次，占 25.5%；无准备的自然型话语共有 655246 词次，占口语总库的 65%，有准备的脚本型话语共有 352571 词次，占 35.0%。CCSC 的词字形比约为 1.42。然后，笔者使用语料库工具 MCLT 对语料文本进行段落和句子结构标注，其中 <p> 表示段落的起始位置，</p> 表示段落的结束位置，<p n = "五位数序号"> 表示段落编号，<s> 表示句子的起始位置，</s> 表示句子的结束位置。标注后的 CCSC 共有 34856 个话语段落，其中"日常对话"共有 11589 个段落，"我爱我家"共 7494 个段落，"实话实说"有 11856 个段落，"辩论赛"共有 1386 个段落，"个人口述"共有 140 个段落，"百人自述"共有 2391 个段落。

CCSC 中的每一类口语材料都保存为一个单独的文件，使用

UTF-8 汉字编码，并带有比较简单的语料结构标注。每个文件的基本标注结构包括语料库头标 <header> 和语料库主体 <file> 两个部分，共五层标注结构。其中，语料库标头 <header> 提供语料库的总体信息以及相关的语料样本属性，具体包括三个方面的信息，即语料库名称、口语语料类型（日常对话、我爱我家、实话实说、辩论、个人口述、百人自述六类）和语料类型代码（用英语字母 A、B、C、D、E、F 分别代表上述六类语料）。语料主体部分标注共包含四个层面的内容，第一层是语料文件编号，第二层为段落（话轮）标记和编号，第三层是句子标记，第四层是单词和标点符号标记，见表 1-3。

表 1-3　　　　　　　　　CCSC 的标注结构

标注层	代码符号	意义	属性特征	含义
1	<header>	头标	<CorpusName>	汉语口语语料库 CCSC
			<TextType>	六类口语语料类型
			<Text ID>	口语语料类型代码
2	<file ID>	语料文件编号		每一类型语料从 001 起计算，每个对话或辩论等只有一个不重复的序号
3	<p>	段落/话轮	n	每一类型语料从 00001 起计算
4	<s>	句子	……	……
5	<w>	单词	POS	使用 ICTCLAS 进行词性标注
	<c>	标点符号		词性标注完成后，统一将标点符号标注中的 </w> 转换为 </c>

下面是选自 CCSC 的标注样例：

< header > < CorpusName > 汉语口语语料库 CCSC </CorpusName > < TextType > 日常对话 </TextType > < Text ID > A </Text ID > </header >

< file ID = "A001" >

< p n = "00001" >

< s > < w POS = "e" > 哎 </w > < w POS = "wd" > , </c > < w POS = "rr" > 我 </w > < w POS = "v" > 回来 </w > < w POS = "y" > 了 </w > < w POS = "wj" > 。 </c > </s >

</p >

< p n = "00002" >

< s > < w POS = "e" > 哦 </w > < w POS = "wj" > 。 </c > </s >

</p >

< p n = "00003" >

< s > < w POS = "ryv" > 怎么 </w > < w POS = "d" > 就 </w > < w POS = "rr" > 你们 </w > < w POS = "m" > 两 </w > < w POS = "q" > 个 </w > < w POS = "ww" > ? </c > </s >

< s > < w POS = "v" > 还有 </w > < w POS = "rzv" > 其他 </w > < w POS = "n" > 人 </w > < w POS = "y" > 呢 </w > < w POS = "ww" > ? </c > </s >

</p >

< p n = "00004" >

< s > < w POS = "d" > 不 </w > < w POS = "v" > 知道 </w > < w POS = "wj" > 。 </c > </s >

</p >

……

</file >

< file ID = "A002" >

三　语料检索和统计

本研究中使用的语料库检索软件是 WordSmith Tools 4.0。Word-

Smith 是一款国际公认的语料检索专业软件，拥有语料检索（Concord）、关键词提取（KeyWords）和词表制作（WordList）三大主要功能。本研究中主要使用 WordSmith 的语料检索功能，即通过输入特定检索词项对相关语料进行穷尽式的检索以得到这些词所出现的检索行，然后利用 WordSmith 的语境扩展功能，查看这些词出现的上下文，最终判断出哪些检索行是符合要求可以进入后续研究使用的，而不符合要求的检索行则被剔除掉。比如，以动词"使"为检索项使用 WordSmith 对 LCMC 进行检索，检索结果显示，动词"使"出现了 1299 次，而通过查看其所在的上下文，需要剔除像下面例句（6）和例句（7）一样没有用于迂回致使结构的检索行，最终可以得到有效的检索行。

(6) < s n = "0024" > < w POS = "nr" > 胡 </w> < w POS = "nr" > 宗南 </w> < w POS = "p" > 在 </w> < w POS = "n" > 宴会 </w> < w POS = "f" > 上 </w> < w POS = "v" > 想 </w> < w POS = "v" > 灌醉 </w> < w POS = "nr" > 周 </w> < w POS = "nr" > 恩来 </w> < c POS = "w" > , </c> < w POS = "d" > 不曾 </w> < w POS = "v" > 想 </w> < c POS = "w" > , </c> < w POS = "m" > 一 </w> < w POS = "v" > 开场 </w> < w POS = "d" > 就 </w> < w POS = "v" > 败 </w> < w POS = "v" > 下 </w> < w POS = "ng" > 阵 </w> < w POS = "f" > 来 </w> < c POS = "w" > , </c> < w POS = "c" > 于是 </w> < c POS = "w" > , </c> < w POS = "v" > 使 </w> < w POS = "v" > 出 </w> < w POS = "m" > 第二 </w> < w POS = "n" > 伎俩 </w> < c POS = "ew" > ; </c> </s> (LCMC:R)

(7) < s n = "0103" > < w POS = "r" > 他 </w> < w POS = "v" > 使 </w> < w POS = "n" > 劲儿 </w> < w POS = "v" > 捏 </w> < w POS = "u" > 了 </w> < w POS = "v" > 捏 </w> < c POS = "w" > , </c> < w POS = "r" > 那 </w> < w POS = "n" > 东西 </w> < w POS = "a" > 硬硬 </w> < w POS = "u" > 的 </w> < c POS = "ew" > 。 </c> </s> (LCMC:M)

所有因素的标注均遵循"句内定位，上下文定性"的方法来标注。在后续各章的论述中，会按照实际需要对基于特定研究目的语料提取过程、相关因素标注和统计方法的选用予以额外具体说明。此外，本研究中所有统计计算和图形制作都在开源程序和统计软件R（v.2.15.3）中实现。

第四节 本书章节安排

本书共分七章，各章节的具体内容安排如下：

第一章是绪论。主要是界定研究对象、理论背景、研究方法和语料来源。

第二章是关于汉语迂回致使结构的文献综述。本章首先回顾了国内外前贤对致使结构的分类，在此基础上确定了汉语迂回致使结构基本所涉及的范围，即致使类兼语句和"使"字类分析型致使结构，并依据文献将"使、让、叫"字致使结构视为汉语迂回致使结构的典型用法。文献综述汉语"使"字类分析型致使结构和致使类兼语句相关研究，提出了本书拟要解决的四个问题。

第三章是典型迂回致使结构结果动词的构式搭配分析。本章主要用构式搭配分析法中的"共现词位分析法"和"多元显著共现词位分析法"讨论"使、叫、让"字三个迂回致使结构结果动词槽位词汇选用的偏向、意义类型的异同，具体来回答在这三个结构结果动词槽位上常用的动词各自都有哪些、哪些词与哪个结构具有显著的搭配倾向、这些显著搭配的结果动词对构建这三个结构有何影响。

第四章是多语体视角下的迂回致使结构主观性研究。本章主要探讨"使、让"迂回致使结构的分布在不同语域中存在差异的动因。在把不同语体视为一个原型范畴的基础上，以"信息性/交互性生成"为出发点对这两个结构在不同语体中的分布进行统计，分析得出"使、让"迂回致使结构在不同语域中的分布不同是因为对客观性和主观性的选择方向不同。

第五章是原型理论视域下的汉语迂回致使结构研究。本章主要考察现有文献中所建立的三种致使结构原型模型能否在汉语迂回致使结构上得到验证。

第六章是构式视角下迂回致使结构研究。主要从构式语法视域下来建立迂回致使构式，试图将传统意义上所谓的纯致使动词、使令动词等放在一个共同的理论框架中。

第七章是结论。主要概括全书对四个预设研究问题的观点，总结本书的创新之处及存在的问题，并指出进一步研究汉语迂回致使结构的内容和方向。

第 二 章

汉语迂回致使结构研究现状

"致使"被认为是人类所具有的一个基本概念,也是人们用来组织物理和文化现实最常用的概念之一(Lakoff & Johnson,1980: 69)。因此,致使关系是一种普遍存在的事物之间的关系。只有当两个事物/事件相互作用时,致使关系才能被表达出来。Talmy (1976: 48) 对致使关系作了如下定义:一个事件由于另一个事件的发生而发生,否则便不发生,这样两个事件之间存在着致使关系。其中先发生的事件叫作致使事件(causing event),后发生的事件叫作被使事件(caused event),两个事件构成一个致使情景。Talmy是从类型学的角度提出广义的"致使义"概念。致使的语义范畴主要聚焦某事为什么发生了、某事为什么正在发生或者可能发生,或者是什么导致某事的发生,所以致使关系总会涉及致因及其对应结果。

在语言的实际使用中,用来表达致使概念的方式更是多种多样。Fang & Kennedy (1992) 开创性地使用LOB语料库以实证方式对英语中表达致使概念的手段进行了穷尽性检索,发现该语料中此类方式有130种。这些表达致使概念的方式可以分为两大类,即明确性致使词(explicit causatives)和非明确性致使词(non-explicit causatives),其中前者包括八类,即致使性连词、复杂致使性介词、

致使性介词、致使性副词、致使性形容词短语、致使性名词、致使性动词词组和致使动词，后者则包括隐含性致使动词、省略性句式结构和位置并置三类。按照此分类方式，致使动词 cause 属于明确性致使类，而致使动词 make 属于隐含性致使类。从这些表达方式在语料中使用的频次来看，致使性连词和致使性副词是明确性致使词中使用最广泛的。依照表达致使概念手段的使用频次而将致使表达范畴化的做法契合了 Lakoff & Johnson（1980：69）将致使视作是一个体验性格式塔的说法。其中以动词为核心的致使结构研究则成了众多学者极为感兴趣的学术话题之一。

第一节 致使结构的分类

一 国外学者的致使结构分类

就表达致使意义的结构分类问题，不同的语言学家提出了不同的分类标准和类别名称。在英语中，Talmy（1976：47）认为与句法联系最紧密的是按照致使情境中的前景成分或出现在句首的成分所划分出来的各种致使义：致使事件致使（causing-event causative）、工具致使（instrument causative）、施动者致使（agent causative）、起始者致使（author causative）等，同时他还提到有一种遭遇者情景（undergoer situation）。致使事件致使是基本致使义，其中致使事件和被使事件都有完整的表述。Givón（1980）和 Comrie（1989：165-184）则从语言类型学视角下将致使结构分为三种：词汇型致使结构、形态型致使结构和句法型致使结构（又称分析型或迂回型致使结构），并认为这三种类型形成一个连续统，每一种类型还可以包括自己的连续体分类。Montrul（1997：38）提出致使结构可以分为四类：迂回致使类、形态类、重新分析类和词汇类致使结构。Wolff, Klettke, Ventura and Song（2005）从语言类型学的角度出发,按照包含致使义组成成分(component of causative meaning)中五个参数(受事的状态是否发生变化、终点状态是否明确、趋势和一致性、致使的直接性、致使方式)的多少,将语言表达致使的方式分为六种,即带影响动词的句子(包括 affect, influence, determine, change 四个词)、带联系动词的句子、表因果的连词和介词、迂回致使结构、词汇致使结构、动补结构。他们认为英语中能用于迂回致使结构的动词共有三大类共计 49 个(Cause 类 25 个、Enable 类 17 个和 prevent 类 7 个),英语中迂回致使结构的后段动词位置可以出现的补语是:动词不定式短语、动词的基本形式、名词词组、介词词组(包括 from)、名词小句和分词短语六类。他们认为迂回致使结构又称为分析型致使结构、显性致使结构、助动词致使结构(analytic, overt, auxiliary causatives);词汇致使结构又称为隐性致使结构或非衍生型致使结构(covert/underived causatives)。Wolff, Jeon & Yeh (2006) 将英语中的致使结构分为单小句表达方式(如词汇型致使结构)和双小句表达方式(如迂回致使结构)。齐曦(2007)基于系统功能语言学理论对英语使役结构进行了系统研究,认为英语使役意义有三个功能语义成分,即"使因""受影响者""影响",并根据英语小句表达过程所体现出的两种功能语义模式,明确提出英语使役结构的两大范式:"以中介为中心"的使役结构和"以施动者为中心"的使役结构。前者的过程由英语使役链接动词或作格动词体现,典型的使役链接动词有 make, get, have, let, help, start, stop, keep 等,而作格动词有两类,表状态变化(如 break, crack, smash 等)和位置移动(如 march, roll, drop)。而"以施动者为中心"的使役结构的过程由英语及物动词体现,其结构中功能语义成分的形式体现也有"合成式"(如使用情感动词 please, frighten, worry 等;认知动词 remind, persuade, convince;行为动词 kill, feed, fill 等)与"分解式"之分。其中分解式使役结构又可以分为两类：第一类表位置移动，即致使移动结构，其过程由 hit 类动词、throw 类动词或 push/pull 类动词体现；第二类表达属性变化，其过程由 brush 类动词、put 类动词、build 类动词或 name 类动词体现。

二　国内学者的致使结构分类

在汉语中，致使现象名目繁杂，一般以使动结构、使役结构、兼语式、动补结构、分析型致使结构等表达形式出现。汉语兼语式（赵元任，1968），又称递系式（王力，1943）、递谓式（吕叔湘，2002），吕叔湘先生将兼语式定义为"两个动词不属于同一主语，第二个动词的主语就是第一个动词的宾语。这第一个动词常是'使、叫、让'或者带有这种意义的"（2002：93），持类似看法的还有高华年（1962）和邢欣（1995）。该结构在句式上体现为：$V_1 + N + V_2$。在语法上，$V_1 + N$ 是动宾关系，N 是宾语；$N + V_2$ 是主谓关系，N 是主语。从语义上讲，N 既是受事，又是施事。从填充该句式各槽位的语言形式看，V_1 一般是光杆动词，N 是名词或名词性短语，V_2 是一个动词或谓词性词组（包括形容词性词组）。吕叔湘（1982）认为致使分为两个层次：一个是动词本身带有致使义，一个是动词本身不带有致使义但进入一定结构后兼有了致使义。范晓（2000）认为致使结构本质上是一种语义结构模式，该结构一般由两个动核结构组成，"致使"反映着两个事件之间的一种关系或联系。现代汉语最典型、最具代表性的致使结构表现在"使"字句里。其主语作为动核结构，反映一个事件，按理应由主谓短语（或小句）表示。致使结构实际上由四个部分组成：致体、致使、使体、结果体。现代汉语中的致使句可分为两大类：第一类是显性致使句或有标志致使句，这类句子主要有"使"字句、"V使"句、某些表致使义的"把"字句以及"使动"句。其特点是有标志"使"或可自然地变成"使"字句。第二类是隐形致使句，表示致使意义比较不明显，也称为无标记致使句。这类句子主要有"使令"句、"使成"句以及某些"V得"句，其特点是没有标志"使"，也不能自然地变化成"使"字句，但句子内部隐含着致使关系。何建元、王玲玲（2002）认为汉语使役句又叫致使结构，包括使动句和役格句两种基本句式。江蓝生（2000：21）明确指出，"所谓使役，是指动词有使令、致使、容许、任凭等意义"。宛新政（2004）认为致使句在意义上对应的是由致力事件和结果事件整合而成的致使事件，汉语致使句形式系统主要包括三个部分：由特定标记构成的致使句（主要是"使"字句和"把"字句）、由特定句法格式构成的致使句（使令句、使成句、V得致使句）和由词语使动结构用法构成的致使句（使动句）。张丽丽（2006）认为汉语使役结构属于兼语结构（又称边系结构）。该结构中含两个动词，二者之间有一个名词词组，它既是第一动词的宾语，又是第二动词的主语，是为兼语。兼语结构的第一动词称为兼语动词，最有代表性的兼语动词就是使役动词。使役动词从意义上可分为两大类：命令类和任由类，前者如使、令、教、叫等；后者如饶、任、让等。周红（2006）将致使动词分为两类：静态致使动词，即动词本身带有致使意义的致使动词；动态致使动词，即动词本身不带有致使义，但具有表达致使义的潜能，在一定的句法框架中会发生变化。静态致使动词根据自身是否还带有其他词汇意义，又可以分为两类：一类是本身只带有致使意义的纯致使动词，如使、令、叫、让、致使、导致等；一类是除致使义外本身还带有其他词汇意义的具体致使动词，如叮嘱、请求等，同时，又从句子结构角度对这两类动词做了限定。动态致使动词意义的实现只能依靠七种致使框架的某一种，并且能够进入致使框架的动词在语义、构词法、音节等方面都受到一定的制约。但这种分类的主要问题是依据词汇意义和框架双重标准来划分动词,所以出现动词可以跨不同类型致使结构的情况。阙哲华(2010:8)将致使结构分为两大类:简单致使结构(包括形态型致使结构和词汇型致使结构)和复杂/合成型致使结构(包括分析型致使结构、致使移动结构、致使结果结构和Time-away结构)。Zou & Xia(2008)从逻辑学的视角来分析汉语致使结构,认为汉语致使句式至少表现为五种形式:动词和介词短语搭配的句子、动词多次出现的重动句、宾语前置的"把"字句、重动动补句和使令类兼语句。张恒(2011)基于对致使结构类型学的考察,认为现代汉语中有词汇型、分析型、形态型和复合型四类致使结构,其中分析型致使结构包括V得句、兼语句、"使"字句、致使义"把"字句、致使义"被"字句、致使义重动句这六个小类。

第二节 迂回致使结构的基本界定

从以动词为核心的致使结构分类看,分析型致使结构是基本公认的一类。但就汉语的分析型致使结构来说,其分类和内部成员的归属问题众说纷纭,莫衷一是。就以汉语"把"字句为例,不同的学者因认为其有不同的意义而归入不同结构类型,如王力(1943)、薛凤生(1994)、崔希亮(1995)的"话题—说明",叶向阳(2004)、胡文泽(2005)的"致使义",沈家煊(2005)的"主观处置",以及叶狂、潘海华(2012)的作格逆动操作。此外,我们无意就整个分析型致使结构进行讨论,而只是对其中的致使类兼语句和"使"字句感兴趣。故此,本书选用迂回致使结构的说法来涵盖这两类句式,将其定义如下:

迂回致使结构属于分析型致使结构的一种,在基本形式上表现为 $NP_1 + V_1 + NP_2 + V_2$,(即 $[NP_1\ [_{VP}\ V_{cause}\ NP_2\ V_{effect}\ NP_3]]$),在

语法上的形式是［SUBJ V$_{cause}$ OBJ$_{SUBJ}$ VP$_{effect}$］，在语义上，N$_1$为动作的施事者，V$_1$是致使动词，N$_2$是V$_1$动作的受影响着，V$_2$为N$_2$受影响后执行的动作或享有的状态，V$_1$主要涵盖汉语研究文献中常见的纯致使动词（如"使、叫、让"等）和非纯致使动词（或显性使令动词），V$_2$槽位只能由动词填充。本书中采用 Kemmer & Verhagen（1994）对这五个槽位名称的命名，即致使者（NP$_1$）、致使动词（V$_1$）、被致使者（NP$_2$）、结果动词（V$_2$）和受事（NP$_3$），其中只有当结果动词为及物动词时，受事才会出现。例如在下列例句中，(1)—(3)被视为是迂回致使结构，而(4)—(6)则不是，主要原因是在例句(1)—(3)中V$_2$槽位由动词进行填充，但在例句(4)—(6)中，填充V$_2$槽位的都是形容词。例句(1)—(3)类的句子被视为典型的迂回致使结构。

（1）他竭力使自己相信这一点。（Miyake，2005：84）

（2）这样，叫裤子的中缝直直的立着，一点褶儿也没有。（宛新政，2004：68）

（3）对她视若无睹，让她受不了。（宛新政，2004：66）

（4）他尽量使自己的动作从容大方。（Miyake，2005：84）

（5）谁叫花儿这么美？（宛新政，2004：67）

（6）让女人更出色。（宛新政，2004：72）

由于本书关注的汉语迂回致使结构在文献中主要是在分析型致使结构和兼语式名称下讨论的，所以相关的文献综述将分别以这两类结构的研究为线索展开。

第三节　多元视角下汉语分析型致使结构研究概述

一　句法学视角

王玲玲（2000）运用 Chomsky 的最简方案（The Minimalist Program）分析了汉语致使型动结结构的构成，认为这种致使结构是一种由动 V 表述与结 V 表述连缀而成的套合结构。沈阳、何元建、顾阳（2001：69-111）从生成语法理论角度讨论了汉语使役句法的三种基本结构，即使动结构（periphrastic causatives）、词的使动用法（lexical causatives）以及有使动用法的"V-得"结构。他们认为汉语使役句法的基本结构是使动结构，它含有一个使役动词，并指派致使题元，使役动词可以是一个实实在在的词（使、令等等），也可以是零形式。如果是前者，句法生成的结果就是使动句；如果是后者，就可以得到词的使动用法或者有使动用法的"V-得"结构。沈阳、何元建、顾阳（2001：112-134）还讨论了汉语中的隐性使役动词结构，认为汉语中有一类动词，其本身并非为使役动词，但却被用作使役动词，含有这类动词的结构中存在一个隐性使役轻动词，它本身的特性引起动词移位，所以得到表面所见到的非使役性动词充当使役动词的结构。沈阳、何元建、顾阳（2001：135-188）的研究同时还涉及汉语中动补复合词被广泛用于使役结构的情况。何建元、王玲玲（2002）从生成语法的角度探讨了汉语使动句（periphrastic causatives）和役格句（lexical causatives）之间的语义和语法关系，认为役格句的结构跟使动句相同；不同的是，使动句中的使役动词是一个实实在在的词，而役格句中的使役动词是零形式。施春宏（2003）认为致事本质上是事件性的（eventive）而非实体性的（entitive），表达时我们完全可以根据需要突显事件性或实体性。杨大然（2003）基于普遍语法的例外格标记（Exceptional Case Marking，简称"ECM"）对现代汉语由"使""让"类动词引导的使动句子进行了分析，认为汉语使动结构中同样存在与英语相似的 ECM 现象，"使""让"等使役轻动词就相当于汉语的 ECM 动词。熊仲儒（2004）区分了命题性致事和个体性致事，并认为两种致事之间有一种转喻的关系。何元建（2004）从生成语法的角度考察了15种语言中的使役句问题，认为使役句的类型完全是由使役义的两个义项，即"致使"和"施事行为或过程"，在不同语言中的表达方式来决定的。顾阳（2001）对反转使役结构（即倒置致使句）进行了讨论。郭姝慧（2006）认为倒置致使句是一种致使结构，主要讨论了倒置致使句的致事选择和役事选择，认为状体类动词也不能出现在倒置致使句动词的位置，出现在倒置致使句动词位置的只能是活动动词。

二 语义学视角

对分析型致使结构语义学的研究涉及三个层面的问题。首先是该类结构的意义类型问题，如刘永耕（2000a）认为"请""派""命令"是使令类动词，而"使""令""讨""叫""让"等为数不多的几个则是致使词，现代汉语致使词是封闭类词。使令类动词和致使词是汉语中两个既相联系又有所区别且易混淆的次范畴。刘永耕（2000b）认为汉语中的使令义有两种表现方式：词汇意义的使令义和句法语义特征的使令义。前者主要使用如"使""令""叫"等致使词，或用使动动词、使成式动词、使成式动补短语等来表示；后者则使用使令类动词来表示，并根据动词使令义的强弱（使令度）将汉语使令动词分为显性使令类动词和隐性使令类动词，其中显性使令类动词包括称呼定名类、任命选举类、派遣催逼类、命令唤请类、带领劝导类、培养辅佐类、准允容忍类七个小类。郭姝慧（2004）讨论了汉语中的四种致使句式：结果谓词致使句、"使"字致使句、"得"字致使句和倒置致使句。对"使"字致使句的分析中，首先确定了"使"字句中"使"的动词性成分，它单纯表示致使概念，她对来华留学生的一些错误的"使"字句例句进行了分析并作了相应的解释，还讨论了"使"字句和"把"字句的细微差别。宛新政（2004）以"三维语法"理论为基础，分析了现代汉语致使句的句法、语义和语用特点。认为致使句在意义上对应的是由致力事件和结果事件整合而成的致使事件,汉语致使句形式系统主要包括三个部分:由特定标记构成的致使句(主要是"使"字句和"把"字句)、由特定句法格式构成的致使句(使令句、使成句、V–得致使句)和由词语使动结构用法构成的致使句(使动句),并考察了各类结构的句法、语义和语用特征。其中他认为"使"字使役结构常用的使役动词有"使""使得""致使""令""叫""让"。周红(2004)在基于图式的范畴化理论的基础上提出了致使的判定标准,即语义上要求存在致使力的传递,语法上要求有致使标记"使"或者可以语义分解出致使标记"使",致使的语义结构: ±[致使者]+([工具])+[致使力]+[被使者]+[致使结果];根据致使关系链(Causal Chain Model)将汉语的动词分为致使动词、关涉动词、始变动词和状态动词,而相对应的在句法上有四类基本语义句:致使句、自动句、始变句和状态句;从生命度、意识度、控制度等方面分析了参与名词的语义特征;分析主观变量、客观变量对致使句式的影响,并对致使次范畴进行描写和解释。牛顺心(2008)主要从语法形式(适当地结合语义表现)的角度,把普通话中致使结构的句法类型大致分为两大类和六小类:综合型(包括形态式、使动式和复合式)和分析型(包括使令式、致动式和隔开式)。并依据 Dixon 列举的致使结构的九个语义参项讨论了汉语三类分析致使结构的语义表现和特点。黄锦章(2004)认为,从连续统的角度讲,汉语缺乏形态型使役结构,而词汇型和分析型这两类使役结构相对发达;从形式的紧密度上讲,可以把"形式距离"和"能产性"作为指标来测算汉语中的各类使役结构。陈俊芳(2009)按照语义特点将现代汉语的致使移动构式分成五种最大次构式,即直接致使移动构式、连动致使移动构式、泛力致使移动构式("使"字句)、情态致使移动构式(使令句）和偶然致使移动构式，并采用 Fillmore 和 Paul Kay 的单层构式语法的分析方法来表达现代汉语致使移动构式。

其次是对该类结构内部成员语义属性的研究，如李临定（1986）认为"让"和"叫"的造句功能相同，可以在句中替换，其句首多为人类型施事，也可以是事物型施事；"使"字句的施事可以是抽象名词、具体事物名词或主谓短语，但几乎不使用人类型施事。袁毓林（2002）对致使者的语义属性进行了考察，认为多数表示事件和抽象事物，少数指人。张静（1982）、王励（1994）和赵冰波（1994）讨论了"使"的词类归属问题，认为表示使令义的"使"不能归为动词。项开喜（2002）考察了使令动词构成的"使成义"句式，讨论了该句式中 NP2 的语义特征（有生性、使因性、自主性、支配性、显著性），并说明它与汉语其他相关句式在句法上的差异。Yip & Don（2004：95-98）认为汉语致使动词可以帮助事件的叙述，但它们通常不带体标记词"了"。而致使结构中的后段动词则可以带"了"来强调意欲的动作已经完成。致使动词所包含的意义可以是"要求"或"威胁"等。当致使结构的主语其语义属性是无生命时，会用到使字致使结构和与其对应的更口语化或正式的表达方式。

最后是分析型致使结构与其他结构之间的转换问题，如江蓝生（2000）讨论了使役动词转表被动的条件和原因，考察了给予动词兼表使役和被动的历史及原因，论证了汉语使役动词、给予动词具有多重语法功能的根本原因在于汉语是非形态语言，词法上主动和被动没有形态上的区别。郭姝慧（2008）讨论了"把"字句和"使"字句的置换问题，认为它们是两种不同的分析型致使结构，各自有着不同的句法结构和语义结构，"把"字句是强致使句，"使"字句致使性相对较弱；"把"字和"使"字不能无条件地互相置换。陈力、曲秀芬（2008）分析了"让"的使役—被动的转化条件,提出时体范畴的特性可以用来区别"让"的使役用法和被动用法。

三 认知语言学视角

Miyake(2005)基于约180万字的北京地区小说语料库讨论了汉语"使"字致使结构中主语的特征问题,认为承担其主语的语言形式形成了一个典型范畴,最典型的主语应该是小句形式,处于这个范畴边缘的是具有人类性质的施事,并认为这是一种转喻拓展现象(metonymic extension)。梁晓波(2007)关于分析型致使结构的讨论主要涉及概念化、语法化和主观化三个层面。在探讨分析型致使结构的主观化时,作者首先基于凸显效应(profiling)认为一个动作的致因有两种类型,即内在致因和外在致因。当一个动作是由外在致因引起的,那么,该致使事件就会被凸显为以词汇致使结构为表达的单事件形式;反之,如果由内在致因引起,该动作则会被凸显为迂回致使结构(梁晓波,2007:110),所以,把迂回致使结构视为压缩性的单事件致使结构是可行的(梁晓波,2007:111)。一个完整的致使事件是由处于不同发展阶段的子事件构成。由于认识主体对此类事件有重复性的亲身体验,所以在对该整体事件进行描述时,视窗开启效应就开始运行,这就为认识主体主观化致使事件提供了很大空间。而表达认识主体主观化最典型的就是迂回致使结构(梁晓波,2007:118)。与词汇型致使结构相比,迂回致使结构更具主观化,主要原因在于致使助动词是虚义词,是对致使动作的一种抽象识解(梁晓波,2007:124)。熊学亮、杨子(2010)对汉语中"N_1 + V + 得 + N_2 + VP/AP"类致使构式的原型范畴及语法进行了整合研究,找出了"那瓶酒喝得我晕头转向"类句式的认知理据。认为这类构式是通过象似性破坏与典型的致使句联系起来的,其构式内部论元是通过多映射投射方式进行语法整合的。张翼

(2011)运用构式语法对汉语中"得"字致使句式进行了分析,认为倒置句式的构式表征同样适用于普通的"得"字致使句式。构式以认知语法中的行为链模式为概念基础,在倒置句式中对动词意义进行了压制。"得"字致使构式和动结式的差异体现在宾语的地位和构式的拟象性上,从而证明了语义对于形式的决定性作用。

四 语言类型学(语言对比)视角

彭利贞(1996,1997)从世界语言这一横向角度来说明"使役"语义具有普遍性特征,分布在三个不同层次的语法形式,即:语法结构层次、形变层次和零形式层次。同义异形把在语义深层中有相同的语义成分而在语法形式表层生成的不同形式联系起来。冯英、曾晓渝(2004)对比分析了汉语和藏缅语的致使结构表达形式,认为汉语和藏缅语的分析型致使结构不同,藏缅语中是在动词前后加虚词或虚化动词表示,这更像是复合式致使义动词,而汉语中更多依赖句法的形式。牛顺心(2007a)从语言类型学的视角考察了汉语史上分析型致使结构的四类形式,发现由于受佛经翻译的影响,汉语中曾经有过更为多样化的分析型致使结构。邢欣(2008)对比了现代汉语与维吾尔语致使意义句型,发现汉语用隐性空语类轻动词表示致使,而维吾尔语用显性形态标记表达致使。赵朝永、邵志洪(2009)从语言类型、词汇化模式、象似性三大指标的十个参数方面分析了英汉两种语言中三类表达使役概念的动词,认为英汉语对使役概念的表达存在不同的词汇化模式。英语倾向于由使役动词本身实现使役意义,侧重词汇手段;而汉语则倾向于在附加语中表达使役意义,侧重句法手段。英汉语使役概念表达的词汇化模式研究表明,在使役概念的语义范畴内,英语使役表达的词汇化程度较高,而汉语则相对较低。孙爱凤(2013)基于英汉书面语语料库通过依次考察致使者、被致使者和结果谓词等语义特征对比分析了"make/let"和"使/让"分析型致使结构的异同。

五 历时语言学及语法化视角

徐通锵（1997）认为汉语语义句法的基本句式是自动和使动，并从历时的角度考察了现代的语法结构规则和这两种基本句式之间的内在联系。徐丹（2003）和吴锡根（2004）从历时的角度考察了汉语"使"字句语法化的情况，发现"使"字意义逐步虚化而成"致使、叫、让"义。张美兰（2006）从历时的角度对使役动词的产生时代、使用特点做了讨论，认为致使动词产生和使用的时间先后不一，并且表达的使役强度在语义、语用上强弱有别。张丽丽（2006）则从历时的角度以"使"和"令"为例讨论了命令义使役动词虚化为条件连词的情况。牛顺心（2007b）考察了分析型致使结构中的六个致使词，发现它们处于三个不同的语法化阶段，其中"使""令"处于最高的语法化阶段，"让""叫"处于语法化的中间阶段。屈哨兵（2008）使用17世纪至20世纪初的五部汉语小说作为语料，研究了"让"字义项的变化历程，认为在明清时期，"让"产生了"容让""请让""使役"等新的义项，其中"使役"义的使用频率不断上升，到20世纪初的作品《小额》中，该用法已经占了绝对的优势。

六 神经语言学视角

程琪龙（2001）利用神经语言学的相关理论对致使概念语义结构进行了研究，认为致使小句的概念语义结构可以分解为三种不同的关系，即空间关系、动作关系、致使关系，相当于三种不同的述谓关系。致使结构可以由三种述谓关系按不同的方式组合而成，不同的结构与它的结构成分有关，这些结构成分包括致使者、致使对象、致使方式、致使倾向、致使结果五个方面。程琪龙、梅文胜

(2008)以语义联通观为依据,以致使移动小句的三个变式(方位变式、目标变式、材料变式)为例,探讨小句变式和典型致使时间之间的联通关系和语义理据。

封世文、沈兴安、杨亦鸣(2011)使用语义上近乎等值、句法上有差异的两组共38个句子加工的对比试验,从功能性磁共振成像来考察汉语"使"字使动句句法加工的独立性。研究表明,即使不通过形态改变来标记句法变化,汉语句子加工中的句法加工仍然可以被分离,句法独立性的加工主要由大脑左侧额叶中回及大脑左侧额叶下回等脑区承担,大脑左侧颞叶并未参与汉语句法的独立性加工。

七 逻辑学视角

Zou & Xia(2008)是从逻辑学的视角来分析汉语致使结构的,认为汉语致使句式至少表现为五种形式,而通常的类型—逻辑语义学则没有表现致使含义的工具;且采用高阶逻辑手段表现汉语致使句式显得不够直观简洁,也不便分析汉语的重动致使句。若对类型—逻辑语法的工具进行改进:增添逻辑常项CAUSE、补充关于致使句组成成分移动增减的结构规则、给出汉语名词和介词的范畴指派,可获得关于汉语致使句式的直观简洁的类型—逻辑语法分析。据此对类型—逻辑语法的多模态系统进行扩展,增加结构公设和框架语义限制,确立系统的完全性。吴平(2009)认为"使"字句的事件结构由表达致使关系的和表描述结果的两个原子事件组成,并运用新戴维森分析法从逻辑角度来描写"使"字句的事件结构的语义内容。

八 第二语言习得视角

常辉(2011)通过翻译任务考察母语为英语的汉语学习者习得

汉语致使结构的情况，发现受试者对汉语分析型致使结构的习得较好且较早，但对形态性和词汇型致使结构的掌握较差。作者认为学习者的母语促进了汉语分析型致使结构的习得，但阻碍了形态性和词汇型致使结构的习得。王燕（2012）以周红（2004）汉语致使句式七大分类为标准，通过测试问卷方式来调查维吾尔族学生对汉语致使句式的习得情况，发现中级水平学习者对"使"字递系句式习得情况比初级水平学习者好，但对具体递系式句式均掌握得不好；"让"字递系句式是学习者使用最基本的结构。

第四节　多元视角下汉语兼语式研究概述

一　兼语式的归属及类别问题

此类研究主要涉及兼语式该不该设立以及兼语式归类的问题，如高华年（1962）强调对兼语式的研究要遵循语法意义和语法形式相结合的原则。张静（1977）使用语法意义和语法形式相结合的标准讨论了17种兼语式结构，认为兼语式应该取消，并将之归并到双宾语结构、动宾结构和复句中。而宋玉柱（1978）和陈慧英（1978）对此持反对意见，但同时也强调不能随便扩大它的范围。符达维（1980）从意义语法关系角度考察兼语句，认为"兼语式"论所侧重的只是语言形式序列，在深层结构中形式和意义的匹配出现错位，本质上看是双宾语句型。杨成凯（1984）认为"兼语式"的定义不够明确，根据该类结构句法和特点，可将其视为一个跨单、复句的范畴。崔应贤、盛永生（1990）讨论了兼语式的范围，认为只有"使令型""选认型"和"存在型"才是兼语结构。刘街生（2011）运用变化分析法，通过分小句结合，认为汉语兼语式本质上是一种句法连动式。黄德智（1980）和童山东（1980）、林太安（1986）、吴迪（1987）各自都讨论某一类结构是否属于兼语式。

二 兼语式的句法研究

兼语式的句法研究基本都是在生成语法理论框架下进行的，如张伟（1981）使用深层结构理论分析兼语式，认为它是一个多层结构，其本质上具有二元性，可适用于二分法，即一个动宾结构套嵌上一个主谓结构。邢欣（1984）考察了兼语式语义组合关系和结构特点，论证了其表层结构形式和深层结构形式之间的转换过程。成镇权（2003）运用最简方案理论对汉语兼语式的限定式与非限定式问题、句法分析问题、V_1和V_2的句法功能问题，以及空主语的性质特征问题进行了讨论。温宾利、袁芳（2009）在最简方案框架下提出"移位的拷贝理论"来探讨汉语兼语式的推导，解决了兼语成分双重语法功能的问题。马志刚（2011）基于最简方案的最新进展分析汉语兼语式，认为把汉语兼语式视为含有附加语 CP 结构的分析不仅符合题元准则，而且能清晰地显现该句式的语义内涵和句法属性。袁芳、魏行（2015）运用拷贝理论分析汉语兼语式中论元共享问题产生的原因及解决思路。

三 兼语式的语义研究

此类研究主要针对兼语式的内部结构进行讨论，关注点涉及诸多方面：内部组成要素之间的关系，如张树铮（1987）、郭曙纶（2000）、游汝杰（2002）等；某类兼语句的特征，如邢欣（1992）、万莹（2001）；兼语式与其他句式的关系或异同，如宋玉柱（1979）、丹洛（1981）、程希岚（1984a，1984b）、杨月蓉（1992）、程琪龙、王宗炎（1998）、赵益贵（1998）、胡云晚（2002）、陈小英（2005）；在语义视角下探究兼语式的分类，如邢欣（1995）；提出了判断兼语式的语义形式标准，如宋卫华（1995）；兼语的省略及其条件限制，如戚晓杰（1996）。

四 兼语式的历史语言学研究

从历史语言学视角对兼语式的研究主要集中在对以下问题的探讨：隐形兼语，如杨军（1982）、史震己（1983）、曾钢城（1985）；西周金文中兼语式的分类，如张景霓（1999）；先秦汉语中的使动用法、使令兼语式及分类问题，如唐培良（1983）、冯英（1991）、李靖之（1991）、董治国（1995）、梁银峰（2001）。此外，张建中（1990）采用"转换生成"分析法探讨《史记》中兼语句和使用句之间的选用和转换条件问题。段虹宇（2010）《金瓶梅词话》"教、叫、交"兼语结构的研究。孙书杰（2015）考察了非典型兼语式"$V_1 + N_1 + 为 + N_2$"或"V 为 N"和典型兼语式"$V_1 + N + V_2$"在《左传》《史记》和《论衡》里的使用情况，发现先秦时期这两类兼语式都处在起始阶段，"V 为 N"从汉代开始才快速发展，典型兼语式在两汉时期发展缓慢。

五 兼语式的对比和翻译研究

张允若（1983）通过对比汉语兼语式和英语复杂宾语，发现这两种结构都有一个由名词词组或代词充当的身兼二职的"兼语"，由于汉语无形态变化，这种身兼二职的特点表现得非常明显，而英语中有形态变化，使得"兼"的特点较为隐蔽。苗焕德（1984）对比了汉语和维吾尔语中的兼语式，发现由于维吾尔语中动宾顺序与汉语不同，并且维吾尔语中的动词有变位形式，所以该类结构在维吾尔语中主要以"宾动结构"表示，一部分用"主谓结构"表示，兼语常用宾语表示，有时也用主语表示。何慎怡（1992）、刘永兵、于元方（1992）、曹余生（1993）、陈光波（1995）、周维杰

(1999)、党兰玲（2006）对比分析了汉语兼语式与英语复合宾语句在表达形式上的异同。此外，还有些研究侧重于汉语兼语式的翻译，如托乎提（1986）探讨汉语兼语句翻译为维吾尔语的问题；秦礼军（1988）、王锐（2000）关注兼语结构的日译问题；王进祥（1988）、杨晓斌（2012）考察兼语式的英译问题；陈建桥（2000）讨论兼语式的俄译问题。王志敏（2006）分析认为，藏语兼语式的语序完全不同于现代汉语，但其结构与汉语甲骨相同，这是藏汉同源的证据。陈秀娟（2010）以认知语言学和类型学理论为指导，对致使义的汉语兼语句和英语复合宾语句进行对比研究，作者将汉语致使义汉语兼语句按照英语复合宾语句的分类方法分为致使义类、阻止义类和帮助听任类，并从各要素相关的参数中对三个词范畴进行了语义、语法方面的对比。

六　自然语言处理与人工智能

自然语言处理与人工智能是近年来新兴的一个跨学科研究领域。傅成宏（2011）对现代汉语兼语结构的机器探测方法进行研究，提出了用于自动探测兼语的"兼语候选特征项"和"支持度"两个概念，并设计出了相应的算法，编译出了"现代汉语兼语结构机器探测软件"。陈静等（2012）通过对大规模语料中兼语结构的分布观察，分析了其内部语言特征和外部语言特征，在此基础上构建条件随机场模型，能对兼语结构进行有效识别。杨春雷（2013）采用生成句法的宾语控制理论进行句法描写，建立了义项的词库，并对两种句法结构进行了特征结构描写，最终通过 LKB（语言知识构建）软件成功实现了对兼语式的自动剖析。

七　第二语言习得视角

随着对外开放力度的加大和国际交流的增加，越来越多的外国学生开始学习汉语。正是在这个大背景下，兼语式的习得问题引起了学者的注意。周华文（2009）使用语料库作为研究手段，分析了学生正确和偏误使用典型兼语句结构的情况，再与本族语的使用情况进行对比，获得了外国汉语学习者习得兼语句的顺序。曲淑虹（2013）考察了泰国学生兼语式习得的总体情况，得出了学生习得兼语句式的难易程度顺序，并进一步考察了学生对致使类、请求类等九类兼语式的使用情况，分析了偏误类型。总体来说，兼语式的语言习得研究还有较大的提升空间。

八　兼语式的认知语言学研究

随着认知语言学在国内的普及，研究者开始用相关的认知理论来探讨和分析兼语式。如刘世英（2002）从语言象似性来分析汉语兼语式的四种类型特点。安丰存、刘立群（2004）对比了英语 SVOC 句式与汉语兼语式动词，认为这两者间所欲不同，但都是在语法化过程中形成的。杨哲（2010）认为兼语式是一种典型构式，其原型结构是致使命令式，其原型意义是施事主语使人或物处于某种状态或表现某种行为。苏丹洁（2011，2012）将构式语块引入表使令的兼语句教学中，认为该结构内部的语义配置是"使令者——使令方式——使令对象——使令内容"，并在对 12 种外国语言考察的基础上，认为各个语言的母语者在理解加工"使令"意义时，大多具有这四种语义配置意义构块，所以"兼语句"类型应该取消，并用使令构式等七种不同的构式来取代。崔冰洁（2012）尝试整合弹子球模型和多重传承模型来构建弹子球多重传承模式（BMI）用于解释汉语兼语句。贾伯鑫（2012）从构式视角对新兼语构式"让 X 飞"的多重压制进行分析。李香玲（2011）、牛保义（2011；2013）在认知语法的框架内将汉语兼句式分为使役类、释因类和说明类三类；认为兼语式的整体意义是两个事件之间的因果关系，这种因果关系包括使役因果关系、释因因果关系和说明因果关系三类；认为在兼语式里，兼语 N_2 的语义凸显，将兼语构式中 V_1 和 V_2 连接成一个复杂事件；两个事件通过整合方式来构建句式的整体语义。刘云飞（2014a）以认知构式语法为理论框架，使用心理学中的力量理论表征来描述助成类兼语式，分析了助成类兼语构式背后的认知动因和机制。刘云飞（2014b）基于力量理论将兼语句分为致使、组织、助成及伴随四类，这四类兼语式形成一个连续统，兼语实现结果状态的能力呈现出等级性。刘云飞（2014c）以事件域认知模型为理论框架，分析了兼语式语义构建过程中成分事件内部的识解倾向及成分事件之间识解的适配关系。

第五节 对当前研究的简评

从研究的理论基础看，相关的研究已经涉及了生成句法学、语义学（词汇语义学、形式语义学等）、心理学、认知语言学、语言类型学、对比语言学、历时语言学、语法化、神经语言学、逻辑学等诸多领域。这些研究进一步加深了我们对于英汉语致使现象的理解和认识，但是不难注意到，这些研究也留下了诸多还没有探讨的问题：第一，到目前为止，还没有一项研究对"使、让、叫"典型迂回致使结构结果动词进行考证，并说明是哪些动词常用于此类结构，这些结果动词都赋予了三个典型迂回致使结构什么样的语义特征。第二，文献中常提及"使、让"典型迂回结构的主要区别在于口语和书面语的差异，但这种差异的背后究竟是什么样的动因却没有相关研究做过解释。第三，现有的致使结构原型模型能否在汉语典型迂回致使结构中得到验证也无人做过考察。Markman & Wisniewski（1997）将迂回致使结构看作是致使表达方式的上位范畴，其次才是词汇致使结构；沈阳、何元建和顾阳（2001：69）认为汉语中迂回致使结构是致使用法的典型；Wolff, Klettke, Ventura & Song（2005）认为迂回致使结构从结构上来说是很完备的，它们可以为更具体的致使表达提供图式支撑。根据这些研究，迂回致使结构就应该被视作致使结构的原型，理论上就应该跟文献中已经提出和建立的致使结构的原型模型相匹配。第四，近年来，汉语兼语式出现了构式视域的新导向，如苏丹洁（2011，2012）、贾伯鑫（2012）、刘云飞（2014a，2014b，2014c），如何在构式视域下统一解释汉语迂回致使结构也成为摆在我们面前的一个新课题。

  从分析时使用语料的情况来看，前贤的研究主要存在以下问题：不使用语料的内省式研究或使用零星语料，或使用摘自词典的语料，或使用的语料中只侧重书面语，即使有口语语料，也是来自口头语文学作品。再如从生成语法视角和从语义学视角对致使结构的研究大多使用第一类语料。此类分析主要依靠语言学家的直觉来判断某一语言形式在语言中是可接受的还是不可接受的。因此，其使用的语料和所得出的结论都必须通过实证性研究的验证，因为语言学家对于语言使用的直觉不总是正确的（Sampson，2001：ch.2；Sampson，2005：16-20）。我们强调，对语言使用的研究其目的就是为了探究说话人、听话人是如何利用语言资源的，研究的焦点应该放在自然真实的语言上，而不是研究那些只是理论上有可能的语言使用情况（Biber, Conrad & Reppen, 2000：1；Renouf, 2005：4）；另外，语言本身也有概率性的属性（桂诗春，2004；Bod, et al., 2003：2），所以语言研究中应该使用海量数据的归纳分析才能对语言的整体面貌做出较为完整的描写。海量真实语言数据应该收集来自多名说话人，这样分析得出的结论才不会受说话人个人话语特点的影响。应该说基于语料库的分析方法是较好的选择，因为它是以大量的、按照一定原则收集的自然语言的文本作为分析基础的（Biber, Conrad & Reppen, 2000：2；McEnery & Wilson, 1996：87）；而且就当前的语言研究来看，基于语料库的研究方法已经证实了其自身的价值，有时候它对于传统语言学研究的结论甚至是颠覆性的（Aston & Burnard, 1998: 11; Sampson, 2005: 16 - 20; Sampson, 2001: ch. 2）。

从研究所使用的统计手段来看，国内的相关研究，如宛新政（2004）、梁晓波（2007）等，基本上使用计算百分比值的形式来报告其统计结果。这种简单的统计手段导致在进行对比分析时无法准确地确定对比对象之间的差异程度，更无法直接用此类数据来进行有效的推理论证。此外，自然语言很难满足数据分布的正态性和方差同质性，所以除了基本的统计方法如卡方值和对数似然值（LL值）外，应该使用一些更为精确的统计手段，如费舍尔精确检验（Fisher's exact Test）等，这些计算手段即使在所对比的语料库容不对称或语言表达形式出现频次很低的情况下也能在统计学层面反映出对比对象之间在某一特定特征方面的差异（Oakes, 1998; McEnery, Xiao & Tono, 2006: 45 - 49）。在牵扯多个因素共同作用时，还会用到更为复杂的统计手段来进行总体趋势预测（如回归分析、对应分析等）。

从研究方法上看，多数侧重理论层面的总体讨论/对比，或是对英汉某类结构分别进行描写，把选择其中一种类型作为研究对象，并把从对比语言学视角、基于使用模型的描述和认知层面的阐释三者相结合的研究还很少见。国内外有远见的语言学家已经关注到了这一点。沈家煊（2008）指出，语言学家的任务不是研究语言学理论而是语言，并强调基于语言事实而非基于语言学流派的研究。在基于用途的模型中（如 Langacker, 1987, 1999; Barlow & Kemmer, 2000; Tomasello, 2000），备受关注的是语言的实际使用。该观点的重要影响在于它考虑到了低层图式在与高层图式竞争过程中的优先性、使用背景和具体使用事件对意义建构的作用、标记/

类型频率以及实际语言使用语料比如语料库的重要性等。束定方（2009）对中国认知语言学的发展进行了展望，认为应加强基于汉语语料的对比或类型学研究，应进一步加强基于语料库（Corpus-based）的研究。在国外，有些语言学家甚至提出了认知语料库语言学（Cognitive Corpus Linguistics）这一新学科分支（Arppe, Gilquin, Glynn, Hilpert & Zesche, 2011；段芸、莫启扬、文旭，2012）。沈家煊（2007）建议外语界的人多作汉语和外语的比较研究，一方面为语言教学服务；另一方面通过比较探求语言的普遍规律，透过语言之间的表面差异找出人类语言的共性。杨自俭（2008）认为把认知语言学和英汉对比结合起来的范式是目前应予以关注的新领域、新方法。文旭（2009）提出将认知语言学和英汉对比研究结合起来，建立一门新的学科，即对比认知语言学，在研究方法上强调要从实际语料出发，把历时角度与共时相结合、微观与宏观相结合、定量与定性相结合、归纳与演绎相结合，以认知和概念为出发点，对比不同语言范畴和语言结构的概念和认知基础。

第 三 章

迂回致使结构结果动词的构式搭配分析

词语和语法的关系在语言使用中是一种共选关系，也就是说，一定的词语和意义总是以一定的语法形式表现出来，而一定的语法结构也总是凭借意义上与其相兼容的词语来实现。这种共选关系决定了处于同一结构固定槽位的填充词不可能是任意的一个词。长期以来，"使、让、叫"典型迂回致使结构被认为是意义相近的三个结构，那么，分别填充这三个典型迂回致使结构中结果动词槽位的动词都有哪些？它们是不是都无差异地属于共同的语义类别？这三个结构各自都有哪些独特的结果动词与之搭配来反映出这些结构在所表达意义上的不同？这些问题都很有必要作进一步的探讨。

第一节　典型迂回致使结构结果动词研究现状

长期以来，学界对汉语迂回致使结构结果槽位动词类型的研究基本上是粗线条的。这种粗线条研究主要表现在以下三个方面：第一，没有基于实证语料的统计就提出了相关的概括综述性结论。例如古川裕（2003）认为，用作使动义的"使、叫、让"分析型致使结构中的后段动词词组一般都是表示心理感情和生理感觉的，在"使"字分析型致使结构中很少表示动作行为。但该论断中关于后段动词词组"很少表示动作行为"的结论与宛新政（2004：69）的论述却完全不一致。第二，基于实证语料，统计了后段动词的原始频次，并辅以百分比来呈现统计结果。如宛新政（2004：69）基于100万字的文艺语体语料发现，汉语分析型致使结构中表结果的后段动词词组在语义上主要分为表示心理感情、生理感觉、行为动作和性状四类（见表3-1）。从后段动词词组四种语义类型所占比例的高低看，"使"和"叫"字分析型致使结构中后段动词词组语义类型总体分布比例基本一致，即：表心理感情类＞行为动作类＞生理感觉类＞性状类，而在"让"字分析型致使结构中，心理感情类后段动词所占比例最高，随后依次是生理感觉类、行为动作类和性状类。该研究主要的不足之处在于使用后段动词出现的原始频次及百分比来呈现相关语言结构的显著性问题，而这种基于原始频次的进行方式也是近年来为以语料库认知语言学家所诟病的（如 Stefanowitsch & Gries，2005；Stefanowitsch，2006）。就像 McEnery & Wilson（2001：81）所言，"语料库语言学中的量化远远不止于只是简简单单地数一数某个词或结构出现的频次。"因为原始频次表仅仅只能体现出一个语言单位在不受其他参数影响时的频次。为了检验一个潜在解释性因子，必须将一个语言单位在展现出这种因子的语境和缺少这种因子的语境中的使用情况进行比较。接下来，为了验证观测频次的分布是不是只是一种偶然性的结果，就需要使用诸如卡方检验等显著性测试统计方法。显著性测试可以计算出在多大的程度上我们可以认为从一个潜在决定因子上所观测到的效果可以用来解释整个语言系统，也就是说，在多大程度上这种在当前样本基础上观测到的效果可以拓展开来用于解释语言系统。从统计学的层面讲，列联表或二变量分析法等可以用来解决这个问题，此类方法可以展示出在控制了另一个解释性参数的时候一个语言单位的分布情况。这种将响应变量与另一种现象解释性变量联系起来的操作方法正是推理性或假设验证性统计学的特点。第三，到目前为止，还没有研究探讨汉语迂回致使结构（甚至是汉语分析型致使结构）结果动词槽位的词汇选择偏好，即"使、让、叫"字迂回致使结构各自的结果动词槽位上常常出现的结果动词都是哪些，哪些动词偏好与哪类迂回致使结构相依存。若不对常用结果动词的使用情况进行调查，就无法正确判断某一类词是否可以用于该类结构，如 Miyake（2005）认为在结果动词槽位上就不能出现意图性行为动词（verbs of intentional activity）。但语言学家的这种直觉性判断都没有在真实语料中得到验证。对于这些问题，近年来蓬勃发展的语料库认知语言学提出的构式搭配分析法（Collostructional analysis）（Stefanowitsch & Gries, 2003, 2005; Gries & Stefanowitsch, 2004a, 2004b）则为之提供了一条行之有效的解决途径。

表 3-1　　"使、叫、让"字分析型致使结构中后段动词的语义类型

	心理感情（个）	生理感觉（个）	行为动作（个）	性状（个）	总计（个）
使	274	47	199	29	549
让	267	22	7	3	299
叫	40	8	22	2	72

第二节　构式搭配分析法

现代语言学研究中的基本方法主要有内省法、诱导法和基于语料库的方法等。近年来，基于语料库的研究方法吸引了越来越多的研究者。

语料库语言学基于真实自然的语言材料，以实际使用中语言现象的出现概率为依据建立或然概率进行语法分析，通过挖掘大数量文本的语言事实，从中寻找语言使用的规律。由于语料库所收集的是人们实际生活中使用的语言，所以语料库语言学方法是着眼于语言运用的研究方法。在语料库语言学中，语言研究的直接对象是语言运用，只有通过对语言运用实例的大量收集和分析，才能得到语言典型特征的可靠依据。而语料库中语言材料的真实、自然，使研究结果具有可靠性和真实性的特点。并且调查结果不受研究者和受试者主观判断的影响，所以具有客观性。这与近年来认知语言学研究中大力提倡的基于使用的模式在本质上是一脉相承的。

传统的基于语料库的研究重在研究词语搭配。所谓词语搭配，就是"从与一个词相伴而用的那个词上你就能了解这个词"（You shall know a word by the company it keeps.）(Firth, 1957: 12)。也就是说，词语的搭配是一种共现关系，习惯性搭配的词项相互期待和预见。只要一个词与另一个词共现的概率达到统计学上显著程度标准，那么它们就可以构成搭配。严格意义上的词语搭配是指位于同一语法结构内的词与词之间的组合。这种语法结构或框架便是类联接（Mitchell, 1975: 120-122）。类联接是关于句法结构的框架，搭配则是类联接的具体实现。传统的基于语料库的词汇搭配研究在涉及搭配是随机还是有意义的、词距跨度设定等问题时还存在一些分歧。基于语料库的词语搭配研究在提取搭配词时采取的方法通常是：先从语料库中将与某个节点词在语境中某个词距跨度内共现的所有词提取出来，然后依据每个共现词的出现频次来计算出各个共现关系是否显著，并以此来确定在多大程度上与节点词构成搭配。常用的词语搭配的量化统计分析方法有 MI 值、Z 分值和 T 分值（杨惠中，2002: 114）。但这种传统的词语搭配研究存在三个问题（Stefanowitsch & Gries, 2003, 2005; Gries & Stefanowitsch, 2004a,

2004b)。第一，忽视了节点词和共现词所在的句法（或语法）结构，认为只要在研究者设定的特定词距跨度内出现的搭配词的观测频次足够高，就可以把相关性搭配从偶然情形中分离出来。第二，在统计方法上，依据观测频次对搭配词排序的方法忽略了数据的整体分布及其复杂性。在语料库中，有些词出现的整体频次要高于其他词，所以这些词成为节点词的搭配词的可能性就更高一些。传统词语搭配研究中常用的 MI 值、Z 分值和 T 分值等统计方式基本上都是以数据的正态分布和方差的同质性为假设前提，而自然语言的特征分布很难满足这些数据检验所需要的条件；同时，这些统计手段都存在过高或过低估计搭配强度的问题。第三，无法将语料中特定结构的搭配词进行穷尽处理。

构式搭配分析法是在构式语法理论框架内对词语搭配研究法的一种拓展。构式语法语言学家（如 Goldberg，1995）将构式视为"形式和意义的结合体"，这种结合体既包括了具体的语言单位，如词素、词、短语、句子等，也包括了抽象层面的语法构式。根据 Goldberg 对构式与动词论元的考察，构式与动词槽位填充词之间存在着互动关系，并且动词槽位填充词与构式之间意义要相兼容。在不同的构式中，动词的意义会因受到压制而有所不同，这是由于不同构式具有不同意义造成的。构式搭配分析法的提出是通过一个特定构式来考察其槽位填充词（或其他构式）与其之间的关联强度，借此来考察构式意义的语义属性。与特定构式具有吸引关系的词位（即槽位填充词）被称为该构式的共现词位（collexeme），与特定词位具有吸引关系的构式称作搭配构式（collostruct），共现词位与搭配构式的结合体称为"构式搭配"（collostruction）（Stefanowitsch & Gries，2003）。这种研究方法将语言学研究（特别是构式语法研究）与语料库方法相结合，要求所使用的语料库必须具有代表性和平衡性，对所调查的语言现象必须进行穷尽性检索，而且所有量化数据都要使用严格的计量手段进行分析。可见，构式搭配分析法是在构式语法的理论框架之内"从下而上"对搭配进行复杂量化的一种方法。

构式搭配分析法主要包括三种方法：共现词位分析法（Collexeme Analysis）、多项显著性共现词位分析法（Multiple Distinctive Collexeme Analysis）和互变性共现词素分析法（Covarying Collexeme Analysis）。共现词位分析法也称为单一共现词位分析法，主要用于考察某个结构中特定槽位填充词与该结构之间的搭配关联强度。这个特定词类槽位往往会由不同的词位来填充，这些填充词与该结构之间的搭配强度不一致，有些跟结构搭配得紧密，所以搭配强度就高，而有些词与结构的搭配强度就低些。多元显著共现词位分析法是对共现词位分析法的一种拓展。该方法通过比较某一个槽位上出现的共现词位的不同语义聚类，考察两个或多个在意义上看似近义结构的意义差异之处。经常有这样的情形，即同一个词可用在意义上相近的两个或多个结构中，那么为了确定这个词与这些结构中的哪一个关系最为密切，或要确定这个词与每个结构之间的搭配强度，就可以使用多元共现词位分析法。使用多元显著性共现词位分析法可以明确确定一个词是被该结构所吸引还是被排斥。互变性共现词位分析法则用来考察同一个结构中两个特定槽位填充词之间的搭配强度，这种搭配强度可以显示出这两个槽位填充词与结构之间的关联紧密程度。在使用上述构式搭配分析法的三种方法时，通常都用费舍尔精确检验显著值 p 值作为衡量标准，该值越小表明填充词与结构之间的搭配强度越高。

构式搭配分析法自问世以来，已被广泛用于西方语言的研究中，如 Giles, Hampe & Schonefeld（2005）基于 ICE-GB 语料库使用共现词位分析法对英语 [V + NP_{obj} + as + X] 构式的研究，Gilquin（2006, 2010）基于 BNC 语料库使用显著共现词位分析法对英语致使结构的考察，Leveshina，Geeraerts & Speelman（2010）基于语料库使用显著共现词位分析法对比利时荷兰语和荷兰语中 *doen* 致使结构的调查。同时，构式搭配分析法的应用还被拓展到了构式意义研究之外的领域，如 Stefanowitsch（2005）使用共现词位分析法进行了基于语料库的隐喻研究。近年来，构式搭配分析法也被引入了汉语研究中，如 Chen（2009）基于台北"中研院"现代汉语平衡语料库使用共现词位分析法对汉语领属构式（possessive construction）[NP_1 的 NP_2] 的考察，Jing-Schmidt & Jing（2011）基于语料库使用共现词位分析法对汉语被动结构 [NP_1 + 被 + (NP_2) + V] 和 [NP_1 + 遭 + (NP_2) + VP] 的对比研究。

第三节　迂回致使结构结果动词的提取和构式搭配分析法的使用

一　结果动词的提取

在典型迂回致使结构的结果动词提取过程中，特别要注意如下两点：

第一，在结果动词槽位有连续动词出现的，按所表达的意义抽取其主要动词。例如在例（1）中，结果动词是"败"，而不是"开"；在例（2）中，结果动词是"信仰"和"爱护"。

（1）但是如果不了解插花的基本知识，就会使一些美丽的鲜花不开而败。

（2）广德真人为要使一般人都信仰他、爱护他，所以有施水治疫的那番举动。

第二，结果动词中有些是离合词（如赵淑华、张宝林，1996；饶勤，1997；王海峰，2002；任海波、王刚，2005），所以应尽可能按离合词对待完整提取。对离合词的判定主要依据《现代汉语离合词用法词典》（杨庆蕙，1995）。如例（3）的"睡好觉"被视作是离合词"睡觉"作结果动词；在例（4）中的结果动词是"帮忙"，而不是"帮"。

（3）自从来到毛泽东身边工作之后，也常常为他的睡眠而发愁，使他能睡好觉，这成了小孟的一个很重要的护理任务。

（4）你让他帮我个忙吧！

二 构式搭配分析法的使用

在本章的研究中，对"使、让、叫"迂回致使结构中结果动词的分析主要采用构式搭配分析法中的共现词位分析法和多元显著共现词位分析法来进行。采用共现词位分析法是为了考察"使、让、叫"三种迂回致使结构中各自使用的显著性共现词位都有哪些，使用多元显著共现词位分析法的目的在于通过同时考察这三种致使结构和它们的共现词，从而决定哪些词跟哪个结构有很独特的显著性依存关系，以此来探索这三个结构在意义表达上的差异。

下面以"使"字迂回致使结构 [NP_1 + 使 + NP_2 + V] 结果动词为例，说明如何使用共现词位分析法得到结果动词的构式搭配强度值。

首先，使用软件提取出 LCMC 和 CCSC 两个语料库中所有动词及动名词的总数。这两类词在 LCMC 中的总数是 203211 个，在 CCSC 中有 250424 个，总共 453635 个。其次，提取出特定迂回致使结构在语料库中出现的总频次。"使"迂回致使结构 [NP_1 + 使 + NP_2 + V] 有 1,286 次（另有 4 例出现在"使"字迂回致使结构 [NP_1 + 使 + NP_2 + 被 + V] 中，此处不计）。再次，提取出相关结果动词在语料库中的总数以及用在 [NP_1 + 使 + NP_2 + V] 构式中的数量。动词"感到"在语料库中共出现 384 次，其中有 38 次用在"使"字迂回致使结构中。最后，将所得交叉列联表数据（见表 3

-2)进行费舍尔精确检验(Fisher's exact test),所得费舍尔精确检验 p 值小于 0.05 时,达到统计学显著水平,该值越小表示与所在构式的搭配强度越强。计算结果显示,动词"感到"与[NP_1 + 使 + NP_2 + V]结构的搭配强度是 $1.65E-45$,在 $p<0.001$ 的水平上呈现极其显著的统计学意义。

表3-2 共现词"感到"与[NP_1 + 使 + NP_2 + V]结构的交叉列联表

	感到	除"感到"以外	合计
[NP_1 + 使 + NP_2 + V]	38	1,248	1,286
非[NP_1 + 使 + NP_2 + V]	346	452,003	452,349
合计	384	453,251	453,635

下文在使用共现词位分析法和多元显著共现词位分析法对典型迂回致使结构的结果动词进行分析时,所有构式搭配强度值的运算均使用 Coll. analysis 3.2(Gries,2007)R 脚本程序批量进行。

第四节　统计结果和分析

一　基于迂回致使结构结果动词原始频次的分析

通过对语料库的检索,发现能用于"使"字迂回致使结构[NP_1 + Shi + NP_2 + V]的结果动词共有 565 个,共出现 1333 次(见附录1),"让"字迂回致使结构结果动词 847 个,共出现 2254 次(见附录2),"叫"字迂回致使结构结果动词 263 个,"让"字迂回致使结构共出现 413 次(见附录3)。从三个结构中所使用的结果动词的丰富程度来看,首先"让"字迂回致使结构中最丰富,其次是"使"字迂回致使结构,最后是"让"字迂回致使结构。动词越多就可能意味着动词的语义类型越多。因此，这似乎表明，在选用结果动词时，"让"字迂回致使结构所受的语义限制最少，而"叫"字迂回致使结构所受的限制最多。

我们将这三个结构各自的结果动词在槽位上出现频次最高的前40个动词提取出来，然后进行语义归类，以此考察古川裕（2003）和宛新政（2004：69）关于结果动词槽位意义类型的说法中哪一个能得到语料库数据的支持。

表3-3 "使"字迂回致使结构结果动词槽位出现频次最高的前40个动词

动词	频次	动词	频次	动词	频次	动词	频次	动词	频次
有	54	成为	46	得到	38	感到	38	发展	29
发生	27	变	24	产生	23	达成	22	保持	21
走	15	发挥	14	减少	14	显得	14	受到	12
陷入	12	想起	12	获得	11	进入	11	具有	11
认识	11	觉得	10	提高	10	下降	10	恢复	9
接受	9	失去	9	适应	9	增加	9	形成	8
结合	7	理解	7	升高	7	实现	7	处于	6
降低	6	起	6	丧失	6	掌握	6	带（离）	5

表3-3中列出的40个结果动词出现总频次为605，其中"心理感情类"动词的数量为0；"行为动作类"动词共36个["走""起""进入""带（离）"]，占5.95%；生理感觉（意识心智）类78个（"认识""想起""觉得""理解""感到"），占12.89%；剩余的结果动词中大部分表示状态的存在、发生、保持或所有权的改变。整个结果动词在语义上分类频次的分布呈现"性状类＞生理感觉类＞行为动作类＞心理感情类"的趋势。这个分析结果完全不支持古川裕（2003）和宛新政（2004：69）的结论。

表3-4 "让"字迂回致使结构结果动词槽位出现频次最高的前40个动词

动词	频次	动词	频次	动词	频次	动词	频次	动词	频次
去	63	看（来看我）	61	干	55	说	46	知道	46
做	35	吃	34	看看	26	有（兴趣）	26	觉得	23
走	23	来	22	买	20	上（学校）	20	听	19
找	17	吃苦	16	写	16	打（税）	15	当（书记）	15
感到	14	送（我）	14	学	14	坐	14	感觉	12
进（屋子）	12	看见	11	成为	10	过（生活）	10	回来	10
看到	10	想	10	帮	9	帮助	9	给	9
拿出	9	睡	9	听听	9	住	9	成长	8

表3-4中前40个高频结果动词出现的总频次为661，其中"心理感情类"动词总数为0；"行为动作类"动词总数为324["去""做""走""找""进""拿出""吃""来""送""睡""买""写""说""上（学校）""坐""回来"]，占49.02%；"生理感觉（意识心智）类"动词共271（"感到""看到""看""吃苦""看看""看见""想""学""知道""觉得""感觉""听"），占40.10%；剩余结果动词主要以表状态为主（"成长""当""住"等）。从"让"字迂回致使结构结果动词的语义类型来看，除了"心理感情类"外，其他三类的总体分布基本与宛新政（2004：69）相吻合。此外，表示意图性的"行为动作类"动词出现的最多，这个统计结果完全不支持Miyake（2005）的观点。

表3-5中前40个高频结果动词出现的总频次为165，其中"心理感情类"动词总数为4（"服气""发愁"），占2.42%；"行为动作类"动词总数为100（"来""做""进""上去""包""去""打""进去""喊""睡""进去""补交""说""回家"

"唱""写""搁""拿""穿""起床""吃""走""滚"),占60.61%;"生理感觉(意识心智)类"动词共35("看""知道""摸""教""想""瞧"),占21.21%;剩余结果动词属于混杂类型,主要以表状态("成长""当""住"等)、社交类动词("帮忙""打交道""帮""负责""参加")和虚义词("搞""办")为主,占16.21%。从"叫"字迂回致使结构结果动词的语义类型分布频次来看,行为动作类>生理感觉类>心理感情类。

表3-5 "叫"字迂回致使结构结果动词槽位出现频次最高的前40个动词

动词	频次	动词	频次	动词	频次	动词	频次	动词	频次
看	16	去	14	说	9	当	8	吃	7
来	7	打	6	干	6	教	5	走	5
做	5	喊	4	回家	4	拿	4	想	4
知道	4	帮忙	3	唱	3	穿	3	负责	3
进	3	进去	3	摸	3	起床	3	瞧	3
上去	3	睡	3	写	3	办	2	帮	2
包(扁食)	2	补交	2	参加	2	打交道	2	发愁	2
服气	2	搞	2	搁	2	管	2	滚	2

基于上述分析发现,在典型迂回致使结构中,结果动词的语义类型与文献(如古川裕,2003;宛新政,2004:69)中所作的论断不完全一致,甚至有相反的地方。笔者推测,这或许是由于本研究所用语料与宛新政(2004:69)不同。本研究所用语料为平衡性书面语语料库,涵盖语体广泛,同时使用了多类型口语语料,而后者的研究所采用的只是文艺语体语料,并且没有使用任何口语语料。

二 典型迂回致使结构结果动词共现词位分析

上面基于迂回致使结构结果动词原始频次的分析是很笼统的,

也是很不精确的，因为只通过原始频次的比较无法揭示出结果动词与"使、叫、让"迂回致使结构的关系依存强度。例如在"使"字迂回致使结构结果动词中，出现频次最高的是"有"（54次），而"感到"只出现了38次，这是不是意味着"有"作为结果动词时与该结构的搭配强度要比"感到"的要强呢？按照以往对这两个动词原始观测频次的比较，答案是肯定的，但诚如前文所言，这种基于原始观测频次的对比没有将该动词在语料库中的整体出现频次纳入考虑，所以在没有进行显著值测试就直接拿观测频次对比来做论断的方法是不全面的。这正是共现词位分析法所要解决的问题。

将出现在"使"字迂回致使结构[NP_1 + 使 + NP_2 + V]的所有565个（共1,333次）结果动词使用共现词位分析法进行分析，发现其中有323个动词与"使"字迂回致使结构[NP_1 + 使 + NP_2 + V]之间的构式搭配强度达到统计学显著水平（见表3-6）。从表3-6可以看出，上文提及的动词"感到"与该结构的搭配强度位列323个动词中的第三位，表现出了与该结构极强的构式搭配强度。然后，取费舍尔精确检验 $p < 0.01$ 有极其显著统计学意义的323个动词进行语义分类，来考察"使"字迂回致使结构结果动词侧重表达哪一类的意义。认知语言学主张，语言来自与人们对现实生活的身体体验，并以此为基础进行认知加工。由于人们所面对和生活的这个客观世界基本相同，都是在大自然基本规律的作用下运行，与此同时，人类具有相同的身体器官、感知能力和认知能力，所有这些决定了使用不同语言的人具有基本共通的认知能力，这也是居住在这个星球不同地方、讲不同语言的各种族人群能够相互交际和理解彼此语言的认知基础。鉴于汉语动词语义归类研究较少，为了使动词归类标准更客观，我们将借鉴英语动词语义类型划分的做法。在英语动词语义类型划分研究上经典的当属Levin（1993），他将英语动词按照语义类型划分为49个大类，约160个小类。但

考虑到如果对结果动词语义分类太过细微的话，会导致每个语义类型的最终频次数量很小，不利于后续分析，因此，结合 Levshina, Geeraerts & Speelman（2013）基于纯粹语义标准将动词分为 15 类（见表 3-7）。

表 3-6 "使"字迂回致使结构 [NP_1 + 使 + NP_2 + V] 共现词位表（$p < 0.05$）

词位	频次	搭配强度	词位	频次	搭配强度
成为	46	1.65E-52	结合	7	2.06E-05
是	1	1.14E-49	形成	8	2.09E-05
感到	38	1.65E-45	加快	4	2.25E-05
达成	22	1.93E-43	安度	2	2.40E-05
得到	38	5.60E-42	各得其所	2	2.40E-05
保持	21	3.00E-24	原形毕露	2	2.40E-05
发生	27	4.06E-23	转危为安	2	2.40E-05
产生	23	5.19E-21	掌握	6	3.04E-05
陷入	12	7.87E-20	吃惊	3	4.40E-05
显得	14	4.91E-16	稳定	3	4.40E-05
说	2	1.15E-14	渗入	2	4.80E-05
想起	12	3.09E-14	经受	3	5.63E-05
减少	14	1.37E-13	缩小	3	5.63E-05
发挥	14	1.83E-13	超越	3	6.32E-05
发展	29	4.26E-13	实现	7	7.91E-05
升高	7	1.63E-12	接近	4	8.16E-05
下降	10	5.87E-12	扩大	5	1.16E-04
获得	11	2.06E-11	发扬光大	2	1.20E-04
受到	12	2.07E-11	过得	2	1.20E-04
失去	9	3.18E-10	度过	3	1.51E-04
恢复	9	7.51E-10	看	2	1.98E-04
进入	11	7.76E-10	熟知	2	2.22E-04
趋于	5	1.09E-09	感受	5	2.31E-04

续表

词位	频次	搭配强度	词位	频次	搭配强度
适应	9	2.73E-09	化为	2	3.56E-04
丧失	6	3.80E-09	发热	2	4.34E-04
具有	11	9.15E-08	转为	2	4.34E-04
降低	6	1.20E-07	安居乐业	2	5.20E-04
接受	9	2.05E-07	负有	2	5.20E-04
蒙受	3	2.26E-07	增高	2	5.20E-04
增加	9	5.43E-07	为	1	5.22E-04
变为	4	9.14E-07	融合	2	7.14E-04
联想	4	1.25E-06	受益	2	7.14E-04
处于	6	1.72E-06	脱落	2	8.23E-04
倾倒	3	1.89E-06	升华	2	1.06E-03
融入	3	1.89E-06	得	4	1.18E-03
陷于	3	3.69E-06	理解	7	1.19E-03
认识	11	4.41E-06	取得	5	1.26E-03
提高	10	5.02E-06	消除	3	1.42E-03
怦然心动	2	8.03E-06	步入	2	1.47E-03
成熟	2	8.03E-06	增添	2	1.47E-03
互补	3	1.01E-05	深受	2	1.95E-03
减弱	3	1.80E-05	服务	5	1.98E-03
变	24	1.99E-03	走	15	4.37E-03
反抗	2	2.13E-03	处在	2	4.75E-03
显示	3	2.22E-03	增多	2	5.01E-03
消失	3	2.59E-03	不知所云	1	5.66E-03
死亡	3	2.67E-03	大有作为	1	5.66E-03
呈(现)	2	2.69E-03	浮想联翩	1	5.66E-03
把握	3	2.75E-03	感悟	1	5.66E-03
变成	4	2.83E-03	耕耘	1	5.66E-03
百业待兴	1	2.83E-03	合法化	1	5.66E-03
滋养	1	2.83E-03	和好	1	5.66E-03

续表

词位	频次	搭配强度	词位	频次	搭配强度
振聋发聩	1	2.83E-03	经常化	1	5.66E-03
有章可循	1	2.83E-03	理屈词穷	1	5.66E 03
引为自豪	1	2.83E-03	腻味	1	5.66E-03
意乱情迷	1	2.83E-03	身临其境	1	5.66E-03
意识到	1	2.83E-03	生色	1	5.66E-03
以……为……	1	2.83E-03	衰减	1	5.66E-03
险象环生	1	2.83E-03	脱俗	1	5.66E-03
洗心革面	1	2.83E-03	望而却步	1	5.66E-03
退走	1	2.83E-03	为之一振	1	5.66E-03
失稳	1	2.83E-03	喜上眉梢	1	5.66E-03
丧尽	1	2.83E-03	细水长流	1	5.66E-03
如愿以偿	1	2.83E-03	献策	1	5.66E-03
忍住	1	2.83E-03	心惊胆战	1	5.66E-03
破涕而笑	1	2.83E-03	形影相吊	1	5.66E-03
沦入	1	2.83E-03	益寿延年	1	5.66E-03
亮出	1	2.83E-03	植根于	1	5.66E-03
力不能支	1	2.83E-03	深入	2	5.83E-03
扩增	1	2.83E-03	缓解	2	6.71E-03
减色	1	2.83E-03	变形	2	7.33E-03
附在	1	2.83E-03	富有	2	7.65E-03
愤世嫉俗	1	2.83E-03	（重）陷	1	8.48E-03
饿殍遍野	1	2.83E-03	步履维艰	1	8.48E-03
断流	1	2.83E-03	朝向	1	8.48E-03
地方化	1	2.83E-03	错位	1	8.48E-03
成人成才	1	2.83E-03	多（了经验）	1	8.48E-03
心悸	1	2.83E-03	夺眶而出	1	8.48E-03
构局	1	2.83E-03	纷呈	1	8.48E-03
感慨	2	3.54E-03	还原	1	8.48E-03
感动	3	3.62E-03	锦上添花	1	8.48E-03

续表

词位	频次	搭配强度	词位	频次	搭配强度
促进	4	3.76E-03	居安思危	1	8.48E-03
移动	2	3.76E-03	领受	1	8.48E-03
赢得	2	3.76E-03	骗取	1	8.48E-03
茕茕孑立	1	8.48E-03	生息	1	1.41E-02
人格化	1	8.48E-03	褪色	1	1.41E-02
融为一体	1	8.48E-03	忘却	1	1.41E-02
深表	1	8.48E-03	相得益彰	1	1.41E-02
失灵	1	8.48E-03	心动	1	1.41E-02
受损	1	8.48E-03	幸免	1	1.41E-02
脱轨	1	8.48E-03	哑口无言	1	1.41E-02
难以忘怀	1	8.48E-03	眼花缭乱	1	1.41E-02
无地自容	1	8.48E-03	扬长避短	1	1.41E-02
污染	3	8.55E-03	有所作为	1	1.41E-02
羡慕	2	1.01E-02	致病	1	1.41E-02
符合	3	1.02E-02	自知	1	1.41E-02
了解	5	1.09E-02	成长	3	1.50E-02
大失所望	1	1.13E-02	变异	1	1.69E-02
凋谢	1	1.13E-02	刮目相看	1	1.69E-02
发疯	1	1.13E-02	横行	1	1.69E-02
跨入	1	1.13E-02	减小	1	1.69E-02
耦合	1	1.13E-02	惊叹	1	1.69E-02
平添	1	1.13E-02	落空	1	1.69E-02
屈从	1	1.13E-02	埋没	1	1.69E-02
软化	1	1.13E-02	迈步	1	1.69E-02
散热	1	1.13E-02	潸然泪下	1	1.69E-02
煞费苦心	1	1.13E-02	识破	1	1.69E-02
网络化	1	1.13E-02	受制	1	1.69E-02
厌烦	1	1.13E-02	突起	1	1.69E-02
一举成名	1	1.13E-02	拓展	1	1.69E-02

续表

词位	频次	搭配强度	词位	频次	搭配强度
有增无减	1	1.13E-02	循环	1	1.69E-02
跃入	1	1.13E-02	转变	2	1.75E-02
增收	1	1.13E-02	受	5	1.90E-02
振作	1	1.13E-02	科学化	1	1.97E-02
集中	3	1.27E-02	浏览	1	1.97E-02
缺乏	3	1.31E-02	失效	1	1.97E-02
转化	2	1.36E-02	推迟	1	1.97E-02
迸发	1	1.41E-02	展开	2	1.99E-02
沉淀	1	1.41E-02	适合	2	2.04E-02
发笑	1	1.41E-02	前进	2	2.19E-02
放射	1	1.41E-02	颤动	1	2.25E-02
复活	1	1.41E-02	嘲笑	1	2.25E-02
隔绝	1	1.41E-02	对待	1	2.25E-02
孤掌难鸣	1	1.41E-02	居高临下	1	2.25E-02
叫嚷	1	1.41E-02	开阔（眼界）	1	2.25E-02
津津乐道	1	1.41E-02	迈向	1	2.25E-02
陶醉	1	2.25E-02	反射	1	3.62E-02
脱身	1	2.25E-02	分化	1	3.62E-02
系统化	1	2.25E-02	感性化	1	3.62E-02
具备	2	2.35E-02	恍然大悟	1	3.62E-02
公用	1	2.52E-02	崛起	1	3.62E-02
激化	1	2.52E-02	偏向	1	3.62E-02
萌发	1	2.52E-02	伤亡	1	3.62E-02
屈服	1	2.52E-02	相见	1	3.62E-02
提心吊胆	1	2.52E-02	上升	2	3.74E-02
质疑	1	2.52E-02	思考	2	3.74E-02
钟情	1	2.52E-02	避免	4	3.77E-02
筹集	1	2.80E-02	发亮	1	3.90E-02
畸变	1	2.80E-02	剖析	1	3.90E-02

续表

词位	频次	搭配强度	词位	频次	搭配强度
迈进	1	2.80E-02	省（电）	1	3.90E-02
映出	1	2.80E-02	感知	1	4.17E-02
深化	2	2.96E-02	关系	1	4.17E-02
辍学	1	3.07E-02	贯穿	1	4.17E-02
打（不）成	1	3.07E-02	描	1	4.17E-02
固定	1	3.07E-02	燃	1	4.17E-02
合理化	1	3.07E-02	增产	1	4.17E-02
怜悯	1	3.07E-02	走向	2	4.26E-02
迷失	1	3.07E-02	促成	1	4.44E-02
平衡	1	3.07E-02	迈出	1	4.44E-02
繁衍	1	3.07E-02	溶	1	4.44E-02
痛恨	1	3.07E-02	拥抱	1	4.44E-02
忘掉	1	3.07E-02	赞赏	1	4.44E-02
稀释	1	3.07E-02	害怕	2	4.60E-02
制度化	1	3.07E-02	参照	1	4.71E-02
坠入	1	3.07E-02	察觉	1	4.71E-02
增强	2	3.13E-02	触动	1	4.71E-02
体会	2	3.31E-02	扩散	1	4.71E-02
溶解	1	3.35E-02	硬化	1	4.71E-02
扎根	1	3.35E-02	变质	1	4.98E-02
突出	2	3.56E-02	串	1	4.98E-02
睡眠	1	3.62E-02	震动	1	4.98E-02
抵御	1	3.62E-02			

表3-7 结果动词语义类型[①]

序号	语义类别名称	语义释义	主要包含Levin(1993)的类别	汉语示例
1	体动词	表示某项活动起始、终结或延续的动词	55.1 Begin Verbs 55.2 Complete Verbs	开始,完成
2	与身体相关的动词	表示生理过程状态、情绪物理性表达的动词	40. Verbs Involving the Body	笑,皱眉
3	所有权变化类动词	表示事物等的所有权发生变化的动词	13. Verbs of Change of Possession	给,送
4	状态变化的动词	表示事物性质和量的状态发生变化的动词	45. Verbs of Change of State	变化,减少
5	创造、改造和毁坏类动词	表示主体创造、改造、转化或毁坏客体的动词	24. Verbs of Coloring 25. Image Creation Verbs 26. Verbs of Creation and Transformation 27. Engender Verbs 28. Calve Verbs 44. Destroy Verbs	制造,建造,做(饭),破坏

[①] Levin, 1993; Levshina, Geeraerts & Speelman, 2013.

续表

序号	语义类别名称	语义释义	主要包含 Levin(1993) 的类别	汉语示例
6	存在类动词	表示事物存在、位置、保持某一位置等的动词	15. Hold and Keep Verbs 47. Verbs of Existence	呆(在那儿)、站着
7	心智类动词	表示与思维、记忆、信仰、意图等心智过程与状态相关的动词	29. Verbs with Predicative Complements	知道、相信、记得、决定
8	物质操控类动词	表示对事物施加外力但并未改造之的动词	9. Verbs of Putting 11. Verbs of Sending and Carrying 12. Verbs of Exerting Force 17. Verbs of Throwing 18. Verbs of Contact by Impact 19. Poke Verbs 20. Verbs of Contact: Touch Verbs 22. Verbs of Combining and Attaching	放(下)、扔掉、摸
9	运动类动词	表示位置变化、运动方式、使用交通工具等描述事物运动的动词	49. Verb of Body-Internal Motion 50. Verbs of Assuming a Position 51. Verbs of Motion 53. Verbs of Lingering and Rushing	跑、跳、骑

续表

序号	语义类别名称	语义释义	主要包含 Levin(1993) 的类别	汉语示例
10	信息获取类动词	表示感知、学习、搜索等从外部世界获取信息的动词	14. Learn Verbs 30. Verbs of Perception 31. Verbs of Searching	听(到),感觉
11	显现类动词	表示事物和现象的出现、发生、消失等的动词	48. Verbs of Appearance, Disappearance, and Occurrence	消失,出现
12	心理动词	表示主体情感及欲望的动词	31. Psych-verbs (Verbs of Psychological State) 32. Verbs of Desire	渴望,发愁,憎恨
13	心智影响类动词	表示有意或无意地影响他人心智的动词		激励,鼓舞
14	社交类动词	表示人际互动及言语交流的动词	36. Verbs of Social Interaction 37. Verbs of Communication	同意,说,告诉
15	其他类动词	表示抽象意义的轻动词,虚义动词	轻动词,泛义动词	干(什么),做(事)

第三章 迂回致使结构结果动词的构式搭配分析 / 65

对"使"字迂回致使结构结果动词的语义分类参考表3-7中的标准进行。这323个搭配强度极强的结果动词基本上可以分为以下11类：

（1）表状态变化类动词：达成、减少、加快、稳定、缩小、扩大、发扬光大、化为、缓解、扩增、转为、增高、增加、变为、减弱、增多、合法化、经常化、变形、增添、提高、成熟、变成、衰减、锦上添花、地方化、人格化、融为一体、变、脱俗、减色、成人成才、失灵、发疯、致病、成长、变异、减小、转化、硬化、稀释、拓展、软化、散热、网络化、一举成名、复活、变质、制度化、开阔（眼界）、转变、科学化、失效、有增无减、隔绝、合理化、褪色、偏向、分化、走向、迈出、增产、溶、系统化、增强、激化、感性化、畸变、深化、固定、溶解、平衡；

（2）表运动类动词：陷入、升高、下降、进入、趋于、降低、望而却步、步履维艰、细水长流、移动、渗入、超越、接近、脱落、升华、身临其境、（重）陷、沦入、退走、步入、融入、陷于、走、深入、朝向、错位、夺眶而出、脱轨、跨入、横行、落空、迈步、跃入、沉淀、脱身、辍学、突起、迈向、颤动、前进、集中、循环、崛起、坠入、上升、震动、贯穿、扩散、反射、突出、迈进、迷失；

（3）表所有权变化类动词：得到、获得、失去、丧失、具有、各得其所、掌握、接受、得、富有、负有、受益、取得、有章可循、赢得、失稳、丧尽、如愿以偿、多（了经验）、领受、骗取、大有作为、平添、增收、缺乏、省（电）、具备、筹集、有所作为；

（4）心理/身体类动词：吃惊、怦然心动、腻味、振聋发聩、引为自豪、意乱情迷、忍住、愤世嫉俗、为之一振、喜上眉梢、无地自容、心惊胆战、破涕而笑、感动、感慨、心悸、潸然泪下、羡慕、大失所望、屈从、自知、惊叹、赞赏、心动、煞费苦心、厌烦、嘲笑、振作、发笑、陶醉、痛恨、害怕、屈服、提心吊胆、钟情、睡眠、怜悯、眼花缭乱；

（5）心智类动词：想起、熟知、联想、理解、认识、不知所云、浮想联翩、感悟、理屈词穷、意识到、以……为……、献策、居安思危、难以忘怀、思考、了解、识破、恍然大悟、剖析、参照、质疑、忘掉、忘却；

（6）创造、改造和毁坏类动词：产生、发展、恢复、实现、发热、消除、滋养、益寿延年、污染、促进、构局、还原、伤亡、促成、燃、描、映出、繁衍、生（利息）、避免；

（7）物质操控类动词：发挥、结合、安度、过得、倾倒、融合、反抗、把握、耕耘、洗心革面、断流、力不能支、打（不）成、展开、埋没、推迟、放射、串、触动、抵御、公用、扬长避短；

（8）表存在类动词：居高临下、扎根、是、成为、保持、适应、安居乐业、处于、互补、处在、百业待兴、植根于、形影相吊、茕茕孑立、耦合、附在；

（9）显现类动词：发生、显得、形成、原形毕露、显示、消失、死亡、呈（现）、生色、险象环生、亮出、纷呈、凋谢、迸发、发亮、萌发；

（10）信息获取类动词：感到、受到、经受、看、感受、蒙受、深受、受损、刮目相看、受制、受、浏览、感知、察觉、体会、幸免；

（11）社交类动词：说、服务、和好、深表、对待、孤掌难鸣、叫嚷、津津乐道、相见、拥抱、哑口无言。

从各类动词的数量来看，表状态变化类的动词最多，其次是表运动类动词和表所有权变化类动词，心理动词和心智类动词的数量基本上处于中间状态。由此可见，无论从"使"字迂回致使结构结果动词的原始频次分析，还是对结果动词进行共现词位分析法分析，所获得的关于结果动词语义类型上的结论都不支持古川裕（2003）和宛新政（2004：69）的观点。此外，这些动词还有一个明显特点，就是专业化色彩比较浓厚，呈现一种学术性趋向，如"稀释""软化""制度化""合法化""溶解""畸变"等。

对"让"字迂回致使结构中847个（共2,254次）结果动词使用共现词位分析法进行分析，发现其中有347个动词与该结构的构式搭配强度达到统计学显著水平（见表3－8）。这347个动词可以划分为如下类型：

表3－8　　　"让"字迂回致使结构共现词位表（$p<0.05$）

词位	频次	搭配强度	词位	频次	搭配强度
是	2	$5.34E-86$	伺候	4	$1.36E-04$
在（我手里）	5	$1.33E-34$	覆灭	2	$1.47E-04$
干	55	$1.81E-27$	漂浮	2	$1.47E-04$
吃苦	16	$9.01E-21$	评理	2	$1.47E-04$
看看	26	$5.61E-18$	睡	9	$1.56E-04$
知道	46	$1.01E-12$	帮忙	4	$1.94E-04$
有（兴趣）	26	$1.46E-11$	分心	2	$2.44E-04$
看（我）	61	$1.84E-10$	种	1	$2.73E-04$
得	2	$1.26E-09$	上（学校）	20	$2.83E-04$
当（书记）	15	$3.18E-09$	呼吁	3	$2.92E-04$
到（家）	7	$4.47E-09$	坐	14	$3.11E-04$
感到	14	$1.32E-08$	成为	10	$3.35E-04$
没有	2	$2.30E-08$	打滚	2	$3.65E-04$
吃	34	$2.76E-08$	钻空子	2	$3.65E-04$
记住	8	$3.56E-08$	解释	7	$3.99E-04$
听听	9	$4.41E-08$	感谢	6	$4.61E-04$
感动	8	$7.69E-08$	降生	2	$5.09E-04$

续表

词位	频次	搭配强度	词位	频次	搭配强度
做（介绍）	35	4.78E-07	警醒	2	5.09E-04
讲话	4	7.92E-07	懂得	4	5.29E-04
坐下	6	7.93E-07	接（你）	7	5.42E-04
受不了	6	8.72E-07	难以置信	2	6.76E-04
看见	11	1.49E-06	陶醉	2	6.76E-04
去	63	2.20E-06	腾出	2	6.76E-04
送（我）	14	2.39E-06	帮	9	8.27E-04
吃亏	4	3.39E-06	写	16	8.59E-04
成长	8	4.00E-06	品尝	2	8.67E-04
拿出（意见）	5	4.30E-06	照亮	2	8.67E-04
变得	3	6.72E-06	呆	6	8.67E-04
瞧瞧	5	1.11E-05	欣赏	4	8.91E-04
贡献	2	2.46E-05	工作	2	1.09E-03
帮助	9	3.16E-05	（拜）见	1	1.13E-03
见鬼去	3	4.27E-05	学	14	1.30E-03
让（谦让）	1	4.42E-05	说	43	1.30E-03
（使）用	1	4.54E-05	上钩	2	1.32E-03
受苦	3	6.52E-05	填写	2	1.32E-03
省心	2	7.37E-05	进（屋子）	12	1.39E-03
买	20	1.01E-04	用	3	1.39E-03
想起	6	1.16E-04	想想	4	1.40E-03
试试（衣服）	4	1.16E-04	丧失	3	1.48E-03
接受	8	1.22E-04	过去	7	1.56E-03
冒充	2	1.85E-03	逍遥法外	1	4.96E-03
找	17	2.06E-03	携手并肩	1	4.96E-03
感觉	12	2.32E-03	心荡神迷	1	4.96E-03
走	23	2.40E-03	叙叙	1	4.96E-03
带走	2	2.48E-03	悬崖勒马	1	4.96E-03
闯（江湖）	3	2.51E-03	扬名立万	1	4.96E-03

续表

词位	频次	搭配强度	词位	频次	搭配强度
做饭	4	2.62E-03	颐养天年	1	4.96E-03
说谎	2	2.82E-03	引以为戒	2	4.96E-03
留下（墨宝）	5	3.22E-03	捉摸	1	4.96E-03
后悔	3	3.39E-03	决一雌雄	1	4.96E-03
吃饭	6	3.48E-03	开眼	1	4.96E-03
听	19	3.52E-03	膜拜	1	4.96E-03
惦记	2	3.58E-03	破镜重圆	1	4.96E-03
督促	2	3.58E-03	欢迎	6	5.03E-03
变成	5	3.65E-03	搬	4	5.18E-03
上学	4	3.97E-03	给	9	5.20E-03
打扰	2	3.98E-03	难忘	2	5.33E-03
歌唱	2	3.98E-03	忧虑	2	5.33E-03
航海	2	3.98E-03	侦查	2	5.82E-03
主宰	2	3.98E-03	像	1	6.34E-03
看到	10	4.03E-03	使	1	6.38E-03
下（楼）	4	4.10E-03	喝	8	6.58E-03
承受	3	4.24E-03	加入	3	6.80E-03
收拾	3	4.24E-03	想	10	7.02E-03
歇	3	4.24E-03	堕落	2	7.40E-03
干活	3	4.62E-03	检讨	2	7.40E-03
参政	1	4.96E-03	摸	4	7.92E-03
测数	1	4.96E-03	祝贺	2	7.96E-03
畅所欲言	1	4.96E-03	加油	2	8.55E-03
代笔	1	4.96E-03	签字	2	8.55E-03
当道	1	4.96E-03	为难（自己）	2	8.55E-03
定心	1	4.96E-03	躺	4	8.64E-03
返场	1	4.96E-03	操心	2	9.15E-03
改错	1	4.96E-03	说话	6	9.20E-03
搞到	1	4.96E-03	读	6	9.57E-03

续表

词位	频次	搭配强度	词位	频次	搭配强度
合拢	1	4.96E-03	传达	2	9.77E-03
化成	1	4.96E-03	心疼	2	9.77E-03
获益匪浅	1	4.96E-03	爱不释手	1	9.90E-03
击倒	1	4.96E-03	爱怜	1	9.90E-03
讨饶	1	4.96E-03	扩增	1	9.90E-03
调头	1	4.96E-03	三顾茅庐	1	9.90E-03
退下来	1	4.96E-03	抒发	1	9.90E-03
下陷	1	4.96E-03	痛定思痛	1	9.90E-03
望而生畏	1	9.90E-03	占领	2	1.70E-02
一览无余	1	9.90E-03	孝敬	2	1.78E-02
造假	1	9.90E-03	见面	3	1.78E-02
中暑	1	9.90E-03	叉（给你）	1	1.97E-02
转过弯	1	9.90E-03	出气	1	1.97E-02
陪	4	1.02E-02	出外	1	1.97E-02
谈谈	3	1.04E-02	回味	1	1.97E-02
挪	2	1.04E-02	回心转意	1	1.97E-02
送来	2	1.04E-02	接管	1	1.97E-02
蒙（人）	3	1.07E-02	铭记	1	1.97E-02
发财	2	1.11E-02	拿主意	1	1.97E-02
拿到	2	1.11E-02	难以忍受	1	1.97E-02
容忍	2	1.11E-02	品头论足	1	1.97E-02
养老	2	1.11E-02	上火	1	1.97E-02
飞	5	1.11E-02	舒展	1	1.97E-02
娶	3	1.17E-02	心中有数	1	1.97E-02
下岗	2	1.17E-02	招供	1	1.97E-02
上街	2	1.24E-02	致以	1	1.97E-02
洗澡	2	1.24E-02	瞩目	1	1.97E-02
担心	4	1.26E-02	念（书）	4	1.98E-02
问	1	1.26E-02	掌握	4	1.98E-02

续表

词位	频次	搭配强度	词位	频次	搭配强度
享受	3	1.27E-02	听见	3	2.00E-02
回来	10	1.29E-02	看上去	2	2.21E-02
插	3	1.31E-02	练习	2	2.21E-02
证明	5	1.32E-02	露	2	2.21E-02
进入	5	1.36E-02	害怕	3	2.23E-02
体会	3	1.38E-02	画	4	2.24E-02
照顾	4	1.38E-02	生气	3	2.33E-02
感激	2	1.39E-02	选择	6	2.38E-02
举出（例子）	2	1.39E-02	关注	3	2.38E-02
显得	4	1.41E-02	拥有	3	2.38E-02
报信	1	1.48E-02	得逞	1	2.46E-02
揣摩	1	1.48E-02	发横财	1	2.46E-02
风吹雨打	1	1.48E-02	发昏	1	2.46E-02
化作	1	1.48E-02	飞翔	1	2.46E-02
露一手	1	1.48E-02	更正	1	2.46E-02
送送	1	1.48E-02	滚蛋	1	2.46E-02
造句	1	1.48E-02	胡思乱想	1	2.46E-02
执掌	1	1.48E-02	看管	1	2.46E-02
重温	1	1.48E-02	列席	1	2.46E-02
感受	4	1.54E-02	求同存异	1	2.46E-02
拿走	2	1.62E-02	入迷	1	2.46E-02
佩服	2	1.62E-02	下台	1	2.46E-02
眼花缭乱	1	2.46E-02	落到	1	3.42E-02
养病	1	2.46E-02	明晰	1	3.42E-02
引人注意	1	2.46E-02	受罪	1	3.42E-02
知法	1	2.46E-02	刷	1	3.42E-02
重叠	1	2.46E-02	销毁	1	3.42E-02
抓走	1	2.46E-02	信服	1	3.42E-02
转产	1	2.46E-02	早熟	1	3.42E-02

续表

词位	频次	搭配强度	词位	频次	搭配强度
追寻	1	2.46E-02	自食其力	1	3.42E-02
出来	1	2.55E-02	开始	1	3.61E-02
晒	2	2.58E-02	爬	3	3.62E-02
夸	2	2.67E-02	脱离	2	3.72E-02
添	2	2.67E-02	请	1	3.72E-02
分析	5	2.72E-02	洗（手）	5	3.75E-02
念书	2	2.77E-02	认为	1	3.77E-02
过（生活）	10	2.90E-02	混（社会）	3	3.81E-02
读书	3	2.91E-02	闯荡	1	3.90E-02
搬走	1	2.94E-02	打消	1	3.90E-02
沉醉	1	2.94E-02	带回	1	3.90E-02
驰骋	1	2.94E-02	寒心	1	3.90E-02
瞅见	1	2.94E-02	家破人亡	1	3.90E-02
带兵	1	2.94E-02	进食	1	3.90E-02
当家做主	1	2.94E-02	退伍	1	3.90E-02
抚慰	1	2.94E-02	涌起	1	3.90E-02
刮目相看	1	2.94E-02	转达	1	3.90E-02
欢度	1	2.94E-02	休息	3	3.94E-02
锯	1	2.94E-02	回去	5	4.05E-02
旷课	1	2.94E-02	波及	1	4.38E-02
定做	1	2.94E-02	城市化	1	4.38E-02
抢走	1	2.94E-02	出海	1	4.38E-02
停业	1	2.94E-02	告一段落	1	4.38E-02
为所欲为	1	2.94E-02	跪下	1	4.38E-02
悟到	1	2.94E-02	搅和	1	4.38E-02
油印	1	2.94E-02	亮相	1	4.38E-02
长长（见识）	1	2.94E-02	乱跑	1	4.38E-02
了解	6	2.95E-02	抛开	1	4.38E-02
汇报	2	2.97E-02	牵引	1	4.38E-02

续表

词位	频次	搭配强度	词位	频次	搭配强度
挑	3	3.14E-02	倾倒	1	4.38E-02
觉得	23	3.16E-02	束手无策	1	4.38E-02
跑	8	3.35E-02	提心吊胆	1	4.38E-02
化名	1	3.42E-02	退学	1	4.38E-02
会战	1	3.42E-02	遮住	1	4.38E-02
科学化	1	3.42E-02	送给	2	4.40E-02
自律	3	4.41E-02	跟着	2	4.76E-02
唱	5	4.41E-02	赶路	1	4.85E-02
出门	2	4.52E-02	失衡	1	4.85E-02
打开	3	4.61E-02	随心所欲	1	4.85E-02
签（合同）	2	4.64E-02	知晓	1	4.85E-02
抽烟	3	4.69E-02			

（1）运动类动词：过去、逍遥法外、进（屋子）、上钩、闯（江湖）、带走、走、上学、航海、退下来、乱跑、下台、混（社会）、飞翔、舒展、下（楼）、见鬼去、去、打滚、钻空子、坐下、上（学校）、赶路、下陷、抛开、落到、闯荡、下岗、到（家）、返场、合拢、调头、倾倒、爬、脱离、跟着、退学、跑、搬走、抓走、回来、上街、回去、带回、出海、退伍、驰骋、出门、出来、滚蛋、出外、过（生活）、进入、飞、转过弯；

（2）社交类动词：伺候、欢迎、叙叙、说谎、冒充、歌唱、说、让（谦让）、讲话、看（我）、见面、列席、签（合同）、送（我）、送送、问、蒙（人）、帮助、（拜）见、工作、解释、感谢、接（你）、请、帮、呼吁、帮忙、畅所欲言、孝敬、自食其力、唱、化名、品头论足、会战、参政、加入、检讨、祝贺、签字、说话、传达、三顾茅庐、抒发、讨饶、转达、汇报、旷课、报信、谈谈；

（3）心理/身体类动词：心荡神迷、膜拜、忧虑、后悔、吃饭、歇、省心、陶醉、警醒、心疼、束手无策、佩服、引人注意、发昏、害怕、上火、感动、吃、睡、分心、喝、为难（自己）、操心、定心、爱怜、爱不释手、提心吊胆、眼花缭乱、感激、担心、生气、出气、信服、寒心、休息、沉醉、抚慰、占领、望而生畏、随心所欲、为所欲为、进食、跪下、回心转意；

（4）信息获取类动词：侦查、开眼、听、感觉、找、看到、承受、受苦、学、欣赏、摸、一览无余、觉得、瞅见、听见、招供、瞧瞧、吃亏、品尝、看见、受不了、听听、感到、吃苦、看看、测数、读、受罪、读书、念书、容忍、重温、感受、追寻、刮目相看、练习、求同存异、关注、瞩目、念（书）、难以忍受；

（5）物质操控类动词：搬、悬崖勒马、决一雌雄、颐养天年、携手并肩、用、督促、打扰、主宰、收拾、晒、打开、风吹雨打、送来、试试（衣服）、（使）用、腾出、种、使、击倒、洗（手）、刷、挑、锯、添、自律、接管、看管、插、执掌、欢度、照顾、洗澡、挪、牵引、抽烟、带兵、当家做主、遮住；

（6）心智类动词：难忘、捉摸、引以为戒、想想、惦记、想起、评理、难以置信、夸、悟到、证明、懂得、记住、知道、想、痛定思痛、知晓、分析、了解、回味、认为、胡思乱想、知法、揣摩、体会、心中有数、选择、铭记；

（7）表状态变化的动词：破镜重圆、扬名立万、变成、照亮、变得、成长、堕落、加油、改错、中暑、扩增、化成、城市化、入迷、早熟、失衡、科学化、停业、转产、化作、明晰；

（8）创造、改造和毁坏类动词：填写、留下（墨宝）、做饭、干活、贡献、拿出（意见）、写、代笔、造假、销毁、打消、搅和、波及、油印、定做、更正、造句、画；

（9）表所有权变化的动词：给、丧失、接受、买、有、得、搞到、获益匪浅、享受、抢走、拿走、长长（见识）、发横财、拥有、掌握、娶、拿到、叉（给你）、发财、送给；

（10）显现类动词：覆灭、降生、有（兴趣）、亮相、家破人亡、涌起、显得、看上去、露一手、露、拿主意；

（11）表存在类动词：是、在（我手里）、漂浮、呆、成为、坐、当（书记）、躺、当道、重叠、陪；

（12）虚义词：干、做（介绍）；

（13）体动词：开始、告一段落。

与"使"字迂回致使结构相比，"让"字迂回致使结构的结果动词的语义类型有一个很明显的变化，那就是表状态变化的动词所使用的比例明显下降，而运动类动词和社交类动词大量增加，这或许与"让"字迂回致使结构多用在口语语体中侧重表达人际互动有很大关系。

对"叫"字迂回致使结构的263个（413次）结果动词使用共现词位分析法进行分析，发现其中有132个动词与该结构呈现统计学显著意义（见表3-9）。这132个动词按照其语义类型可划分为如下13类：

（1）社交类动词：恭维、唠唠、送客、服役、联欢、唱、补考、谢恩、喊、责怪、上当、鼓掌、签字、帮忙、打交道、出声、画押、声张、负责、接班、磕头、照顾、回答、告别、回信；

（2）表运动类动词：落马、去、钻空子、起床、回家、进去、上去、出庭、牵来、上台、散开、到、归队、滚、入学、返回、拿出、进、返（城）、退回；

（3）心理/身体类动词：恨、生气、喘（气）、哭笑不得、寒心、睡、发愁、服气、安心、魂牵梦绕、休息、呕吐、发急、睡觉、发脾气、惊讶、发烧、开心、吃；

（4）物质操控类动词：下载、打、轧、搁、送来、挑、上缴、烤（热）、扛、洗、试试、捎、挽（头发）、乘车、拿、骑车、穿（衣服）；

（5）表状态变化类动词：闹腾、背黑锅、和好、爆（玉米）、保密、开张、腾（房子）、变化；

（6）表所有权的动词：补交、有、捐、退赔、赎、接受、偷、退、索赔、还（回）、抛弃；

（7）创造、改造和毁坏类动词：泡茶、生出、修理、拍照、扒（拆）、织（布）、画、包（扁食）；

（8）心智类动词：难以置信、信教、捉摸、忘记、忘掉、识字、摸透、确认、联想；

（9）信息获取类动词：查查、检查、看、教、摸、遭罪、瞧、检验、尝尝；

（10）表存在类动词：当、重归于好、躺、住院；

（11）显现类动词：自生自灭；

（12）虚义词：干；

（13）体动词：停下。

"叫"字迂回致使结构结果动词的语义类型中，社交类动词最多，其次是表运动类动词、心理/身体类动词等，并且这些动词还有一个很明显的特征，那就是和人们的日常生活、个人行为紧密相关。

基于共现词位的分析结果，结合结果动词每类语义类型所包含的成员数量，我们发现，同为用来表示致使概念的这三个结构在具体意义表达上还是存在差异："使"字迂回致使结构侧重在表示"受到外力影响时被致使者所产生的状态上的变化"，"让"字迂回致使结构多用来表示"受到外力影响时被致使者进入一种运动状态"，而"叫"字迂回致使结构多用来表示"受外力影响时被致使者使用言辞"。此外，跟"使"字迂回致使结构相比，"让""叫"

迂回致使结构结果动词有一个专属的语义类型，即虚义词。这从一个侧面说明，"使"字迂回致使结构结果动词所标的意义都趋向于具体、准确，而"让""叫"迂回致使结构结果动词所表达的意义可以很泛。

表3-9　　　"叫"字迂回致使结构共现词位表（$p<0.05$）

词位	频次	搭配强度	词位	频次	搭配强度
当	8	7.62E-09	恭维	1	3.81E-03
重归于好	2	9.09E-07	接班	1	3.81E-03
谢恩	2	2.73E-06	唠唠	1	3.81E-03
补交	2	5.45E-06	落马	1	3.81E-03
起床	3	6.02E-06	泡茶	1	3.81E-03
帮忙	3	2.43E-05	查查	1	4.76E-03
看	16	2.54E-05	送客	1	4.76E-03
喊	4	6.84E-05	干	6	5.62E-03
有	2	8.72E-05	服役	1	5.71E-03
教	5	9.39E-05	联欢	1	5.71E-03
发愁	2	1.08E-04	闹腾	1	5.71E-03
修理	2	1.71E-04	钻空子	1	5.71E-03
服气	2	3.14E-04	恨	2	5.74E-03
打交道	2	3.88E-04	唱	3	6.18E-03
摸	3	4.81E-04	睡	3	6.18E-03
背黑锅	1	9.55E-04	生气	2	6.22E-03
出声	1	9.55E-04	吃	7	6.62E-03
魂牵梦绕	1	9.55E-04	喘（气）	1	6.66E-03
画押	1	9.55E-04	哭笑不得	1	6.66E-03
声张	1	9.55E-04	下载	1	6.66E-03
遭罪	1	9.55E-04	去	14	6.92E-03
捉摸	1	9.55E-04	寒心	1	7.61E-03

续表

词位	频次	搭配强度	词位	频次	搭配强度
回家	4	1.19E−03	难以置信	1	7.61E−03
捐	2	1.35E−03	上缴	1	7.61E−03
进去	3	1.37E−03	挑	2	7.78E−03
上去	3	1.38E−03	补考	1	8.56E−03
负责	3	1.49E−03	生出	1	8.56E−03
忘记	2	1.66E−03	信教	1	8.56E−03
瞧	3	1.89E−03	检查	2	9.14E−03
归队	1	1.91E−03	休息	2	9.25E−03
和好	1	1.91E−03	磕头	1	9.50E−03
摸透	1	1.91E−03	散开	1	9.50E−03
退赔	1	1.91E−03	退回（东西）	1	1.05E−02
自生自灭	1	1.91E−03	忘掉	1	1.05E−02
滚	2	1.99E−03	躺	2	1.05E−02
搁	2	2.73E−03	打	6	1.09E−02
出庭	1	2.86E−03	拍照	1	1.14E−02
呕吐	1	2.86E−03	轧	1	1.14E−02
赎	1	2.86E−03	到	1	1.23E−02
发急	1	3.81E−03	识字	1	1.23E−02
睡觉	2	1.25E−02	发脾气	1	2.92E−02
照顾	2	1.36E−02	送来	1	2.92E−02
责怪	1	1.42E−02	检验	1	3.10E−02
偷	2	1.48E−02	入学	1	3.10E−02
安心	1	1.61E−02	上当	1	3.19E−02
尝尝	1	1.61E−02	接受	2	3.20E−02
开张	1	1.61E−02	告别	1	3.29E−02
捎	1	1.61E−02	惊讶	1	3.38E−02
包（扁食）	2	1.66E−02	烤（热）	1	3.38E−02
退	2	1.66E−02	保密	1	3.47E−02
爆（玉米）	1	1.70E−02	牵来	1	3.47E−02

续表

词位	频次	搭配强度	词位	频次	搭配强度
回信	1	1.70E-02	返（城）	1	3.56E-02
索赔	1	1.70E-02	扒（拆）	1	3.66E-02
还（回）	1	1.80E-02	开心	1	3.75E-02
抛弃	1	1.80E-02	织（布）	1	3.75E-02
挽（头发）	1	1.80E-02	鼓掌	1	3.84E-02
发烧	1	1.89E-02	确认	1	3.84E-02
乘车	1	1.99E-02	扛	1	4.02E-02
上台	1	2.08E-02	画	2	4.13E-02
停下	1	2.08E-02	住院	1	4.21E-02
拿	4	2.17E-02	返回	1	4.30E-02
腾（房子）	1	2.17E-02	拿出	1	4.48E-02
联想	1	2.64E-02	试试	1	4.66E-02
骑车	1	2.64E-02	洗	2	4.86E-02
签字	1	2.64E-02	进	3	4.91E-02
穿（衣服）	3	2.86E-02	回答	2	5.00E-02

三 典型迂回致使结构结果动词多元显著共现词位分析

从上一节的分析中可以看出，"使、让、叫"字迂回致使结构结果动词在其语义类上有共同的部分，这或许是造成这三个结构通常被认为是近义的一个主要原因。那么，就结构搭配词来说，哪些是一个结构所特有的呢？对于这个问题，我们可以使用多元显著共现词位分析法来进行考察。对三个迂回致使结构结果动词在进行共现词位分析法分析时达到显著水平的 323 个动词进行多元显著共现词位分析，最终结果见附录 4。

按照语义类型对"使"字迂回致使结构中特有的结果动词进行归类表明，表 3-10 中的 62 个动词可以归入 11 类，即表状态变化类动词（减少、加快、稳定、缩小、扩大、达成、增加、变为、减弱、提高、变）；表运动类动词（陷入、升高、下降、进入、趋于、降低、度过、超越、接近、融入、陷于、集中）；表所有权变化类动词（得到、获得、失去、具有、取得、缺乏）；创造、改造和毁坏类动词（产生、发展、恢复、实现、消除、污染、促进、避免）；显现类动词（发生、显得、形成、显示、消失、死亡）；表存在类动词（成为、保持、适应、处于、互补、符合）；信息获取类动词（感到、受到、经受、蒙受）；物质操控类动词（发挥、结合、把握）；心智类动词（想起、理解、认识）；心理/身体类动词（吃惊）；社交类动词（服务）。这表明该结构结果动词所涉及的意义类型比较广泛，或许这就是为什么经常把"使"字迂回致使结构视为典型类迂回致使结构的原因。从显著特有搭配动词语义类型的成员总体数量上来看，表状态变化类动词和表运动类动词明显多于其他类型，这与我们上文推测的"使"字迂回致使结构侧重于表示"受到外力影响时被致使者所产生的状态上的变化"相符合。同一个语义类型中的单个动词在与结构搭配的强度上存在显著差异，如"发生"和"消失"。不同语义类型个体成员之间与结构的搭配强度也存在差异，如"发生""成为""变"。

表 3-10　　"使"字迂回致使结构的多元显著共现词位表

词位	搭配强度	词位	搭配强度	词位	搭配强度	词位	搭配强度
得到	16.721	提高	4.4	趋于	2.2	集中	1.32
发展	12.761	下降	4.4	取得	2.2	减弱	1.32
发生	11.881	恢复	3.96	受	2.2	经受	1.32
成为	11.238	失去	3.96	进入	2.071	蒙受	1.32
变	10.561	适应	3.96	想起	2.065	缺乏	1.32
产生	10.121	增加	3.96	避免	1.76	融入	1.32
达成	9.681	形成	3.52	变为	1.76	死亡	1.32

续表

词位	搭配强度	词位	搭配强度	词位	搭配强度	词位	搭配强度
保持	9.241	显得	3.39	促进	1.76	缩小	1.32
感到	7.119	结合	3.08	加快	1.76	稳定	1.32
发挥	6.16	理解	3.08	接近	1.76	污染	1.32
减少	6.16	升高	3.08	把握	1.32	显示	1.32
受到	5.28	实现	3.08	超越	1.32	陷于	1.32
陷入	5.28	处于	2.64	吃惊	1.32	消除	1.32
获得	4.84	降低	2.64	度过	1.32	消失	1.32
具有	4.84	服务	2.2	符合	1.32		
认识	4.84	扩大	2.2	互补	1.32		

表3-11给出了与"让"字迂回致使结构搭配强度最强的51个独有结果动词。按照语义类型来说，这些动词可归为：信息获取类动词（听、感觉、找、看到、学、觉得、瞧瞧、看见、受不了、听听、吃苦、看看、读）；社交类动词（欢迎、说、送［我］、帮

表3-11　"让"字迂回致使结构的多元显著共现词位表

词位	搭配强度	词位	搭配强度	词位	搭配强度
知道	12.107	感动	0.738	呆（在）	1.579
说	8.983	过	2.632	读	1.579
做（介绍）	9.212	回来	2.632	感谢	1.579
看看	6.843	看到	2.632	欢迎	1.579
觉得	6.053	想	2.632	受不了	1.579
买	5.264	帮	2.369	说话	1.579
上（学校）	5.264	帮助	2.369	选择	1.579
听	5.001	给	2.369	用	1.579
找	4.474	听听	2.369	坐下	1.579
吃苦	4.211	喝	2.106	放心	1.316

续表

词位	搭配强度	词位	搭配强度	词位	搭配强度
写	4.211	记住	2.106	飞	1.316
送（我）	3.685	想想	2.106	分析	1.316
学	3.685	过去	1.842	回去	1.316
坐	3.685	接（你）	1.842	留下（墨宝）	1.316
感觉	3.158	解释	1.842	瞧瞧	1.316
看见	2.895	洗	1.842	在（手里）	1.316
成长	0.738	吃饭	1.579	证明	1.316

助、解释、感谢、接［你］、帮、说话）；心智类动词（想想、证明、记住、知道、想、分析、选择）；运动类动词（过去、坐下、上［学校］、回来、回去、过、飞）；心理/身体类动词（吃饭、感动、喝、放心）；表存在类动词（在［我手里］、呆、坐）；创造、改造和毁坏类动词（留下［墨宝］、写）；表所有权变化的动词（给、买）；物质操控类动词（用）；表状态变化的动词（成长）；虚义词（做［介绍］）。从独有搭配动词语义类型的成员数量上看，表示信息获取类和社交类的动词最多。此外，这些独有搭配词还有一个显著的特征，就是动词的口语化倾向比较明显，如"看看""瞧瞧""听听""受不了"等。这也从侧面反映出了"让"字迂回致使结构的口语性语体特征。

对表3-12的29个独有结果动词进行语义分类：社交类动词（谢恩、喊、打交道、负责、回答、帮忙）；表运动类动词（起床、回家、进去、上去）；心理/身体类动词（恨、发愁、服气、睡觉）；物质操控类动词（打、搁、拿、穿［衣服］）；表所有权的动词（补交、捐、偷）；创造、改造和毁坏类动词（修理、包［扁食］）；心智类动词（忘记）；信息获取类动词（检查、教、摸、瞧）；表存在类动词（重归于好）。这些独有显著性共现词的语义归来也支持前文所述的"叫"字迂回致使结构中重在表达社交言辞行为的基本推测。

表 3-12　"叫"字迂回致使结构的多元显著共现词位表

词位	搭配强度	词位	搭配强度	词位	搭配强度
打	6.234	上去	3.117	捐	2.078
教	5.195	包(扁食)	2.078	睡觉	2.078
喊	4.156	补交	2.078	偷	2.078
回家	4.156	打交道	2.078	忘记	2.078
拿	4.156	发愁	2.078	谢恩	2.078
穿(衣服)	3.117	服气	2.078	修理	2.078
负责	3.117	搁	2.078	重归于好	2.078
进去	3.117	恨	2.078	帮忙	1.695
起床	3.117	回答	2.078	摸	1.695
瞧	3.117	检查	2.078		

此外,还应该注意到,特定结构和特定动词之间存在排斥倾向,同时也显示出了搭配的个性特点,特别典型的就是"使"字迂回致使结构与"去""看""吃""有""进(屋子)""吃苦""写""学""回来""看到""进去""起床""瞧""到(家)""画""躺""上去"等动词之间的搭配排斥关系。

本章小结

学界对典型迂回致使结构结果动词搭配和语义类型的研究都处于一种边缘化的状态,目前也还没有实证性研究(在尽可能多地给出具体结果动词槽位填充词的情形下)能够对结果动词的语义类型做出描述。本章立足富有代表性的现代汉语口笔语语料库来对这个问题进行深入考察。使用共现词位分析对结果动词槽位填充词的统计分类表明，"使、让、叫"三个迂回致使结构之所以长期以来被认为是近义的，主要是因为这三个结构中结果动词槽位填充词在语义类型总体分布上有十分相近之处；同时，这三个结构在对结果动词槽位填充词选用时存在语义偏向，"使"字迂回致使结构多倾向于选择表示状态改变的结果动词，"让"字迂回致使结构偏向移动或运动类结果动词，"叫"字迂回致使结构则偏向于社交言辞类动词。三个迂回致使结构在具体结果动词选用时也都表现出了偏向效应。

第四章

语体视角下的迂回致使结构研究

学界的研究经常提及"使""让"字迂回致使结构的使用在口语和书面语语域中存在差异,但这种差异背后的成因却没有给出过任何解释。本章力图从语体范畴原型观出发,在这两个结构表达的主观性层面进行考察,以解释其语体差异背后的成因。

第一节 主观性、主观化与迂回致使结构

人们使用语言,不但要传递一定的命题意义,同时还要表达出说话人的情感、态度等。所以,"主观性"(subjectivity)是语言的一种根本特性(Benveniste,1971:36),即话语中不同程度地带有说话人"自我"的表现成分(沈家煊,2001)。与主观性类似的术语表达还有立场(stance)(Scheibman,2002;Fitzmanurice,2004)、言据性(evidentiality)(Chafe & Nichols,1986)、评价(evaluation)(Hunston & Thompson,2000)。虽然学界在界定主观性时所使用的术语有所不同,但有一点是有共识的,即语言中的主观性在很大程度上就等同于说话人的参与程度。例如,Langacker(1990a)就从概念化的主体(即讲话人)和概念化的客体(话语的内容)的关

系来定义主观性。"主观化"（subjectivization）是指语言为表现主观性而采用相应的结构形式或经历相应的演变过程（沈家煊，2001），是言语表达式表示的关系从客观轴向主观轴的重新调整（Langacker, 1990a, 1991：215-220）。

总体来说，现有研究对致使结构主观性和主观化的讨论对比较少，国内涉及对此问题的讨论只有梁晓波（2007：95-132）。作者以"焦点/背景"原则（Figure-Ground）、注意力视窗（Talmy, 2000a, 2000b）和视角（Perspective）（Langacker, 1990b：316）为理论出发点，认为致使结构的概念化不仅仅是对物理世界致使事件或力量图式基于体验者自身体验的投射，它也是被认识主体主观化了的。Langacker（1990b：317）建立起了两种主观化的类型，即"在场观察模式"（Onstage Viewing Model）和"离场观察模式"（Offstage Viewing Model）。在"在场观察模式"中，观察者参与正在进行的事件，观察者和被观察者可以合二为一，观察者意识到自己的存在，或对自己的参与浑然不知，或有意省略掉自己的存在。这是一种主观性描述事件的视角。对于致使事件，"离场观察模式"提供了一种客观描述此类事件的途径。例如在例句（1）和例句（2）中，例句（1）以主观化的方式对足球射门的致使动作进行了表述，而相比例句（1）这一类的词汇致型使结构，例句（2）所表示的迂回致使结构则更加主观化。作者认为，造成迂回致使结构更加主观化的原因是由于致使动词"使"是个意义漂白的动词，没有实际意义（semantically empty），这个迂回致使结构例句只是对致使动作的一种抽象识解。梁晓波（2007：124）的分析颇具启发性，但同时也有一个问题没有解决，那就是例句（2）跟其同类型的例句（3）和例句（4）相比，哪一个更主观化呢？按照梁晓波（2007：95-132）的推理逻辑，这个问题的答案只能有一个，那就是这三个例句所体现的主观化程度都是一样的，因为这三个例句中都使用了同一个所谓没有实际意义的致使动词"使"。显然，按照这种逻辑思路给出的答案是有问题的。所以，我们认为作者的分析还有待商榷，主要的原因是作者所提供的这个例句很具有特殊性。因为根据宛新政（2004：65）对100万字文艺语体语料的统计发现，"使"字分析型致使结构的致使者中有57%的表示抽象、无意志的事物和事件，而指人类型的只占10%。这一结论也与前人的相关研究结论一致，如赵冰波（1994）、袁毓林（2002a）、Miyake（2005）。"使"字分析型致使结构的被致使者绝大多数是表示指人类型的，少数是指事物类型的，而表示事件类型的比例极少，只有约0.4%（宛新政，2004：68）。实际上，梁晓波（2007：124）的分析是基于致使者和被致使者都为人类型的典型例子，所以问题的症结出在"致使者"和"被致使者"的语义属性上，而不在于迂回致使动词本身的意义上。我们的分析也与Stefanowitsch（2001：116-118）对于英语迂回致使结构表达主观性的讨论基本吻合。在Stefanowitsch看来，例句(5)a和(5)b是客观的描述事件，而例句(6)a和(6)b则是对事件的主观化描述，因为后两个例句中被致使者的语义属性明显跟前面两个例句中被致使者的语义属性不同，例句(5)a和(5)b中的被致使者均为物质实体类，而例句(6)a和(6)b中被致使者均为人类型。对语言语体的相关研究表明，表人类型的名词和表事件的抽象名词的分布与口语语体与书面语语体所具有的"交互性/信息性生成"（Bibier，1988）有相当密切的关系。一般情况下，在注重交互性的语境里，人们的语言不可避免地显现出浓厚的主观性色彩；而在注重信息生成传递的语境里，出于客观传递真实信息的需要，人们总会有意识地将主观性色彩降到最低，并以客观化的形式来表达信息。由此可见，对语言主观性的考察离不开语体。

（1）孙继海飞身鱼跃，将球顶进了对方的大门。（梁晓波，2007：124）

(2) 我们使他放下了包袱。(同上)

(3) 原装签字笔,进口铜版纸,极清晰规整的正楷字,使这份借据无比庄严。(宛新政,2004:54)

(4) 那些高耸入云的老式的巨厦,繁多的放射状的商业街区,瘦小精干的男女市民,唧唧哝哝的方言都使我产生莫名的异域感。(同上)

(5) a.［About remodeling a house］They made a little patio area where they can go outside［…］Just small things that *make* it seem a lot more homey.(Stefanowitsch,2001:116)

b.［About remodeling a house］It's interesting that the white *makes* the rooms look bigger.(同上)

(6) a. They made a little patio area where they can go outside. Just small things that make people perceive the house as more homely.(Stefanowitsch,2001:117)

b. It's interesting that the white makes me perceive the rooms as bigger.(同上)

第二节　汉语迂回致使结构与语体

学界强调区分口语和书面语体来对语法进行研究的观点也体现在了对相关致使结构的研究之中。长期以来,人们将"使"和"让"迂回致使结构视作是意义上极为相近的句法格式,并认为这两者之间的主要区别在于所用语域的范围不同,即前者常用于书面语中,而后者偏向于口语中。在本章中,语域(register)指宽泛意义上的口语和书面语,语体(genre)指形式上可区分的、得到一定程度公认的语言变体,例如小说、学术文本、报告、对话等(克里斯特尔,2000:157)。

现有的相关文献表明，就汉语分析型致使结构来说，涉及语体实证分析的有宛新政（2004）和 Miyake（2005）的研究。在前一项研究中，作者对汉语分析型致使结构分布的描述分别涉及口语和书面语语域，口语语料使用的是王朔《编辑部的故事》和老舍的8个剧本，书面语域主要涵盖了四类语体，即文艺语体（选用老舍、钱锺书、余华、王朔四位作家的小说作品作为语料）、科技语体（以《大学生心理卫生与咨询》和《使用软件教程》两本书籍为语料）、事务语体（语料来源为法律文件）、政论语体[使用《邓小平文选》（第三卷）]，对相关结构在各类语料中的分布只给出了原始频次和对应的百分比，也没有分析说明这种分布背后的动因是什么。无论从口语和书面语语域所选用语料的代表性和平衡性上，还是从分析所涉及的语体数量上，以及语体分析的统计方法及分析的深度上讲，该研究都还有很大局限性。Miyake（2005：81）对汉语"使"字分析型致使结构致使者的分析以小说语体为主，但涉及该类结构在不同语体中的分布时则使用了口语语体、小说语体和新闻报刊语体，并给出了该类结构在各类语体中的原始频次，但没有使用任何统计手段来对数据做出进一步分析和说明。

第三节 语体的原型范畴观

汉语学界学者如胡明扬（1993）提出了区分口语和书面语语域来对语法进行研究。但由于将语域简单分为口语和书面语的二分法做法无法揭示语域内部的差异之处，所以有研究者对语域提出了不同的分类。例如，王还和常宝儒等（1986）在编纂《现代汉语频率词典》时，除了收录口语体语料外，还将书面语语域进一步区分为报刊政论、科普书刊和文学作品三大类。陶红印（1999）分析了语法学家将语体只局限于口语和书面语的二分法做法的不足，指出很有必要对汉语语体做出进一步的分类，认为语体应该是语法结构、语言手段和交际目的三者共同作用而形成的有机结合体，其中语法因交际目的而存在，语法的存在是为了达成交际目的，而语体是一种特殊交际需求，这种需求可以在不撇开已有语法系统的前提下为了实现自身的目的而调节甚至创造语法；人们的语言实践即所谓的语用是在不同语体中或语境下的实践，语言的语法系统也只不过是围绕着不同的语体而建立的；强调以语体为中心的汉语语法研究具有重大理论意义。学界真正基于语料库对语言特征在不同语体中分布的研究则是始于 Biber（1988）。Biber（1988）提出了著名的多维度分析法（Multi-Dimensional Analysis），该分析法复杂且强大，它包含了 67 个英语语言特征，这些特征相互关联，并分成六个核心概念性维度或功能因子，即：信息性/交互性生成、叙事性/非叙事性关注、明确的/依靠情境的提及、对劝服的公开表达、抽象的/非抽象的信息以及在线信息性阐述。在对这六个维度各自的代表性程度进行分析时所选用的口语和书面语语体共有 21 类。书面语共有 15 类语体，即新闻报道、社论、新闻评论、宗教、技能和爱好、通俗社会生活（流行读物）、自传、官方文件、学术论文、一般小说、神秘小说、科幻小说、冒险小说、爱情小说、幽默；口语共有 6 类语体：面对面的对话、电话对话、公共对话/辩论/采访、广播节目对话、自然性演讲、有准备的演讲。不同维度可以视作是不同语体语篇所具有的区别性特征。因为语体就是在特定语境中为了实现一定社会交际目的语言规约（Halliday & Hasan，1989；Swales，1990；Bazerman，1994）。语体中特定类型的语言表达方式共同作用，以实现其语篇语境中的交际意图，从而使得语体呈现了所谓的"家族象似性"（Wittgenstein，1953：27 – 28）。从这个意义上来说，语体可以被视作是一个原型范畴（Jing-Schmidt & Tao，

2009）。交际意图的主体部分是通过 Biber（1988）的概念性维度或功能因子体现的。每类语体都不能简单地用某一个维度来描述其特点，而是多维度共同作用的最终结果。因此，每类语体中的语言使用模式也不是某一个维度单独作用的结果，而是所有可能的维度以一种复杂的方式相互作用，最终形成了每类语体的格式塔性特征，即每类语体的成员在为实现一定交际意图时所使用的规约性语言在表达形式上具有共性特点，每类语体中的文本个体并非全部具有或不具有相关特征，而只是在典型性（prototypicality）上表现出了程度的不同（Swales，1990）。从口语到书面语不是简单的一分为二，而是按照交互性/信息性生成的维度（Biber，1988）形成了一个由中间诸多不同语体构成的连续统。Jing-Schmidt & Tao（2009）认为，在这种不同语体构成的家族象似关系中，语言规约性之所以在原型性上表现出程度性差异是基于以下两个原因：第一，文本的产出基本上是单个个人创造性的行为，该行为受到个人体验经历的驱动，并要受个人语言创造性的支撑。因此，每类语体中的个体文本在典型性上表现出了程度的不同。第二，从认知语言学的视角来讲，因为语言使用者个体的"焦点调整"（focal adjustment），从而个体文本几乎总是在"识解"（construal）方式上不尽相同。

从 Biber（1988，1992，1995）和 Biber, Concrad & Reppen（1998）开始，语体分析作为一种语言分析的有效手段被广泛使用，该方法能通过考察相关结构在不同语体中的分布及其相关性从而有效地揭示那些表面上隐藏起来影响语言使用的语用因素（Xiao & McEnery 2005）。该方法已经被用于对多种不同语言的研究，如 Biber（1995）对英语、朝鲜语、努谷拉耶拉耶岛图瓦卢语（Nukulaelae Tuvaluan）和索马里语（Somali）的研究。此类研究中具代表性的有 Xiao & Tao（2007）和 Jing-Schmidt & Tao（2009）。前者基于英国国家语料库并使用文体分析的方法从社会语言学因素来调查英语程度副词的使用情况，分析表明，与男性相比较，女性在操作语体中明显使用更多的程度副词，作者认为这或许与女性拥有更强的情感表现力和善于与人打交道有关。后者通过分析汉语处置式的"把"字句和"将"字句在不同语体中的分布情况，认为这两种句式在主观性和情感性上形成了鲜明的对比。

　　语言是具有主观性的，因为它基本上是说话人用来表达感知、情感和意见的；而规约化的语言结构或者语法都源于自然语篇中词汇或语法成分的重复使用或者使用频次。这表明口语对话中出现频次最高的语言结构应当就是参与主观性表达最强的语言结构。语言学中基于使用的研究方法认为语言结构根植于实际使用之中，语篇中语言表达的频次或重复次数被视作是语言形式规约化的一个重要因素，语言形式使用频次越高，则越有可能成为那个范畴的原型成员。基于此，我们提出假设：越是在典型口语中出现的迂回致使结构越侧重于人际关系互动，越体现出主观性；越是在典型书面语中出现的迂回致使结构则越侧重于信息产出，越体现出客观性。从不同语体来考察"使"和"让"迂回致使结构的主观性问题不失为一个让我们重新审视这两个结构异同的新的切入点。

第四节　统计结果

一　"使"和"让"迂回致使结构在 CCSC 和 LCMC 中的总体分布

　　通过对"使"和"让"迂回致使结构在 CCSC 和 LCMC 中的整体分布情况进行考察，我们发现语域与这两个结构的分布有着极大的相关性，其卡方值在 0.001 的水平上达到显著程度，具有极强统计学意义（$x^2 = 1248.74$，$df = 1$，$p < 0.001$）。通过进一步对比表4-1中各个结构在CCSC和LCMC的观测频次和期望频次，发现"让"字迂回致使结构偏向于用在口语语域中，而"使"字迂回致使结构多用于书面语语域中。这一结论与前人（如宛新政，2004；Miyake，2005）的研究结论基本一致。由于将语域分为书面语和口语太过宽泛，所以很有必要更深入地考察不同语体对"使"和"让"迂回致使结构使用的影响。

表4-1　　　　"使"和"让"迂回致使结构的整体分布

	迂回致使结构中			
	让		使	
	观测频次	期望频次	观测频次	期望频次
LCMC	553	1058.61	1112	606.39
CCSC	1699	1193.40	178	683.61
合计	2252		1290	

二　"使"和"让"迂回致使结构在CCSC中的分布

表4-2显示了"使"和"让"字迂回致使结构在汉语口语语料库CCSC中的分布情况。就总体分布而言，口语中"让"字迂回致使结构的出现频次是"使"字迂回致使结构的将近10倍，可见，口语语域对"让"字迂回致使结构的偏向非常明显。对观测频次数据进行卡方检验，结果显示具有显著的统计学意义（$x^2 = 191.74$，$df = 5$，$p < 0.001$），这表明"使"和"让"字迂回致使结构在各类口语语体间的分布具有显著差异，说明口语语体类别的不同对这两类结构的分布具有显著的影响。

表4-2 "使"和"让"迂回致使结构在CCSC分类语料中的观测频次

文本代码	文本类型（词次数）	使		让		原始频次合计
		观测频次	标准化频次（每百万词）	观测频次	标准化频次（每百万词）	
A	日常对话（143,802）	8	55.63	236	1641.15	244
B	影视剧本（我爱我家）（135,154）	13	96.19	368	2856	381
C	电视谈话（实话实说）（382,296）	56	146.48	742	1940.9	798
D	辩论（89,442）	81	905.61	164	1833.59	245
E	个人口述（39,733）	3	75.5	34	855.71	37
F	百人自述（217,417）	17	78.19	155	712.92	172

在此基础上，我们计算出了这两类迂回致使结构在各类口语语体中分布的期望频次（见表4-3）。通过比较每类口语语体中各个结构的观测频次和期望频次，来确定各类口语语体对这两类结构分布的具体影响，即如果每个结构在各类口语语体中的观测频次和期望频次之间没有统计学差异，我们就可以确定语体和结构频次之间没有相关性。表4-4中统计出了两类结构在各类口语语体中观测频次和期望频次的差异值（即O-E），数值前的"+"说明观测频次大于期望频次，"-"说明观测频次小于期望频次。而（O-E）^{2}/E（即卡方贡献值）可用来衡量观测频次和期望频次的差异值（即O-E）是否具有显著统计学意义。当卡方贡献值大于3.84时，表示该差异值具有显著统计学意义，并用黑体在表中标出。表4-4中用黑体字标出了具有显著统计学意义的数值，并将观测频次和期望频次的差异值进行了可视化处理（见图4-1），图中水平轴代表在零假设状态时一个结构观测频次和期望频次之间差异值变异的程

度,曲线表示"使"和"让"字迂回致使结构在 CCSC 各分类语料观测频次与期望频次差异值与零假设状态时的距离。从图 4-1 可以清楚地发现,"使"和"让"字迂回致使结构在各类口语语体中的分布极具规律性。"让"字迂回致使结构偏向在"影视剧本(我爱我家)""电视谈话(实话实说)""日常对话"三种语体中出现,这与相关研究文献中提及的"让"字迂回致使结构常用于口语语体的论断是相吻合的。"使"字迂回致使结构更多地出现在"辩论"语体中。对"个人口述"和"百人自述"语体来说,这两类结构的分布都没有显示出显著性差异,但通过查看观测频次和期望频次的差异值和对应的卡方贡献值可以发现一个总体趋势,即"让"字迂回致使结构更多地出现在"个人口述"中,而"使"字迂回致使结构更倾向于选择"百人自述"。"百人自述"所收录的语料是对 100 个普通人口述历史的记录,但这些材料是经过编辑而后出版的,难免带有相当成分的书面语色彩,所以"使"字迂回致使结构偏向于这类语料也就不难理解了。

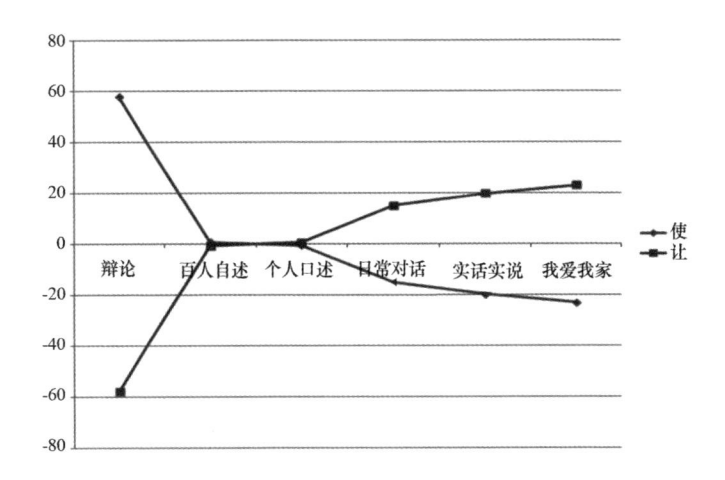

图 4-1 "使"和"让"迂回致使结构在 CCSC 分类语料中观测频次和期望频次差值对比

表4-3 "使"和"让"迂回致使结构在CCSC分类语料中的期望频次

文本代码	文本类型（词次数）	使	让	合计
A	日常对话（143,802）	23.1	220.9	244
B	影剧本（我爱我家）（135,154）	36.1	344.9	381
C	电视谈话（实话实说）（382,296）	75.7	722.3	798
D	辩论（89,442）	23.2	221.8	245
E	个人口述（39,733）	3.5	33.5	37
F	百人自述（217,417）	16.3	155.7	172

表4-4 "使"和"让"迂回致使结构在CCSC分类语料中观测频次和期望频次的差值

文本代码	文本类型	使		让	
		$(O-E)^2/E$	$O-E$	$(O-E)^2/E$	$O-E$
A	日常对话	9.87	-15.1	1.03	15.1
B	影视剧本	14.78	-23.1	1.55	23.1
C	电视谈话	5.13	-19.7	0.54	19.7
D	辩论	144.00	57.8	15.06	-57.8
E	个人口述	0.07	-0.5	0.01	0.5
F	百人自述	0.03	0.7	0.00	-0.7

三 "使"和"让"迂回致使结构在LCMC中的分布

表4-5显示出了这两类结构在LCMC的15类语体中各自的观测频次。显而易见，在书面语语料库LCMC中，"使"和"让"迂回致使结构的分布并没有呈现出一边倒的情形。与在口语语料中的分布相比较，这两类结构在书面语中的情况更为复杂一些。所以为了揭示出不同书面语体与"使""让"迂回致使结构语义语用差异之间的关系，我们将讨论的关注点放在

书面语的 15 类语体上,并使用和本章第四节第二小节一样的统计方法进行描述。

表 4-5 "使"和"让"迁回致使结构在 LCMC 分类语料中的观测频次

文本代码	文本类型（词次数）	使		让		原始频次合计
		观测频次	标准化频次（每百万词）	观测频次	标准化频次（每百万词）	
A	新闻报道（88,025）	54	613.46	45	511.22	99
B	社论（53,590）	70	1306.21	18	335.88	88
C	新闻评论（34,150）	67	1961.93	8	234.26	75
D	宗教（34,087）	40	1173.47	3	88.01	43
E	操作语体（76,246）	166	2177.16	50	655.77	216
F	通俗社会生活（88,095）	126	1430.27	60	681.08	186
G	传记和散文（154,340）	102	660.88	109	706.23	211
H	杂类（报告和公文）（60,474）	68	1124.45	3	49.61	71
J	学术科技（160,197）	301	1878.94	39	243.45	340
K	一般小说（58,122）	24	412.92	64	1101.13	88
L	侦探小说（48,133）	19	394.74	42	872.58	61
M	科幻小说（12,044）	6	498.17	19	1577.55	25
N	武侠传奇小说（58,107）	15	258.28	19	326.98	34
P	爱情小说（58,054）	39	671.79	47	809.59	86
R	幽默（18,182）	5	275	20	1099.99	25

表 4-6　"使"和"让"迂回致使结构在 LCMC 分类语料中的期望频次

文本代码	文本类型	使	让	合计
A	新闻报道	66.2	32.8	99
B	社论	58.8	29.2	88
C	新闻评论	50.2	24.8	75
D	宗教	28.8	14.2	43
E	操作语体	144.4	71.6	216
F	通俗社会生活	124.4	61.6	186
G	传记和散文	141.1	69.9	211
H	杂类（报告和公文）	47.5	23.5	71
J	学术科技	227.4	112.6	340
K	一般小说	58.8	29.2	88
L	侦探小说	40.8	20.2	61
M	科幻小说	16.7	8.3	25
N	武侠传奇小说	22.8	11.2	34
P	爱情小说	57.5	28.5	86
R	幽默	16.7	8.3	25

表 4-7　"使"和"让"迂回致使结构在 LCMC 分类语料中观测频次和期望频次的差值

文本代码	文本类型	使		让	
		$(O-E)^2/E$	$O-E$	$(O-E)^2/E$	$O-E$
J	学术科技	23.86	73.6	48.15	-73.6
E	操作语体	3.22	21.6	6.50	-21.6
H	杂类（报告和公文）	8.87	20.5	17.91	-20.5
C	新闻评论	5.66	16.8	11.42	-16.8
D	宗教	4.40	11.2	8.88	-11.2
B	社论	2.11	11.2	4.27	-11.2
F	通俗社会生活	0.02	1.6	0.04	-1.6

续表

文本代码	文本类型	使		让	
		$(O-E)^2/E$	$O-E$	$(O-E)^2/E$	$O-E$
N	武侠传奇小说	2.63	-7.7	5.31	7.7
M	科幻小说	6.87	-10.7	13.87	10.7
R	幽默	8.21	-11.7	16.58	11.7
A	新闻报道	2.25	-12.2	4.54	12.2
P	爱情小说	5.96	-18.5	12.02	18.5
L	侦探小说	11.64	-21.8	23.49	21.8
K	一般小说	20.63	-34.8	41.64	34.8
G	传记和散文	10.83	-39.1	21.86	39.1

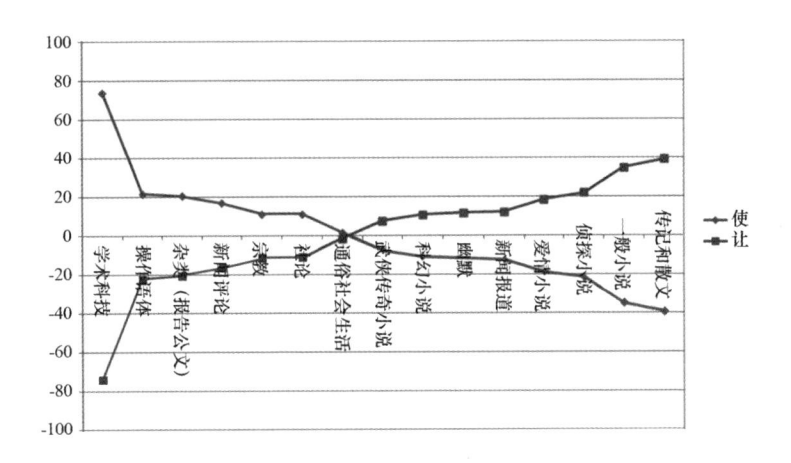

图4-2 "使"和"让"迂回致使结构在 LCMC 分类语料中观测频次和期望频次的差值对比

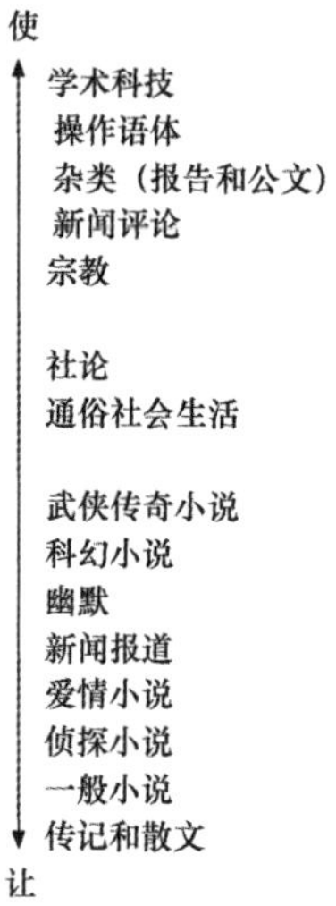

```
              使
              ↑
              学术科技
              操作语体
              杂类（报告和公文）
              新闻评论
              宗教

              社论
              通俗社会生活

              武侠传奇小说
              科幻小说
              幽默
              新闻报道
              爱情小说
              侦探小说
              一般小说
              ↓ 传记和散文
              让
```

图4-3　"使"和"让"迂回致使结构与 LCMC 分类语体的偏向倾向

对表4-5中两类结构在15类书面语体中的观测频次进行卡方检验，其结果显示具有显著统计学意义（$x^2=353.64$，$df=14$，$p<0.001$），表明不同类型的书面语语体与结构的分布具有相关性，即书面语语体的类型对这两类结构的分布具有显著的影响。然后，计算出每个结构在每类书面语体中对应的期望频次和差异值（见表4-6和表4-7），并将最后差异值结果用图示化方式表示出来（见图4-2）。如果我们以10作为分割点，那么该曲线左部分所涵盖的"学术科技""操作语体""杂类（报告公文）""新闻评论""宗教"五类书面语体偏向于选择使用"使"字迂回致使结构，而曲线右侧的"传记和散文""一般小说""侦探小说""爱情小说""幽默"和"科幻小说"六类书面语体则明显倾向于选用"让"字迂回致使结构。曲线中间部分的"社论"语体偏向使用"使"字迂回致使结构，"武侠传奇小说"和"新闻报道"两类语体对

"让"字迂回致使结构的偏向由于卡方贡献值均大于3.84而都达到统计学显著水平，而"通俗社会生活"类语体对两个迂回致使结构的选择没有表现出很强的偏向效应，但从表4-7中相关结构观测频次和期望频次差异值所示的正负号上依然可以看出此类语体和结构依存的大体趋势。结合表4-7中卡方贡献值和差异值的大小与图4-2可以发现，就两类迂回致使结构的使用而言，书面语的15类语体基本上可以归结为具有同类偏向选择特征的三个大板块，如图4-3所示，即箭头所指，位置越朝箭头上方向的语体越倾向于使用"使"字迂回致使结构，而箭头越朝下的语体则更倾向于选择"让"字迂回致使结构。

第五节　分析讨论

口语是语言构建过程的反映，口语话语的主要功能在于人际互动（Schegloff，1989）、维持说话人之间由于谈话而构建的主体间世界（Schegloff，1992；许家金，2009：20），以及实现情感的表达（Ochs & Schieffelin，1989）。口语产生于实时、互动的环境，所以表现出互动性强、描述性强、整合度低、计划性弱等特点。通过判断一个结构在各种语体中的喜好偏向程度，可以推断出该结构是体现了情感交互，还是侧重情感疏远来强调信息的生成传递。

对比表4-2"使"和"让"字迂回致使结构在不同口语语体中的分布的标准化频次可以发现，"使"字迂回致使结构更多地用在比较正式的"辩论"语体中，而在"日常对话"语体中使用得最少；"让"字迂回致使结构在"影视剧本"语体中使用最多，而在带有书面语特征的"百人自述"语体中使用最少。从总体偏向趋势上看，"使"字迂回致使结构和"让"字迂回致使结构的使用在口语语体内部是从典型口语到非典型口语的连续统上沿着两个不同的方向运行的，前者是从"日常对话"到"辩论"，而后者是从"百人自述"到"影视剧本"。从某种程度上说，这种趋势反映出了"使"和"让"两个致使动词语法化的历程，因为历时语言学的研究表明，相关语言现象在口语中使用情况的变化总是预示着其在书面语中新用法的出现。从这个意义上来说，致使动词"使"似乎已经完成了它的语法化基本历程，而致使动词"让"还正在经历着语法化的历程。这个结论也得到相关研究的支持，如牛顺心（2007）就认为致使词"使"处于最高的语法化阶段，而致使词"让"还处于语法化的中间阶段。如果我们对致使动词"使"和"让"语法化的进程还只是推测的话，那么"使"和"让"在口笔语语体中的分布至少与口语和书面语语域各自的文本属性息息相关，即侧重在传递信息还是在人际互动（Biber, 1988: 104 – 108）。

再来对比表4-5中"使"字迂回致使结构和"让"字迂回致使结构在15类书面语体中的分布情况，我们发现一个很有意思的现象：如果将15类书面语体看作是从典型书面语到非典型书面语的一个连续统的话，那么，从使用频次由高到低看，"使"和"让"字迂回致使结构在这个连续统上也是沿着两个不同的方向运行的，前者是从典型的书面语语体"操作语体""学术科技"到非典型的书面语语体"幽默"，而后者是从"幽默""科幻小说"到"报告和公文"。至此，我们可以看到，在典型口语语体＞非典型口语语体＞非典型书面语语体＞典型书面语语体这个连续统上，"让"字迂回致使结构主要是用在侧重人际互动的典型口语语体中，而"使"字迂回致使结构侧重用在以信息传递为主的典型书面语中。也就是说，致使动词"使"和"让"字迂回致使结构虽然共同具有致使意义，但却肩负着不同的交际功能。

通过上文统计可见，就总体分布而言，口语中"让"字迂回致使结构的出现频次是"使"字迂回致使结构的将近10倍,口语语域对"让"字迂回致使结构的偏向非常明显,"让"字迂回致使结构与口语语域之间显现出很强的依存关系。这表明该结构侧重用于人际互动语境之中,这一点在"影视剧本(我爱我家)""电视谈话(实话实说)""日常对话"三种语体中表现得非常突出。而在人际互动较为欠缺、带有书面语语体特征的"百人自述"中则明显偏向于使用"使"字迂回致使结构。偏向使用"使"字迂回致使结构的还有辩论语体,笔者推测这或许与"辩论"语体的特殊性有很大关系。因为辩论通常谈话双方围绕着某一主题展开对话,辩论双方既想能清楚表达和捍卫自己一方立场,又想有理有据地反驳对方的观点,辩论双方语言表达上具有话题的学术性、话语产出的即时性、论证的严密性和客观性、话语表达的精确性和简洁性等显著特点。此外,对"日常对话""影视剧本(我爱我家)"和"个人口述"三类典型的口语语体中"使"字迂回致使结构的使用情况进行进一步分析,发现该类结构的使用情形也不尽相同。例如,例句(1)、例句(2)和例句(3)出自"日常对话",例句(4)、例句(5)和例句(6)出自"个人自述",例句(7)~例句(10)出自"我爱我家"。如果说"日常对话"和"个人自述"的六个例句中"使"字迂回致使结构的使用只能归结于说话人的个人风格的话,那么,在"影视剧本(我爱我家)"中该类结构的使用则主要有规律地出现在四类情形中。第一类是在爷爷老傅的个人言谈中。该剧中的老傅曾经是领导干部,即使是退休在家后,在与家人、朋友和邻居相处谈话时也常常会打官腔,并且经常以一种居高临下的训诫式或宣讲式的讲话方式进行,其言语表达常常会显得比较正式,如例句(7)。第二类是在程序化操作性话语中。此类话语主要涉及完成特定任务或实现某个目的所要经历的一些必需的过程和步骤,如例句(8)。第三类是说话人引用的名言名句,如例句(9)。第四类是在公开场合（如报告会）的讲话中，如例句（10）。这四类情形中的话语为了实现其各自的目的，都是尽可能地将交互性、人际性和非正式性特点压制在最小的范围之内，所以使话语呈现了一定的书面语色彩。

（1）他对音乐的那种执着，总是不断地使自己进步。其实我也挺喜欢他的。

（2）主要原因是她的虚荣心，她的虚荣心使她迷失了生活的方向，偏离了她原有生活轨道。

（3）那你就学如何管理酒店，如何使你的酒店更有特色。

（4）所以说吧，这个社会特别乱呢，就使自己呢，有这么一个印象，就是什么？对社会就非常憎恨，啊对新社会非常爱，对新社会非常爱。（男，46岁，初中文化，工人，汉族）

（5）就是，这样的话就能够分清这好坏，啊。这样儿的话就不使这小孩儿容易接受，对他们是有好处的。（男，47岁，高中文化，干部，汉族）

（6）我再说我现在我主要的呢就把精力呢，一个是用在我的工作上，把我自己的工作尽量儿往好了干，而且呢，哦，干得呢，说使领导呢和同志们都能满意。（女，38岁，初中文化，工人，汉族）

（7）（邻居给老傅送来了逮老鼠的猫，老傅却开始从辩证法的角度与邻居争论起了猫与鼠的关系）

——靠猫捕鼠？哈哈哈，别说你们家这种修正主义的猫，啊，好吃懒做，啊，就是真正的好猫，也起不了什么作用，辩证法懂不懂啊？啊，表面上看，啊，猫和老鼠是天敌，唉，其实猫的存在对老鼠只有好处而没有任何坏处，啊。

——唉？

——这个因为被它吃掉的，都是些老弱病残，呆傻茶痴的笨老鼠啊，正好帮助了老鼠的优生优育，使它们的队伍得以发展壮大，唉，所以说，如果想灭鼠的话先得灭猫！

（8）爸，其实器械捕鼠法的道理，都是大同小异的，无非是利用力学上的原理，使捕鼠器械暂时处于一种不稳定的平衡状态，当老鼠打破这种平衡时即被捕获，不一定用碗。

（9）——哎哟喂，爸，您让我说您什么好？您说您这辈子什么邪没信过？啊？打鸡血、吃醋蛋、喝红茶菌、做甩手操、爬行运动、倒立疗法，您是一样儿没落下！现在居然……搞起这一套来了！

——这一套怎么啦？这一套叫人体科学！属于边缘学科！是现代医学尚未开垦的处女地！

——迷信要是披上科学的外衣，使科学都沾上了一股妖气。您知道这是谁说的吗？您比著名思想家还懂？

（10）女士们、先生们、同志们、战友们！气功，是祖国传统医学宝库中一颗璀璨的明珠，是中华民族丰厚遗产中的一大块瑰宝，是通向人体科学自由王国必经之路的一把24K金钥匙！掌握了气功，特别是被人们誉为气功之尊"太极混元功"，并勤习不辍，能起到强身健体，青春永驻长生不老，返祖还童的神奇作用，使你们重新为党工作20年！但很多同志对修习"太极混元功"的具体方法不甚了解，苦于无法自修成才。今天，我们有幸请来了"太极混元功"的大陆唯一传人——傅明同志，给我们做带功报告！大家欢迎！

在书面语语域中，"使"字迂回致使结构的出现频次约是"让"字迂回致使结构的2倍，在频次的总体分布上这两个结构表现出了很明显的不对称，呈现了与口语语域中完全相反的分布趋势。如果进一步对比观察这两个结构的观测频次和期望频次在15类书面语体中的分布情况，就会发现一个很有规律的现象：这两个结构与15类语体的偏向选择趋势构成了三个不同的板块，第一板块："使"

字迁回致使结构主要分布在学术科技、操作语体、杂类（公文和报告）、新闻评论和宗教这五类书面语体中；第二板块："让"字迁回致使结构则主要分布在科幻小说、幽默、新闻报道、爱情小说、侦探小说、一般小说、传记和散文七类书面语体中；第三板块：在剩余的三类书面语体中，"社论"总体趋势偏向于"使"字迁回致使结构，"武侠传奇小说"偏向于"让"字迁回致使结构，而"通俗社会生活"则无明显偏向。在这三个板块中，第一和第二板块泾渭分明，偏向趋势非常明显，第三板块处于前两个板块的过渡区间。

首先来看第一板块，"使"字迁回致使结构主要分布在学术科技、操作语体、杂类（公文和报告）、新闻评论和宗教这五类书面语体中。学术科技类语体主要关注的是说服性的论证，在这个过程中，作者需要尽可能保持客观、理性的态度来进行准确的描写和论述，其自身也尽可能不涉及这个论证的过程之中来。从这个意义上来说，小说语体和学术科技语体分别最大限度地体现出了情感交互和情感疏远。这一点也正符合 Biber（1988）依据交互式/信息性生成、非抽象/抽象维度将小说语体和学术科技语体视为书面语文本两个极端的做法。要实现高度交互、非抽象言语的生成，就必须不断通过一些语言表达手段来展现出主观性的自我，而要实现对抽象信息的客观性生成，就需要在语言表达上最大限度地隐藏自我。操作语体也被称作指导操作性语体（陶红印，1999）或操作指南语体（陶红印，2007），主要包括"技能、行业和爱好"，大多为操作指导性的语篇，收录的范围很广泛，例如钓鱼、烹调、养花、摄影、股票买卖、玩桥牌等。Schmidt & Tao（2009：46）将该类语体的语篇描述为"一个缺乏人情味的过程"，"其语言表达精确、客观、具有权威性，因为这类语体的根本目的在于对实施操作方法和按时间先后顺序排列的操作过程进行精确描述。"新闻报刊评论本质上是一种议论文体，只不过所论的是社会上发生的重大事件或焦点事件，由于其承担着引领舆论导向、影响受众行为的社会功能，因此，需要评论者以理服人，用非常客观的态度去评价相关事件。基于上述原因，在第一板块文体中的"使"字迂回致使结构重在表达客观性就很好理解了。

其次是第二板块，"让"字迂回致使结构主要分布在传记/散文、小说、新闻报道和幽默类语体中。Schmidt & Tao（2009：43）认为传记和散文语体是对事件的解释说明，是对人思想的表达，这种说明和表达则是最大限度地受制于个人的视角、情感和态度。在传记中，所有对事件的描述和叙述均是围绕着主人公的立场展开，通过精心选择的语言形式来记录主人公的一言一行，无不透露出传记作者对主人公的某种感情色彩。散文语体则是从作者视角出发，完全是作者内心世界的主观化表达方式。小说语体总体上为叙述性语篇，其中夹杂了大量的对话或其他形式的引用型话语，故事的讲述者或小说中的人物角色因为其身体和情感都深置于该故事中而被前景化，因此，基于故事人物的主观化表达在这类语体中是普遍存在的。跟其他书面语体相比较，小说语体最明显的一个特点就是有着大量表达强烈感情的语言形式，尤其是爱情小说。根据 Biber（1988）的分析，爱情小说可以说是交互性最强、最不抽象、最具有叙事性特征的。在小说语体中，通常都要突出主人公或故事角色的主体性特征，以此来展现故事中人物的情感，而语言表达形式的选择也正是为此目的服务的。从这个意义上来讲，个人情感和主观性则是爱情小说和传记/散文共有的特征。对于幽默语体来讲，通常是凭借能够产生与言辞本身意义不同的语言表达方式来创造一种具有喜剧化的滑稽可笑、轻松愉快的气氛。例如例句（11）和例句（12）。

(11) 试题

一位小学教师对她的男朋友说:"你上次写的信,我给编进语文期中试卷了。这道题能全面检验学生的语文水平。"

男朋友问:"你是让他们分析语法,还是解释成语?"

女朋友答:"我让他们改错!"

(12) 一个男人带着两个儿子到商店买玩具,孩子都要声音很响的电子枪,那男人便买了两支。

售货员对他说:"这种枪的噪音很大,会使你发疯的"。

男人笑了笑,说:"不会的,他们和我的前妻住在一起。"

在例句(11)中,"改错"一词实际上起到了一语双关的作用,不仅仅用来表示"考试语境中"的"让学生们把你的这封信当改错题来做",还表示"你的这封信中有很多错误,学生都可能识别出来,而你却没有"。"让"字迂回致使结构在这里除了用来表达"我让学生来改错"的客观事实外,更多的是表达了说话人对其男朋友的一种看法,表达出了说话人很强的感情色彩,体现出了明显的主观化。在例句(12)的语境中,售货员的职责是售出货品,同时做好关于货品使用的一些介绍与宣传,所以,售货员说的这句话最大可能是一种对事实的陈述,即"这枪的噪音很大,使用时需要多注意",而不是主观地认为"这枪噪音很大",以此劝该名男子不要买枪了。在幽默语体中,"使"字迂回致使结构的观测频次比理论上的期望频次低了很多,这基本验证了该结构主要用于客观描述这一论断。

就第三板块体中的"社论"和"通俗社会生活"来说,"使""让"迂回致使结构在这两类语体中分布的观测频次和期望频次之间的差异很小,没有表现出明显偏向。在不同语体形成一个原型范畴的视角下,这或许是由于在这两类语体中主观性和客观性之间的竞争处于相对平衡的状态,没有哪一方最终处于主导地位而已。

简言之，基于语体原型范畴观，我们认为不同的语体在"人际交互/信息生成"维度上有差异，前者重在主观性，后者强调客观性。这是造成"让"字迂回致使结构和"使"字迂回致使结构在口笔语语体中截然不同分布的根本原因。语体、人际交互/信息生成、主观性及结构选择偏向之间的关系可以用图4-4表示。

```
    "让"字迂回致使结构              "使"字迂回致使结构
         主观性 ←――――――――――――――→ 客观性
       人际交互 ←――――――――――――――→ 信息生成
       典型口语 ←――――――――――――――→ 典型书面语
```

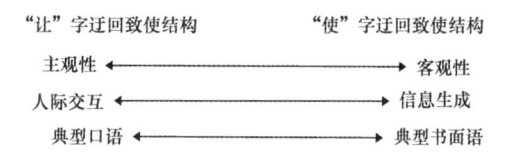

图4-4 "语体—话语功能—主观性倾—结构选择"对应图

本章小结

长期以来，"使"字迂回致使结构和"让"字迂回致使结构一直被认为是意义相同的，其主要差别在于这两个结构用在不同的语域中，即前者多用于书面语语域，而后者多用于口语语域。但传统意义上的将语域二分法的做法过于简单，已无法用来解释相关的语言现象。本章将语体视为一个由不同语体类型构建起来的原型范畴，口语和书面语的各类语体形成一个连续统；意义也是按照原型性建立起来的一个范畴。语体范畴和意义范畴之间存在互动关系，通过范畴互动概念得以体现，话语功能得以实现。口语语体强调人际互动，书面语语体强调提供客观信息；前者侧重语言的主观化表达，后者侧重客观陈述。正是基于这一点，我们对这两个结构在现代汉语口笔语语料库各个语体中的分布情况进行统计分析，并从主观性/客观性层面来讨论这两个结构。我们认为一方面"使"字迂回致使结构和"让"字迂回致使结构都具有"致使"意义；另一方面，这两个结构在主观性/客观性上表现出了差异，"让"字迂回致使结构趋向于表达主观性，而"使"字迂回致使结构则偏向于表达客观性。

  本章是基于语体分析的实证研究，通过使用大规模语料库数据分析，为我们提供了量化的数据证据，以此对前人的研究结论进行进一步补充，其研究方法和结论均有助于我们深入理解现代汉语中的"使"和"让"字迂回致使结构。

第 五 章

原型理论视域下汉语迂回致使结构研究

第一节 引言

学界对汉语迂回致使动词语义及其句法构成等方面做了十分有益的考察,但现有研究却都没有对该结构的原型问题进行过讨论,相关文献中既有的致使结构原型模型是否适用于汉语迂回致使结构也还没有进行过调查。熊学亮、梁晓波(2003)指出,"致使结构是否有原型性以及其结构的原型到底表现为何种特征和形式,这是当前认知语言学在蓬勃发展的形势下需要解决的课题"。有鉴于此,本章主要对现有的致使结构原型模型是否能够在现代汉语迂回致使结构中得到验证进行语料库实证考察。

第二节 致使结构的相关原型模型

从国内外现有的相关文献来看,可对致使结构原型进行描述和探讨的理论模型共有四种:即致使结构顺序象似性模型(Gilquin, 2006)、弹子球模型(Langacker, 1991: 13)、直接操控模型(Lakoff & Johnson, 1980: 69 – 76; Lakoff, 1987: 54 – 55)和致使结构的理想化认知模型（熊学亮、梁晓波2003）。

致使结构的顺序象似性模型是 Gilquin（2006）整合了 Haiman（1985：91）的顺序象似性原则（Principle of Iconic Sequencing）和 Langacker（1991：283）的动作链理论（action chain）而来的。根据顺序象似性原则，人们在语言表达中语言组成要素的排列顺序应该和人们在心智上认知该事件的顺序是一致的。根据 Langacker（1991：283）的动作链理论，迂回致使结构所包含的动作形成一个动作链（见图5-1）：作为致使力量源头（head）的致使者（Causer）将其能量传输给第二个实体，即被致使者（Causee），该实体会消耗能量或进一步将其传递给第三个实体，即受事（Patient），该实体吸收能量，预示着能量传递的终结。

（1）Anna had plenty of time to draw back, get up, say something to *make* him stop.

（2）Singer is more concerned with acts, a position which has *caused* him to fall between two stools.

（3）She *got* the minister to sign the papers.

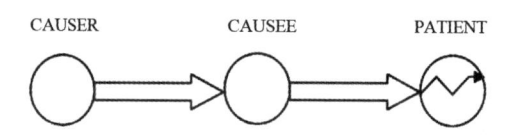

图5-1　迂回致使结构的动作链

根据致使结构的顺序象似性模型（Gilquin, 2006），迂回致使结构中表示致使事件参与者的语言表达成分的排列顺序依次应该是：致使者→（位于致使者发出致使力之后的）被致使者→受事，因为这种排序反映出了致使事件参与者在动作链中的前后顺序。符合该模型的迂回致使结构就更具有该类结构的原型性特点。例如：

(4) I got him to close the door.

(5) He was made to close the door.

(6) I had the door closed (by him).

根据该模型，例句（4）所表示的致使事件从致使者"I"开始，其致使力紧接着被传递给了被致使者"him"，致使力的最终吸收者是"door"。该句在表达致使力传递时致使事件参与者的排列顺序完全符合致使结构顺序象似性模型的要求，所以该表达具有原型性。而例句（5）中并非以致使者为开始来描述动作链，是省掉了作为致使力起源的致使者来直接对被致使者进行描述。例句（6）中，对致使事件的描述是以致使者为起点的，但其后被致使者和受事的位置发生了变化，该排序并不符合致使结构的顺序象似性模型。所以，基于顺序象似性模型，对例句（4）~例句（6）进行比较可以看出，例句（4）比例句（5）和例句（6）更具有原型性。

弹子球模型（Billiard-ball Model）也与 Langacker（1991：283）的动作链理论紧密相连，它也描述致使力由一个物体传向另外一个物体。Langacker（1991：13）将弹子球模型表述如下：

"我们认为在我们这个世界里存在着许多离散型的物质实体。这些实体可以通过空间到处移动并彼此发生接触。运动受力量的驱动，一些实体从内部资源中汲取了这些力量，而另外一些实体则从外部接受到了这些力量。当运动造成强有力的物理性接触时，能量则从移动者身上传递到了被影响的实体上，该实体因此被置身于运动之中而参与到进一步的相互作用之中。"（We think of our world as being populated by discrete physical objects. These objects are capable of moving about through space and making contact with one another. Motion is driven by energy, which some objects draw from internal resources and others receive from the exterior. When motion results in forceful physical contact, energy is transmitted from the mover to the impacted object, which may thereby be set to in motion to participate in further interactions.）

Gilquin（2006）将弹子球模型参数化后简单地表述为：一个单个的、特定的物理性致使者将能量传递给一个单个的、特定的、物质实体性被致使者，该被致使者会吸收这些能量，或将其继续传递给一个单独的、特定的、物质实体性受事。（A single, specific, physical CAUSER transmits energy to a single, specific, physical CAUSEE, which can absorb the energy or transmit it further to a single, specific, physical PATIENT.）例如：

(7) The rolling circle causes the central circle to rotate.

(8) The tree falling on it made the lorry lose its loading.

Lakoff & Johnson（1980：69-76）将致使现象视作是一种体验性格式塔，认为其由一组具有互动性特点的相关特征要素构成，在此基础上提出了直接操控模型（Direct Manipulation），并将其视作是致使结构的原型，认为原型性的致使结构同时具有以下 12 个共同的特征：

a. 施事者将受事状态的改变视作目标；

b. 这种状态的改变是物理性质的；

c. 施事有计划实施该目标；

d. 该计划需要施事使用运动神经程序（a motor program）；

e. 施事控制着该运动神经程序；

f. 施事对实施该计划负有主要责任；

g. 施事是能量的源起之地（即：施事将其能量导向受事），受事是能量的归结之所（即：受事的状态变化源于外部的力量作用）；

h. 施事通过其身体或工具与受事发生接触（即：施事所为和受事所变之间在空间和时间上是重叠的）；

i. 施事成功地实施的该计划；

j. 受事所发生的改变是可觉察到的；

k. 施事通过感知对受事状态的变化进行监控；

l. 有一个单数的、特定的施事和一个单数的、特定的受事。

(Lakoff & Johnson, 1980: 70 - 71)

此后，Lakoff (1987: 54 - 55) 将符合直接操控模型的原型性致使结构的特征归纳为 10 个，并表述为：

a. 有一个能实施动作的施事；

b. 有一个经历变化到新状态的受事；

c. 属性 a 和属性 b 构成一个单一事件；它们在时间和空间上重叠；施事与受事有接触；

d. 施事所实施的部分动作（移动或运用意志力）都先于受事状态改变而发生；

e. 施事是能量的源起之地，受事是能量的归结之所；能量从施事转移到受事；

f. 有一个单数的、确定的施事和一个单数的、确定的受事；

g. 施事是人类型的；

h. 施事希望他所执行的动作发生；施事掌控着所执行的动作；施事对其动作和由此引发的状态的改变负有主要责任；

i. 施事使用其手、身体或其他工具；

j. 施事正看着受事，受事状态的变化是能被感知到的，施事感知到了该变化。

具有这 10 个特征的致使结构就是原型性的致使结构，而缺少这些特征的则是非原型性致使结构。

(9) Max broke the window.

(10) Brutus killed Caesar. (Lakoff, 1987: 55)

Gilquin (2006) 在使用直接操控模型讨论英语迂回致使结构的原型问题时，针对该结构中多个动作参与者的情况对 Lakoff (1987:

54-55）直接操控模型的相关特征进行了调整，将该模型表述为：一个单数的、确定的、人类型的致使者操控着一个与致使者完全不同的、单数的、确定的、人类型的被致使者，并使其产出一个具有意愿性、物质性的结果动词动作，该动作会影响或者不会影响一个单数的、确定的、与致使者和被致使者都不相同的受事。

例如：

（11）So he got you to move it in the end.

（12）I wanted to get ready to come away but I made myself sit and really give him time.

根据该模型，例句（11）中"致使者""被致使者""受事"和"结果动词"的各个参数均符合直接操控模型的表述，所以可以认定该表达句式是具有原型性的迂回致使结构。而在例句（12）中，被致使者的表达使用了反身代词，它所指代的人称与该句"致使者" I 相同，违反了直接操控模型中"致使者与被致使者不相同"的特征，所以该表达句式是非原型性的迂回致使结构。以此类推，上文例句（4）~例句（8）中，只有例句（4）是符合直接操控模型的原型性迂回致使结构的。

熊学亮、梁晓波（2003）通过对英语致使词汇范畴的分析，认为词汇性致使动词的意义与词汇本身结合紧密，它们往往表示一个直接性的致使事件或动作，并且其数量巨大，使用频率高于其他类型的致使动词，所以明确认为致使词汇范畴的原型应该是词汇性致使动词。他们结合 Langacker（1991：283）的标准事件模式，建立了致使结构运行的理想化认知模型（见图 5-2）。该原型是建立在一个对致使事件理想化的图式理解基础上的，其中包括了及物性、词汇性致使结构、致使事件中的诸因素、致使句式的能量传递、典型的致使运动事件结构以及标准事件观察模式等。该图中的施力者规定为人，受事的曲折箭头代表其所发生的变化，两圆框之间的长箭头代表致使动作，它直接对应致使动词（V + CAUSE，即词汇性致使动词或致使助动词）。长箭头贴近 Patient，表示致使动作是一个有身体接触的动作。另外，致使标识符 + CAUSE 表示该动作是一个致使动作，其中加号表示此动作是施事有意向性的行为。在语句层面上，施事/人（agent/human）被图式化（schematize）为主语，致使动作被图式化为致使动词（causative verb），而受事（patient）则被图式化为直接宾语。

前三种理论模型基本上都是基于内省方式得出的，此前研究者均未对其进行过实证验证。Gilquin（2006，2010）开创性地将上述前三种致使结构原型理论参数化，使用语料库实证数据对英语典型迂回致使结构的原型性进行了考察。这为我们考察汉语迂回致使结构的原型问题提供了一种值得借鉴的研究范式。

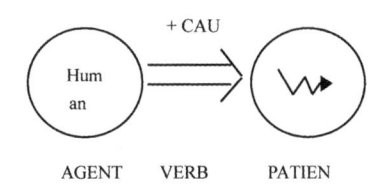

图 5-2　致使结构的理想化认知模型

有研究者明确提出致使结构的原型应该是迂回致使结构，如沈阳、何元建和顾阳（2001：69）认为汉语中迂回致使结构是致使用法的典型，张彬（2004）认为迂回致使结构是汉语中无标记的致使结构，Wolff et al.（2005）认为迂回致使结构从结构上来说是很完备的，可以为更具体的致使表达提供图式支撑。依据 Schmid（2000：39）"从语料库到认知的原则"，一个结构在文本中出现的频次是对其在人类认知系统中固化程度的例示，一个结构的原型性与其出现频次之间是直接相关的。Geeraerts（1988：221-222）和

Stefanowitsch（2001）等也持有类似的观点。但致使结构的三大原型模型，即顺序象似性模型、弹子球模型和直接操控模型，能否在汉语常用迂回致使结构中得到实证验证还有待于考察。

第三节 研究设计

一 研究问题

（1）致使结构的三大模型，即顺序象似性模型、弹子球模型和直接操控模型是否能在汉语典型迂回致使结构中得到验证？

（2）汉语典型迂回致使动词在相关模型选择上是否表现出显著性差异？

二 相关动词的选择

对典型迂回致使动词的选择主要同时依据两个标准：第一，是否在现有研究文献中被经常提及。符合这一标准的迂回致使动词主要有"使""让""叫"等。第二，所选动词在语义类型上是否具有代表性。从语义上看，致使动词主要有隐含型致使动词（implcative causatives）和非隐含型致使动词（non-implicative causatives）两大类（Shibatani, 1976; Talmy, 2000: 478-479）。前者意指被致使事件已经蕴含（entail）在致使事件中，而后者则不然。从该分类角度看，致使动词"使"是最典型的隐含型致使动词，而"叫"和"让"则显得复杂得多。"叫"有"招呼、呼唤""使、命令""容许、听任"（《现代汉语词典》, 2005: 688）之意，"让"有"致使""容许、听任"（《现代汉语词典》, 2005: 1140; 吕叔湘, 1999: 461）之意。显而易见，致使动词"叫"和"让"同时具备了隐含型致使动词和非隐含型致使动词的特征，是一种典型的混杂型致使动词。基于提及频次和语义的代表性两个层面的考虑，本研究最终选定要进行考察的迂回致使动词是"使""让""叫"。

三 语料的标注

基于对语料代表性、平衡性和获取可行性的考虑，本研究中使用的是兰开斯特汉语语料库（LCMC）(McEnery & Xiao 2004）和由笔者依据兰开斯特——洛杉矶汉语口语语料库（Lancaster-Los Angeles Spoken Chinese Corpus）（Xiao & Tao 2006）的主体框架自建的语言与认知研究中心汉语口语语料库（CSLC Corpus of Spoken Chinese，简称"CCSC"）。

本研究使用检索工具 WordSmith 4.0 对语料进行检索。以"使、让、叫"作为检索词对语料进行穷尽式检索处理，参照词性赋码信息和上下文语境信息逐行剔除掉不含有迂回致使结构的检索行。有效检索行包括如例句(13)~(15)类型的句子，但不包括像例句(16)、例句(17)类型的句子。将所得的以完整句子显示的有效检索行以纯文本形式保存，再在文本编辑器 Editpad 中手动标注相关参数。需要标注的参数是表 5-1 每个模型中标注有"必选"字样的部分，总数为 20 个。对致使者和被使者相关参数的标注采用"句内定位，上下文定性"的方法来确定其具体属性。其中对生命度语义特征"人类型"和"物质实体类"的标注依据的是 Lemmens（1998）的分类。Lemmens（1998：103）基于"移情层级"（empathy hierarchy）将世界事物分为人类、似人类型（机关、团体、组织等）、动物类、有机体类（病菌、昆虫等）、物质实体类和抽象事物类。对"特指性"的标注具体依据 Thompson（1990：244），即"除非一个表达形式没有所指或者其所指为一类实体，否则其所指被认定为是特指性的"，我们将语言形式不用来表示一类或不泛指的情形都视为特指。对"定指性"的标注依据 Collins（1995：45－

46)，即如果一个名词词组的所指是语境上文中已经提及的或根据语境就能直接获得的相关信息，则被认定为定指性的。结果动词的"物质过程"用来描述动作事件的实施或发生，其功能类型的标注依据 Halliday & Matthiessen（2004：179-197）。所有参数以代码形式进行标注，使用 WordSmith 4.0 对其进行检索提取。所有统计运算均在 R version 2.15.3 中完成。

表 5-1　　　　　　　致使结构三个原型模型及其参数指标①

结构要素	要素的选择性	顺序象似性模型	弹子球模型	直接操控模型
致使者	必选	第一参与者	单数的	单数的
			特指性的	定指性的
			非人类型物质实体性的	人类型的
被使者	必选	第二参与者	单数的	单数的
			特指性的	定指性的
			非人类型物质实体性的	人类型的
				与致使者不同的
受事	可选	第三参与者	单数的	单数的
			特指性的	定指性的
			物质实体性的	人类型的
				与致使者和被使者都不同的
结果动词功能类型	必选	无	物质性的	物质性的
				意志性的
句类型			肯定句	肯定句

（13）英国反对党工党外交事务发言人布朗说，政府的决定将

---

① 表 5-1 基于 Gilquin（2006：171）而来，笔者增加了"要素的选择性"一栏。

会使英国被嘲笑为"种族隔离制度的最后的朋友"。(结果动词为被动式)

（14）这个数字我绝不让孩子知道。(受事话题化)

（15）这样的情况总应该让母亲知道吧?(致使者缺省,受事话题化)

（16）在课堂上,语文老师让背课文。(被使者缺省)

（17）光让学老三篇。(致使者和被使者都缺省)

第四节 研究结果

一 迂回致使动词的整体分布

为了准确地说明"叫""使""让"三个迂回致使结构在不同语域中的分布偏向性及其关联强度,此处选用费舍尔精确检验（Fisher's Exact Test）作为统计手段。统计结果表明,"让"字迂回致使结构与口语的关联性最强（$p = 5.520\text{E} - 196$, $p < 0.001$）,其次是"叫"字迂回致使结构（$p = 5.635\text{E} - 16$, $p < 0.001$）,而"使"字迂回致使结构则与书面语语域的关联性最强（$p = 1.887\text{E} - 309$, $p < 0.001$）。这三个致使动词在口语和书面语中的分布有明显的差异,从用作迂回致使动词的比例上来看,"让"为83.59%,"使"为80.93%,"叫"为20.39%,"让"和"使"最为典型。

表5-2 三个动词的相关结构在语料库中的分布

	所有结构中			迂回致使结构中		
	叫	让	使	叫	让	使
LCMC	547	626	1299	117	553	1112
CCSC	1577	2068	295	316	1699	178
合计	2124	2694	1594	433	2252	1290

二 结构与模型的匹配情况

我们依据 Givón（1986：79）对原型概念的松散型的定义，即"一个原型不一定具有一个范畴的所有特征，但应具有所有特征中的大多数重要特征"，将符合表 5-1 的各个模型中所有"必选"类特征的迂回致使结构认定为具有原型性质的迂回致使结构表达。表 5-3 汇总了分别满足各个模型所有必选类特征的迂回致使结构的总频次数及其所占百分比。根据 Schmid（2000：39）"从语料库到认知的原则"，我们期望从 LCMC 和 CCSC 中检索到的迂回致使结构所表现出的特征分布应该和相关致使结构原型模型的描述相一致。从表 5-3 中的统计数据来看，汉语常用迂回致使结构与顺序象似性模型的匹配最好（68.63%），体现出了出现频次和原型之间的直接相关；而语料实证数据不支持将弹子球模型和直接操控模型视为迂回致使结构的原型模型：该类结构与弹子球模型的匹配比例是 0，Talmy（2000：418）所提出的弹子球模型是致使结构原型的论断没有在汉语迂回致使结构上得到验证；对直接操控模型来说，实证语料中也只有 8.15% 的迂回致使结构表达形式支持该模型。很显然，象似性模型作为一种上位范畴模型有着强大的概括力，但其忽略了迂回致使结构构成要素更为具体的特征性问题，所以表现出了良好的匹配情况；而弹子球模型和直接操控模型均是在顺序象似性模型的基础上进一步对迂回致使结构构成要素的具体特征作出了更为细致的刻画，过于严格的模型参数也使这两个模型与实际语料数据之间匹配的情况最差。应该注意到的是，本研究对原型性采用了较为宽松的定义，如果我们对原型性采用像 Cruse（1990：391）一样更为严格的定义，即"一个原型成员应具有所有的原型性特征"，那么，这三个模型与语料数据的匹配比例会进一步降低。例如，如果将"受事"因素加以考虑时，那么例句（13）一类的句子就要从符合顺序象似性的数据中剔除掉,与模型结构匹配的比例下降是必然的。

(一) 汉语迂回致使结构与致使结构原型模型匹配性分布数据

表5-3 汉语迂回致使结构与致使结构原型模型匹配性分布数据

	顺序象似性模型		弹子球模型		直接操控模型	
	频次	百分比(%)	频次	百分比(%)	频次	百分比(%)
叫	334	77.14	0	0	83	19.17
让	1231	54.66	0	0	239	10.61
使	1163	90.16	0	0	2	0.16
合计	2728	68.63	0	0	324	8.15

(二) 汉语迂回致使结构与致使结构原型模型不匹配性分布数据

为了搞清楚汉语迂回致使结构中各主要槽位属性与弹子球模型和直接操控模型主要参数不匹配的具体情况,本节对所有符合顺序象似性的该结构检索行进行了进一步考察。之所以选取此类检索行主要是为了最大程度减少因为研究者自行判断某些相关缺省成分的属性所带来的误差。

表5-4 汉语迂回致使结构与弹子球模型参数不匹配分布数据

	非物质实体类致使者		非物质实体类被致使者		非物质性结果动词	
	频次	百分比(%)	频次	百分比(%)	频次	百分比(%)
叫	304	91.02	302	99.34	132	43.42
让	1120	90.98	1138	92.45	460	37.37
使	1032	88.74	1009	86.76	425	36.54

表5-4统计出了不符合弹子球模型主要参数的迂回致使结构的出现频次，并基于表5-3中符合顺序象似性模型的每个动词的结构总数计算出了各自所占百分比。从表5-4的数据可以看出，对于弹子球模型来说，汉语迂回致使结构所体现出来的与之不匹配的特征主要表现在非物质实体类致使者、非物质实体类被致使者和非物质性结果动词等方面。该结构中总体高达90.25%的致使者和92.85%的被致使者不是物质实体类的，非物质性结果动词所占的比例为39.11%。例如，在例句（18）、例句（19）和例句（20）中，致使者分别为人类型（护士、我）和表事件的抽象事物类（画画还能给孩子带来快乐），被致使者分别为人类型（项兰、大家）和表事件的抽象事物类（画画），结果动词表示的功能类型分别表示物质过程（进去）、心智过程（知道）和关系过程（成为）。

（18）事情很顺利，排了一小会儿的队之后，里面的护士就叫项兰进去。

（19）我是想让大家都知道，不是我在打你。

（20）画画还能给孩子带来快乐，使它成为游戏中不可缺少的一部分。

表5-5　汉语迂回致使结构与直接操控模型参数不匹配性分布数据

	非人类型致使者		非人类型被致使者		非物质性结果动词		非意志性结果动词	
	频次	百分比（%）	频次	百分比（%）	频次	百分比（%）	频次	百分比（%）
叫	35	10.48	16	4.79	132	39.52	114	34.13
让	181	14.70	97	7.88	460	37.37	488	39.64
使	918	78.93	628	54.00	425	36.54	1049	90.20

表 5-5 统计出了不符合直接操控模型主要参数的迂回致使结构的出现频次，并基于表 5-3 中符合顺序象似性模型的每个动词的结构总数计算出了各自的百分比。就直接操控模型来说，2728 个符合顺序象似性模型的迂回致使结构表达中只有 324 个符合该模型，占总数的 8.15%。与直接操控模型不相匹配的特征主要表现在非人类型致使者、非人类型被致使者和结果动词的非物质性和非意志性的语义属性上，其中非人类型致使者总体比例为 37.40%，非人类型被致使者 22.22%，非物质性结果动词占 37.81%，非意志性结果动词为 54.55%。例如，在例句（21）、例句（22）和例句（23）中，致使者分别是表示抽象事物类型（体温过高、语调、一阵凉风吹过来），被致使者为人类型（余宏、他）和抽象事物类（蛋白），结果动词表示的功能类型分别是物质过程（分解）和心智过程（感到），并且由于例句（21）中"蛋白"为无生命型被致使者、例句（22）和例句（23）中被致使者"余宏"和"他"为经历者（experiencer）而非施事（actor），所以"分解"和"感到"均是非意志性动词。

（21）体温过高，就会使组织蛋白大量分解。

（22）小岚淡淡的语调总是让余宏感到不容置疑。

（23）突然，一阵凉风吹过来，叫他感到脊背上有些不舒服。

三 典型迂回致使动词与三个模型的选择关系

Talmy（2000：478-479）认为致使动词有隐含型致使动词和非隐含型致使动词两大类，并认为他们的语义是不相同的。本书中所选取的动词"使"是典型的隐含型致使动词，而"让""叫"则是兼具这两类动词特征的混杂型致使动词。那么，在语义上具有代表性的这三个汉语迂回致使动词在相关模型选择上是否表现出显著性差异就值得深入探讨。本节对该问题的讨论在统计方法上使用了卡方检验来进行检测。

基于对表5-3中各致使结构原型模型下每个动词的相关百分比值进行卡方分析,来检验各个模型在分布上是否具有统计学上的显著意义,以此来确定哪个模型与哪个致使动词具有相关性。对顺序象似性模型基本数据（见表5-6）的卡方分析表明,顺序象似性模型的分布具有显著的统计学意义（$x^2 = 32.54$, $df = 2$, $p < 0.001$）,说明迂回致使动词和顺序象似性模型之间存在直接相关关系。从三个动词各自对卡方的贡献值上看,"让"和"使"贡献值均达到显著水平,分别为18.77和13.31,"叫"的贡献值为0.47,未达到显著水平。这表明,就顺序象似性模型来说,迂回致使动词"让"和"使"与"叫"都不同。对比相关动词的观测频次和期望频次发现,"让"在该模型中的变异程度最大,前文例句(14)~例句(17)中"让"字致使结构所体现出的句式灵活多变的特点也证明了这一点；而"使"则与该模型有很强的依赖性,这极有可能与"使"多用于书面语中而要求提供比较充分的"致使者"和"被致使者"信息以及阐述"先因后果"的顺序有很大的关系。同理,依次对弹子球模型和直接操控模型的相关数据进行卡方分析表明,弹子球模型的分布没有表现出差异（无卡方值）,说明这三个迂回致使动词与弹子球模型不存在统计学意义的相关性；而直接操控模型在这三个动词间的分布显示出显著性差异（$x^2 = 20.22$, $df = 2$, $p < 0.001$）,说明这三个动词对直接操控模型的依赖程度是不同的。其中"叫"的卡方贡献值为9.00,"使"为11.11,"让"为0.11。前两者均有统计学显著意义。观测频次和期望频次的对比说明,"叫"偏向于直接操控模型,而"使"更偏向其他模型。由上述分析可见,"叫""让""使"与相关模型的依存关系并没有表现出像"隐含型致使动词"和"非隐含型致使动词"两种动词所期待的那样泾渭分明的模型归属,而是表现出了一定的差异。这说明这三个

汉语致使动词在语义上是有区别的。

表 5-6　　　　　　　　迂回致使动词与顺序象似性模型

	叫	让	使	合计
顺序象似性模型	77 * 74.00 ** 0.12 ***	55 * 74.00 ** 4.88 ***	90 * 74.00 ** 3.46 ***	222 (74.00%)
其他模型	23 * 26.00 ** 0.35 ***	45 * 26.00 ** 13.89 ***	10 * 26.00 ** 9.85 ***	78 (26.00%)
合计	100 (33.33%)	100 (33.33%)	100 (33.33%)	300 (100%)

注：表 5-6 中，* 为观测频次，** 为期望频次，*** 为卡方贡献值。

第五节　讨论分析

通过上文的统计分析，我们可以清楚地发现，现有文献中的致使结构原型模型不能很好地解释汉语迂回致使结构。其根本原因，诚如 Gilquin（2006）所言，就是致使结构的这几个原型模型的提出没有任何实证基础，基本上都出自相关语言学家的内省和直觉。所以，当我们使用实证语料来验证它们时会出现理论模型与实际语料不相匹配的情况也就可以理解了。例如，Lakoff & Johanson（1987：75）就认为直接操控模型"直接源于我们的体验"（emerge directly from our experience），而 Langacker（1991：13）在介绍弹子球理论时则将其表述为"我们认为这个世界是……"（we think of our world as...）。其实这几个理论模型与实际语料无法很好相匹配的情形也得到语言类型学相关研究的验证。首先，就致使结构顺序象似性模型来说，语言学类型的相关研究表明该模型无法很好地描述迂回致使结构。例如，Gilquin（2006：172）基于1000万词次英语语料对含有致使动词cause、have、make和get的3574个迂回致使结构检索行进行统计，发现符合顺序象似性的比例只有45.6%；Verhagen & Kemmer（1997：64）对80万词次荷兰语语料进行了统计，在含有迂回致使动词doen和laten的855个句子中，被致使者没有被明确表达出的有281个，占32.87%，而致使者、被致使者和受事三者都明确表达的只占17%。同样，法语（例句24）、德语（例句25）和意大利语（例句26）等语种中主要的迂回致使结构都显现出不遵循顺序象似性模型的特点。其次，理论模型与实证语料不相匹配的情形更体现在弹子球模型和直接操控模型上，如Gilquin（2006：172）的统计表明，符合弹子球模型的英语迂回致使结构只有0.06%，符合直接操控模型的有5.3%。

(24) *Il a fait partir Emma.*（Cannings & Moody, 1978：11）

　　He made leave Emma.

　　He made Emma leave.

(25) *Er liess seinen Sohn den Brief abtippen.*（Comrie, 1976：271）

　　He let his son the letter type.

　　He made his son type the letter.

(26) *Maria fa scrivere Gianni.*（Cole, 1983：115）

　　Mary makes write Johnny.

　　Mary makes Johnny write.

当然，出现这种理论模型与实证语料不匹配的情况还可能是因为这些致使结构原型模型的提出原本就不是为了解释迂回致使结构。比如Gilquin（2006：179）认为直接操控模型可能是用来描述动词及物性原型，而不是用来描述致使结构原型的。

因此，我们可能需要重新考虑构建迂回致使结构的有效原型模型。笔者认为,要确立迂回致使结构的有效原型,很有必要考虑以下几点。首先,我们应该注意到迂回致使动词意义的模糊性特点。如前文所述,汉语中迂回致使动词的"让"和"叫"既可以表达"致使",也可以表达"允许、使能",在有些情形下这两种意义之间界限的确定绝非泾渭分明的。无独有偶,典型迂回致使动词语义模糊的情况也出现在其他语言中。比如荷兰语中的迂回致使动词laten (make, let),既可以表达所谓的"致使",也可以表达"允许",还可以表达介于"致使"和"允许"之间的模糊意义(Levshina, Geeraets & Speelman, 2013:831)。这至少说明,从"致使"到"允许、使能"的意义范畴不是完全独立的,它们是一个在致使程度上从强到弱的意义连续统。其次,从汉语中这三个迂回致使动词意义演化的历史轨迹来看,"命令、派遣"义项均出现得较早,"致使"义项均出现得较晚,并且这三个动词都经历了不同程度的语法化历程。比如,"使"字在甲骨文中就有"命令、派遣"之意,致使词"使"的产生也不会晚于春秋时期(牛顺心传,2004:39-40),在上古汉语中以"使"为代表的使令动词是实现致使表达的句法手段(李佐丰,1983,2003;徐丹2003),李佐丰(1983)对动词"使"在《左传》中的使用情况进行的调查就表明,"使"字构成致使结构来表示"派遣、任用"意的用法很普遍。在汉代以后,"使"字表"致使"意的使用频繁起来(徐丹,2003:232),但在明代时,"致使"义项还处于次要地位,在现代白话文中该义项才占据了主导地位(吴锡根,2004)。"叫"最早是一个及物动词,意为"呼喊、鸣叫",到宋朝时期"叫"演化出了"命令、派遣"意义,而"叫"发展出"致使"义项是在明清时期(牛顺心,2004:41-42)。"让"字在先秦时期意为"谦让、退让","命令、允许"意大约出现在唐代,明清时期才有"致使"意(牛顺心,2004:40-41)。此外,语言类型学的相关研究也表明，相关典型迂回致使动词所谓的"致使"义项并非最早就有的。例如，Matisoff（1976）发现，拉祜语（Lahu）中的迂回致使动词 ci 和缅甸语（Burmese）中的表示致使意义的 sei 都具有"派遣"意义，都是由动词"派遣某人完成某一使命"语法化后演变而来。从致使动词语义发展的历时和类型学的角度来看，试图将"致使"义项和"允许、命令"等义项完全分裂开来而将前者作为迂回致使结构典型意义的做法是值得商榷的。再次，汉语中可用于迂回致使结构的致使动词其覆盖范围有扩充的潜力。学界对汉语迂回致使结构的研究中很重要的一点就是区分所谓的"纯致使动词"（或"致使助词""轻使役动词"）和"使令动词"等（参见牛顺心，2004；周红，2004），并在此基础上划分出了"纯致使结构""使令结构"等不同类型的兼语式致使结构。汉语研究中这种只将关注点放在那些所谓语义上已经漂白的"纯致使动词"上的观点已经与国外在迂回致使结构研究中对致使动词的大步拓展形成了强烈的对比。比如对英语迂回致使结构的早期研究中，相关学者认为能用于该结构的致使动词在数量上是极其有限的（Shibatani，1976），最常用的有 cause、make、get、have 和 let。但随着研究的深入，更多的非隐含型致使动词被纳入了迂回致使动词的范畴，如 allow、convince、force、permit、persuade 等（Goldberg，1995；Talmy，1988），而 Wolff & Song（2003）的研究表明英语中的迂回致使动词有 49 个。从这一点来说，汉语迂回致使结构还有值得进一步深入研究的价值。最后，迂回致使结构可以从构式的视角重新加以考察。长期以来，学界对汉语迂回致使结构的研究仅着眼于本身带有致使义的"轻致使动词"，而忽略了句式本身对致使意义的建构。其实这种基于构式视角的观点早就散见于一些学者的研究之中。例如，吕叔湘（1982：93-95）就指出，除了有些动词本身就具有致使意义，另外一些动词本身不带有致使意义，但进入一定结构后就具有了致使意义。刘永耕（2000a，2000b）也表达了相同的观点。例如：

（27）你这一高兴，又要带累我们挨骂了。（吕叔湘，1982：94）

（28）你要能领我见一见，我是求之不得。（吕叔湘，1982：95）

（29）我拉他爬出雪坑。（刘永根，2000a：95）

（30）马驮他冲过了河。（同上）

很显然，在上面四个例句中，动词"带累""领""拉"和"驮"都不是传统意义上的（迂回）致使动词，但在这几个例句中"带累""领""拉"和"驮"都具有致使意义，这种致使意义不是这几个动词固有的词汇意义，而是源自句式 [NP$_1$ [$_{VP}$ V$_{cause}$ NP$_2$ VP$_{effect}$]]。同样，陈昌来（2003）认为，诸如逼迫、请求、劝、派、命令、要求、邀请、教等动词属于多义动词，只有这些动词出现在 [NP$_1$ [$_{VP}$ V$_{cause}$ NP$_2$ VP$_{effect}$]] 结构中时才具有致使意义。张恒（2011：74）在分析汉语动词意义与致使结构匹配分类时指出，不含有致使意义的动词也可以用在分析型致使结构中，这些动词也是分析型致使动词，但是作者并没有说明这些原本不具有致使意义的动词在分析型致使结构中表现出的致使意义到底来自何处。显而易见，这种致使意义如果不是来自动词本身，那它就只能来自分析型致使结构句式。而学界最新的研究更是将句式对动词致使意义产生的分析拓展到了传统意义上被认为是常用于迂回致使结构的相关动词，如胡建华、杨萌萌（2015）认为"让""教（叫/交）"等动词本身的词汇语义并没有包含致使意义，而这种致使意义的产生源于对句式的解读。

针对特定句式的原型问题，语言学家提出了不同的判定标准，如宋文辉、阎浩然（2007）就认为句式原型应至少包含四个特征，即在历史上出现在先、句式扩展上占优势、使用频率上占优势、理解上占优势。而沈家煊（2012）更是提到了语言研究的语言类型学视角。就汉语迂回致使结构来说，如果我们从迂回致使构式的视角将"纯致使动词""使令动词"和其他可兼容于该构式的动词都考虑进来,然后对该构式进行分类,搞清不同分类之间的关系,结合该构式语义演变的历史发展脉络,厘清该构式的核心意义,结合其在实证语料中的实际使用情况和相关心理学以及神经语言学实验证据,就能构建出完整有效的迂回致使构式原型模型。

第六节 致使结构原型的复杂性:来自英语 make 类迂回致使结构的证据

一 引言

动词 make 是一个使用频次极高且用法很复杂的词(Altenberg, 2001),主要用法之一就是用于迂回致使结构(或分析型致使结构)。make 类迂回致使结构主要有三种句法结构(如 Gilquin, 2006a, 2006b, 2010),其中最常见的一种为:[NP_{subj} V_{finite} NP_{obj} $VP_{infinitive}$](Stefanowitsch, 2001: 65),例如:

(31) She$_{[Causer]}$ made$_{[Causative Predicate]}$ him$_{[Causee]}$ type$_{[Effected Predicate]}$ the letter$_{[Affectee]}$.

该迂回致使结构由五个槽位构成,即致使者(she)、致使动词(make)、被使者(him)、结果动词(type)和受事(letter),其中受事槽位只有在结果动词为及物动词时才出现。在实际使用中,这类 make 类迂回致使结构的致使者表现出隐性和显性两种情形,如:

(32) That dress$_{[Causer]}$ makes$_{[Causative verb]}$ you$_{[Causee]}$ look$_{[Effected predicate]}$ overweight.

(33) Might it be possible to make$_{[Causative verb]}$ such a method$_{[Causee]}$ work$_{[Effected predicate]}$ in the case of existential propositions?

为了论述方便,笔者将不考虑致使者隐现特征的情形称之为

[MAKE Y V_{inf}]结构,如例句(31)、例句(32)和例句(33),和将明确带有显性致使者的称为[X MAKE Y V_{inf}]结构,如例句(31)和例句(32)。

Biber(1988,1995)的语域变体(register variation)研究表明,语言结构和决定语言文本产出环境的非语言特征(如语言信道、交际目的等)之间有很强的关联;以非语言特征为标准,口语、笔语两大语域可分为口语对话、学术文本、小说和新闻报刊四大类语体;不同语体在语言使用上有着明显的差异。相关研究文献表明,对迂回致使结构的实证研究未深入调查该结构在不同语体中的使用情况,也没有调查对各槽位因素在不同语体中的偏向效应。因此,本书使用英国国家语料库中口语对话、书面语学术英语、小说和新闻报刊四类不同语体的语料来分析典型 make 类迂回致使结构的使用情况。

二 研究背景

学界对迂回致使结构的研究由来已久,对 make 类迂回致使结构的讨论主要涉及以下视角:(1)从语言类型学角度对致使结构做分类时均提及该结构(如 Comrie,1989:171);(2)用语义学理论来分析迂回致使结构(如 Givón,1993;Kemmer & Verhagen,1994),或比较 make 类迂回致使结构与其他迂回致使结构的异同(如 Quirk,et al.,1985:1205;吴国良,1999),或研究致使动词 make 的多义性(如 Chatti,2011);(3)从语言习得的视角对比调查不同的二语学习者和英语本族语者使用动词 make 的情况(如 Altenberg,2001;Gilquin,2012);(4)从翻译视角分析 make 类迂回致使结构及其在其他语言中相对应结构的特点(如 Gilquin,2008);(5)从历时的角度对致使动词 make 进行考察(如 Hollmann,2003)。Stefanowitsch(2001)则开创性地从构式语法理论出发，以致使动词have、make、get、cause和force为例调查了英语中的迂回致使结构，主要分析了致使事件类型、致使结构和事件类型之间的关系、致使动词的概念来源以及致使/起动替换结构四个方面。Gilquin（2006a）基于语料库对于make、get、have、cause四个动词相关的10个迂回致使结构中的结果动词使用情况进行比较研究，来揭示这些结构在表达意义上的差异，结果显示不同的致使结构依附于不同的结果动词。而Gilquin（2010）对这10个迂回致使结构的异同进行了更为深入的比较，主要讨论这些结构的句法特征、语义特征、结果动词的结构搭配分析、迂回致使结构的原型问题（Gilquin，2006b）、语域对迂回致使结构的影响以及二语学习者对这些结构的习得情况。Levshina, Geeraerts & Speelman（2013）对英语—荷兰语迂回致使结构进行对比分析，认为致使者、被使者和结果动词三个槽位填充词的语义特征就能反映出不同迂回致使结构的概念意义。

就迂回致使结构的语体研究来说，通过对文献的梳理，我们发现，只有Gilquin（2010: 225 - 249）使用500万词次的典型口语语料和500万词次的典型学术英语语料简要地描述了10个迂回致使结构在口笔语语域、3类口语语体和6类学术英语语体中的总体分布，但未涉及小说和新闻报刊语料，也没有对相关槽位特征在不同语体中的偏向效应进行调查。而Levshina, Geeraerts & Speelman（2013: 850）更是提及了考察不同语体的必要性。这就为我们深入研究迂回致使结构在不同语体中的使用情况留下了足够的空间。

三 研究方法

（一）研究问题

本研究主要回答以下三个问题：

（1）典型 make 类迂回致使结构在四种语体中的分布是怎样的？

（2）该结构致使者和被使者的语义特征在不同的语体中表现出怎样的偏向效应？

（3）结果动词的语法语义特征在不同的语体中表现出怎样的偏向效应？

（二）语料来源

本研究所使用的语料均出自英国国家语料库（British National Corpus World Edition，简称"BNC"）。本书采用 Lee（2001）将 BNC 语料划分为口语对话、书面语学术英语、新闻报刊、小说四大类语体的标准，依据 Lee（2002）对 BNC 语料文本按类别特征归类的具体信息，提取出这四类语料的语料文件名称编号；然后从 BNC 总库中分别抽取出这些文件，组建了四个不同语体的语料库，即：口语对话语料库（S_Conv）、书面语学术英语语料库（W_Acad）、小说语料库（W_Fict）和新闻报刊语料库（W_News）。这四个子库共有2050个语料文件，总库容达49905412词次。其中，S_Conv 包含了人口抽样自然对话、广播讨论、采访、公开辩论等8类口语语体，595个语料文件，共计8458665词次；W_Acad 涵盖了人文艺术、自然科学、社会科学、医药、工程技术等6类学术英语语体，505个语料文件，共计15905984词次；W_Fict 由戏剧、诗歌和散文（prose）3类小说语体组成，共计464个语料文件，库容达16194885词次；W_News 共涉及15类新闻语体，有486个语料文件，共计9345878词次。

(三) 语料检索

理论上说,对于像 BNC 这样大规模的语料,我们可以使用 MonoConc 或 PowerGREP 这类具有正则表达式功能的检索工具,利用语料中所提供的词性赋码信息,使用正则表达式(<w\sV\S+> (makes|make|made|making) \s (<w\s\S+> \w+ \s) {0,7} (<w\s-VBI|VDI|VHI|VVI> \w+) 对语料进行检索,再对所得检索行进行人工分拣后就可以得到 Gilquin (2010: 42) 所列的 make 用于迂回致使结构的情形。然而,事实远非这么简单。鉴于自然语言的复杂性和语料文本本身的局限性,有些因素,如口语对话中听话人打断讲话人话语而讲话人之后又接续前言的情形、口语转写文本中出现的有"听不清楚 (unclear)"提示的地方、语料中词性赋码中出现的错误、超过既定检索语境跨度等,都会影响使用词性赋码信息对语料的自动检索,造成检索遗漏或错误。

有鉴于此,为了保证最大限度地检索出当前语料中的相关结构,本研究使用 WordSmith 4.0 的 Concord 检索功能,以 make/makes/making/made 作为中心检索词对语料进行穷尽式检索处理,参照上下文语境信息逐行剔除掉不含有该致使结构的检索行,将所得的以完整句子显示的有效检索行以纯文本形式保存,然后在文本编辑器 Editpad 中手动标注相关参数。

(四) 语料的标注

标注工作围绕致使者、被使者和结果动词三个主要槽位进行。标注参数的选择参照 Gilquin (2010: 108-127),主要涉及 [MAKE Y V_{inf}] 结构的致使类型、致使者和被使者生命度特征和具体语义特征、结果动词的及物性类别,此外笔者增加了致使者的隐现特征、结构的语体特征两个参数。具体的标注参数包括结构的语体类别:是出现在 W_Fict、S_Conv、W_News,还是 W_Acad 中;致使者的隐现特征:有无显性致使者;生命度特征:有生命型还是无生命型；生命度具体语义特征：采用 Lemmens（1998：27：103）基于"移情层级"（empathy hierarchy）对世界事物的分类，即人类、似人类型（机关、团体、组织等）、动物类、有机体类（病菌、昆虫等）、物质实体类和抽象事物类，此外根据语料实际情况增加了模糊性无生命类（如 what、something 等无法确定具体所指的）；致使类型：是诱导型、意志型、情感型，还是物理型致使（Kemmer & Verhagen，1994；Verhagen & Kemmer，1997）；结果动词的及物性（以是否带有直接宾语为判断依据）：及物动词、不及物动词、双及物动词、系动词（如 seem、形容词前的 feel 等）、其他类型动词（比如 toe the line、make do with 等无法将动词直接分离出来的固定搭配用法）。

对致使者和被使者相关参数的标注采用"句内定位，上下文定性"的方法来确定其具体属性。所有参数以代码形式进行标注，代码的提取使用 WordSmith 4.0。在统计方法上，对研究问题(1)采用卡方检验，对研究问题(2)主要采用经过对数转换的单尾二项分布精确检验，对研究问题(3)采用多元区别性共现词位分析法（multiple distinctive collexeme analysis）(Gries & Stefanowitsch，2004)。

四 研究结果及分析

（一）典型 make 类迂回致使结构在四种语体中的分布

对表 5–7 中不考虑致使者隐现特征的 [MAKE Y V_{inf}] 结构在不同语体间的分布进行卡方验证，结果显示具有极其显著的统计学意义（$x^2 = 5803.45$，$df = 3$，$p < 0.001$），表明该结构在不同语体间的分布极不均衡。这一点也可以从其标准化频次的大小对比上得到验证。再对该结构明确带有显性致使者时在四个语体间的分布情况进行考察，统计结果也支持这一结论（$x^2 = 5750.22$，$df = 3$，

$p < 0.001$)。因为致使者隐现特征对该结构在不同语体的分布没有显著影响,下文的讨论将只围绕带有显性致使者的 [X MAKE Y V_{inf}] 结构进行。

表5-7 [MAKE Y V_{inf}] 和 [X MAKE Y V_{inf}] 结构在四种语体中的分布

语体类别	库容（词次）	[MAKE Y V_{inf}]		[X MAKE Y V_{inf}]	
		原始频次	标准化频次（每百万词）	原始频次	标准化频次（每百万词）
W_Fict	16,194,885	6267	386.97	6097	376.48
S_Conv	8,458,665	1133	133.95	1054	124.61
W_News	9,345,878	1024	109.57	988	105.72
W_Acad	15,905,984	676	42.50	642	40.36

总体而言,[X MAKE Y V_{inf}] 结构最常用于小说语体中,在口语对话和新闻语体中使用频率不高,较少用于学术英语语体中。如果将上述四种语体合并为口语（S_Conv）和书面语（W_Fict, W_News 和 W_Acad）两大类语域后再做比较的话,会发现该结构在这两类语域中的分布具有相当显著的差异（$x^2 = 152.24$, $df = 1$, $p < 0.001$),即它常用于书面语中,而较少用于口语中。这一结果完全不支持 Gilquin（2006a;2010:225）所得出的该结构"相对于书面语而言,更常用于口语中"（more common in speech than in writing）的结论。究其原因,笔者认为这主要与本研究和 Gilquin（2006a, 2010）所用的语料类型不同有关。Gilquin（2006a, 2010）所用的书面语语料仅仅包含了约 500 万词次的学术英语,没有涉及其他类型的书面语英语语料。但是书面语语域又是一个很泛的概念,它涵盖了诸多不同的书面语语体（陶红印,1999),学术英语书面语只是其中的一类。所以更准确地说,Gilquin（2006a）2010:225）的结论应该表述为"与书面语学术英语相比较而言,该结

构更常用于口语中"(more common in speech than in academic writing)。如果是这样的话,那么表5-7中该结构在 S_Conv 和 W_Acad 中的分布也是支持这一观点的（$x^2 = 561.74$, $df = 1$, $p < 0.001$）。上述这个对比分析也初步证明,语体因素对语言结构的分布有着一定的影响。所以,如果要对语言结构进行完整描述和研究,语体因素绝不能忽视。

（二）致使者语义特征与四种语体的分布关系

（1）致使者的生命度在四种语体中的分布

根据表5-8提供的原始频次,在不考虑语体区分时对致使者生命度的总体分布进行考察,发现其具有显著的统计学意义（$x^2 = 443.72$, $df = 1$, $p < 0.001$）,这表明该结构的致使者生命度类型特征分布很不均匀,主要以无生命型为主。该结论与 Gilquin（2010:111,234）"该结构致使者多为无生命型"论述相一致,也证明 Givón（1993:9）关于 make 类迂回致使结构的致使者"只能是施事型"的论断还有待商榷。然后,对致使者生命度特征在四种语体中的分布进行考察,发现二者具有显著性相关（$x^2 = 89.02$, $df = 3$, $p < 0.001$）。

表5-8　　　　致使者的生命度在四种语体中的分布

	W_Fict	S_Conv	W_News	W_Acad	合计
有生命型	2245 (-3.01)	520 (+4.48)	439 (+1.75)	199 (-2.14)	3403
无生命型	3852 (+1.83)	534 (-2.89)	549 (-1.18)	443 (+1.22)	5378
合计	6097	1054	988	642	8781

进一步使用单尾二项分布精确检验（one-tailed exact binomial test）对生命度在各语体间的分布情况进行检测,对应的对数转换值均标注在数据表中的括号内（下同）。该值可以说明两点:第一,

某个特征对于某一语体来说是否具有区别性,"+"号表示该特征与某一语体有吸引关系,而"-"号则表示该特征与某一语体有排斥关系。第二,某一特征与某一语体的共现关系是否具有统计学上的显著意义。如果对数转换值的绝对值大于 1.30103,则对应 $p < 0.05$;绝对值大于 2,则对应 $p < 0.01$;绝对值大于 3,则 $p < 0.001$。统计发现,有生命型致使者在四种语体间的对数转换值的绝对值均大于 1.30103,具有显著的统计学意义,说明有生命型致使者在四种语体间的分布极不均衡。从有生命型特征与语体的选择方向来看,有生命型致使者常用在口语对话和新闻语体中,而在小说和学术语体中则很少使用。有生命型特征与语体选择的强度亦分布不均。上述的分析至少证明两点,在形式上,从致使者生命度与语体的选择方向就可以看出,致使者的生命度特征与语体之间存在偏好选择关系;在意义上,当我们考虑语体特征的影响时,就会发现 Gilquin(2010:113)"'强制、胁迫'(coercive meaning)不可能是[X MAKE Y V_{inf}]结构的最普遍意义"的论断是不完整的。基于上述数据分析可以看到,有生命型致使者在口语和新闻语体中出现的倾向性强度均要高于小说与学术英语语体,而无生命型致使者在小说和学术英语语体中出现的倾向性强度都要高于口语和新闻语体。也就是说,有生命型致使者与语体选择的强度就说明了这种意义在不同语体间的强度分布也是不一样的。由有生命型致使者所产生的"强制、胁迫"意义在口语和新闻语体中是更为普遍的,而在小说和学术语体中则不是。Gilquin(2010:113)的推断只能用来解释小说和学术语体中的情形,而无法解释口语和新闻两类语体中的情形。据此笔者推断,不同语体中要表达"强制、胁迫"意义时的机会并不是均等的,这种意义在口语和新闻语体中体现得更为明显,而在小说和学术英语语体中则就弱了很多。[X MAKE Y

V_{inf}]结构是否表达由有生命型致使者所产生的"强制、胁迫"典型意义可能与该结构出现的语体有莫大的关系。如果要更加明确地对不同语体在表达该意义时的不对称性作出解释,就需要对致使者的生命度特征做进一步的分析,从致使者更为具体的语义属性方面来探讨造成这种不对称现象的成因。

(2) 致使者的具体语义属性在四种语体中的分布

在不考虑语体区分时对表5-9中致使者具体语义属性的总体分布进行考察,发现该结构致使者的语义类型分布极不均衡(x^2 = 14917.59, df = 6, $p < 0.001$),

表5-9　　　　致使者的具体语义属性在四种语体中的分布

	W_Fict	S_Conv	W_News	W_Acad	合计
人类	2224（-1.48）	507（+4.60）	380（+0.43）	190（-2.32）	3301
似人类	14（-24.81）	11（+0.28）	56（+29.00）	9（+0.67）	90
动物类	7（-0.53）	2（+0.37）	3（+0.84）	0（-0.40）	12
有机体	1（-1.48）	0（-0.28）	2（+1.00）	2（+1.33）	5
物质实体	505（-0.49）	109（+1.68）	83（+0.29）	40（-1.45）	737
抽象事物类	3109（+3.19）	345（-8.26）	438（-1.04）	367（+1.73）	4259
模糊无生命类	237（-2.28）	80（+5.99）	26（-2.38）	34（+0.88）	377
合计	6097	1054	988	642	8781

致使者主要以抽象事物类（48.50%）、人类型（37.59%）和物质实体类（8.39%）为主。这一统计结果和Gilquin（2010：114）略有不同,但都印证了本章根据表5-8得出的"该结构致使者多为无生命型"的论述。然后,对致使者具体语义属性的分布与四种语体之间的相关性进行验证,发现二者之间存在显著相关（x^2 = 427.73, df = 18, $p < 0.001$）。当我们对致使者语义属性在四种语体中的整体分布进行考察时,就会发现很明显的一点:口语语体中致使者的语

义属性为人类型的所占比例最高（507），其次是抽象事物类（345）和物质实体类致使者（109）；而在其他三类语体中，致使者类型所占比例最高的均为抽象事物类（小说中3109，新闻中438，学术英语中367），其次才是人类型和物质实体类致使者。这也证明了笔者在"致使者的生命度在四种语体中的分布"这一节中关于"不同语体在表达该'强制、胁迫'意义时机会的不对称性"推断有其合理的依据。在口语语体中，由有生命型致使者所产生的"强制、胁迫"意义的确是该结构的典型意义。这个结论一方面说明，如果考虑到语体因素时，前人关于"'强制、胁迫'意义是该结构的典型意义"的论断（如Leech, et al., 1985：1205）有其合理的一面；另一方面也进一步说明Gilquin（2010：113）在不做语体区分时所得结论的不完整性。最后，我们对致使者语义属性的每个类型在四种语体中的偏好分布进行对比分析，发现各个类型的语义属性均表现出不同的语体偏好，且与各类语体的关联强度不同。

（三）被使者语义特征与四种语体的分布关系

（1）被使者的生命度在四种语体中的分布

首先，在不考虑语体区分时，对表5–10中被使者生命度特征的总体分布进行考察，发现被使者"有生命型"和"无生命型"两个维度的特征分布极不均衡（$x^2 = 2586.58$, $df = 1$, $p < 0.001$）。总体上来看，被使者的生命度特征以"有生命型"为主，这与Gilquin（2010：234）的论述相吻合。然后，对被使者生命度的两个维度特征在四种语体中的分布分别进行考察，发现其在除了口语之外的其他三种语体中的对数转换值有显著的统计学意义，说明这两个维度特征的分布与这三种语体之间有着很强的关联，表现出比较明显的语体选择偏好（$x^2 = 161.04$, $df = 3$, $p < 0.001$）。对于生命型被使者，其对数转换值绝对值大于1.30103的情形出现在小说和学术英语两种语体中。从有生命型

特征与语体的选择方向和强度上来看，有生命型被使者常用在小说语体中，而学术英语语体中则很少使用。对于无生命型被使者来说，其在小说、新闻和学术英语三种语体中的分布均具有显著的统计学意义。从无生命型被使者与语体的选择方向来讲，新闻和学术英语两类语体明显对此类型被使者有极强的喜好倾向，而且该趋势在学术英语语体中体现得更为明显；小说语体则对无生命型被使者持极强的排斥态度。

表 5-10　　　　被使者的生命度在四种语体中的分布

	W_Fict	S_Conv	W_News	W_Acad	合计
有生命型	4888（+2.55）	805（-0.36）	695（-1.15）	387（-2.90）	6775
无生命型	1214（-11.84）	249（+0.46）	295（+3.96）	255（+10.67）	2013
合计	6102	1054	990	642	8788

（2）被使者的具体语义属性在四种语体中的分布

表 5-11 中列出了被使者的主要语义特征在各类语体中的分布情况。从不考虑语体区分的角度看，表 5-11 中被使者的各类语义特征的总体分布具有明显的差异（$x^2 = 22575.39$, $df = 5$, $p < 0.001$）。人类型的被使者所占比例最高（75.41%），其次是抽象事物类（11.75%）和物质实体类被使者（11.06%）。这也证实了本书"被使者的生命度在四种语体中的分布"一节中被使者以"有生命型"为主的论述。然后，从被使者的各类语义特征在四种语体中的分布看，语体对于被使者语义特征类型的选择倾向也表现得非常明显（$x^2 = 635.33$, $df = 15$, $p < 0.001$）。表 5-11 中括号内的统计数据也表明，被使者的各类具体语义属性与不同语体的关联强度也是不同的，表现出了明显的语体偏好倾向。

表 5 - 11　　　　被使者的具体语义属性在四种语体中的分布

	W_Fict	S_Conv	W_News	W_Acad	合计
人类	4834（+3.79）	793（-0.31）	636（-2.22）	364（-3.59）	6627
似人类	13（-25.46）	10（-0.31）	50（+23.22）	16（+3.10）	89
动物类	41（+0.25）	2（-1.65）	9（+0.66）	7（+0.85）	59
有机体	3（-1.20）	1（+0.19）	3（+1.29）	1（+0.34）	8
物质实体	701（+1.27）	125（+0.61）	100（-0.68）	46（-2.74）	972
抽象事物类	510（-32.09）	123（-0.31）	192（+9.11）	208（+29.42）	1033
合计	6102	1054	990	642	8788

表 5 - 12　　　　致使类型在四种语体中的分布

	W_Fict	S_Conv	W_News	W_Acad	合计
诱导型	1772（+0.52）	368（+2.75）	272（-0.55）	117（-5.20）	2529
意志型	471（-17.37）	152（+4.80）	167（+9.15）	82（+1.66）	872
情感型	3125（+4.39）	436（-2.11）	423（-1.48）	268（-1.37）	4252
物理型	729（-2.91）	98（-3.08）	126（-0.31）	175（+15.08）	1128
合计	6097	1054	988	642	8781

（四）结构所表示的致使类型在四种语体中的分布

根据 Kemmer & Verhagen（1994）和 Verhagen & Kemmer（1997），致使事件主要有四种类型，即致使者和被使者都为有生命型的诱导型致使、有生命型致使者和无生命型被使者构成的意志型致使、无生命型致使者和有生命型被使者构成的情感型致使，以及致使者和被使者均为无生命型的物质型致使。首先，对表 5 - 12 中在不考虑语体区分时 [X MAKE Y V_{inf}] 结构表示的致使类型的分布进行对比，发现这四种类型的总体分布具有显著性的差异（x^2 = 3294.02，df = 3，$p < 0.001$）。从使用频次高低上看，依次是情感

型致使、诱导型致使、物理型致使和意志型致使。前两种致使类型的总体分布情况与 Gilquin（2010：120）的结论相同，表明该结构主要用于描述物对人的影响以及人与人的互动关系；但后两种致使类型的分布与其不同，则说明该结构主要用于描述物质世界内部的致使关系多于描述人与物质世界的互动关系。其次，数据统计表明，四种致使类型的分布与四种语体有显著的相关性（x^2 = 295.34，df = 9，$p < 0.001$）。Verhagen & Kemmer（1997）认为四种致使类型在所表达的致使直接程度上是不同的，致使直接程度最强的是物理型致使，其次是情感型致使、意志型致使，而诱导型致使表达的是最不直接的致使。而表 5-12 中各致使类型在四种语体中对应的最大正值说明，不同文体中使用 [X MAKE Y V_{inf}] 结构所要侧重表达致使的直接强度是不同的，其中口语语体中偏好使用致使直接程度较低的诱导型致使（+2.75），新闻语体偏好表示直接程度较高的意志型致使（+9.15），小说语体中多用表示致使直接程度更高的情感型致使（+4.39），而表示致使直接程度最高的物理型致使则当仁不让地出现在学术英语语体中（+15.08）。语体因素对语法结构的影响在这里表现得十分突出。

（五）结果动词的词汇语义特征与四种语体的分布关系

（1）结果动词的动词类型在四种语体中的分布

在不考虑语体区分时，对表 5-13 中结果动词类型的总体分布进行考察，发现其具有显著的差异（x^2 = 7269.71，df = 4，$p < 0.001$）。其中使用频次最高的类型是不及物动词（47.72%），其次是系动词（28.40%）和及物动词（23.45%）。这个统计数据所反映出的结果动词的分布趋势与 Gilquin（2010：124）的结论一致。随后，对结果动词类型在四种语体中的分布进行考察，发现结果动词类型与语体之间存在显著性相关（x^2 = 50.84，df = 12，$p < 0.001$），这表明结果动词类型在四种语体中的偏好分布是显著不同的。从结果动词类型

与语体选择的方向和强度上看，及物动词类结果动词与学术英语（+2.38）呈现显著的吸引关系，而与小说体语体（-1.53）则体现为显著的排斥关系。这说明学术语体中结果动词所体现的致使力的延续性要强于在小说中的，学术语体中所反映的致使链要长于其他三类语体，尤其是小说和口语。不及物动词类结果动词与学术英语语体（-1.57）存在明显的排斥倾向。双及物动词类结果动词与各语体选择的强度均未达到统计学显著水平。系动词类结果动词在口语（+1.90）中的选择强度达到显著水平，呈多用的偏好趋势。对于其他类型的结果动词，学术英语（+1.55）和新闻（+1.33）两类语体对其均呈现出明显的吸引趋势，而小说语体（-2.35）对其持排斥态度。该类型动词主要是一些固定搭配的动词短语，比如 toe the line、make do with、fall victim to、hive off 等，动词无法直接从中分离出来。这些短语在语体特征上带有很强的书面语色彩，所以多出现在学术英语和新闻语体中也就不足为怪了。

表 5-13　　　　　　结果动词类型在四种语体中的分布

	W_Fict	S_Conv	W_News	W_Acad	合计
及物动词	1399（-1.53）	244（-0.42）	250（+0.68）	194（+2.38）	2087
不及物动词	2976（+0.55）	552（+1.01）	457（-0.60）	263（-1.57）	4248
双及物动词	9（-0.36）	3（+0.64）	0（-0.72）	2（+0.56）	14
系动词	1804（+1.28）	257（+1.90）	281（-0.35）	186（+0.32）	2528
其他类型	10（-2.35）	3（+0.25）	6（+1.33）	5（+1.55）	24
合计	6198	1059	994	650	8901

（2）结果动词个体在四种语体中的分布

使用标注信息对迂回致使结构中结果动词进行提取，统计数据显示，小说语料中共有 752 个结果动词类符，6198 个形符；口语语料中共有 216 个动词类符，1059 个形符；新闻报刊语料中共有 246 个动词类符，994 个形符；学术书刊语料中共有 201 个动词类符，650 个形符。归并后的结果动词共有 795 个动词类符。从结果动词词汇使用的丰富程度上看，四种语体之间存在显著差异（$x^2 = 329.02, df = 3, p < 0.001$）。表 5-14 列出了每类语体中出现频次最高的前 10 个结果动词，其中四种语体共享的动词有 feel、look、think 三个，从表达的意义类型（Levin，1993）上看，主要表达是心智过程（feel 和 think）和事物现象的出现（look）；三种语体共享的动词有 laugh 和 seem，前者表达人的生理过程，后者表示事物和现象的发生、出现。频次最高的这 5 个结果动词所表达的主体意义与该类迂回致使结构结果动词槽位所表达的典型意义基本吻合（Gilquin，2006a；2010：220）。此外，该表中部分动词似乎也表现出了对某种语体的偏向性，例如意义虚化的动词 do 在小说和口语语料中出现频次就比在其他两类语体中要多。但是单纯对比原始频次无法准确反映出每个结果动词与不同语体间的偏向选择关系，要确定这 795 个结果动词各自在四种语体中的分布性差异，就需要做进一步的数据分析。

为了调查每个结果动词在四种语体中的分布性差异，以此确认其对语体的偏向选择倾向，我们采用了多元区别性共现词位分析法。该方法为构式搭配分析法（collostructional analysis）（有关综述见 Stefanowitsch & Gries，2009）系列统计手段其中之一，最初主要用于考察某个词位与两个结构之间是否存在显著性搭配，进而从具有显著性吸引或排斥的词位上观察相关结构的语义个性特点，后来该方法被用于比较两个以上结构之间的意义差别。而最新相关研究已经将该方法拓展用于调查词位与语体（genre）或语言变体（language variation）的偏好关系，即通过使用该方法来确定同一结构在不同语体或不同语言变体中的不相似程度，前者研究如 Schönefeld

(2013),后者如 Wulff, Stefanowitsch & Gries（2007）。我们使用 Gries（2007）的 R 脚本程序来计算出 795 个动词类符在四种语体中的显著值，结果以对数转换值呈现。计算结果表明共有 111 个动词类符表现出了显著的语体偏向性，表 5-14 列出了四类语体中与典型 make 类迂回致使结构搭配吸引强度最高的 10 个动词。首先，该表数据说明不同语体对不同的动词个体有偏向性喜好，参看每个动词在不同语体中的分布及显著值就可以确认这一点，例如结果动词 sound 在小说语体中的显著值表明，该动词只对该语体有极强的依赖性。其次，依据 Levin（1993）和 Levshina, Geeraerts & Speelman（2013）对表中动词表达的主体意义进行归类，小说语体中主要是表达事物和现象出现意义的动词（sound）、表达生理过程、情绪、情感的动词（shiver, gasp, shudder, smile, water, want）、表示事物状态变化的动词（turn）和运动类动词（jump）；对话语体中有表达生理过程、情绪、情感的动词（laugh, sneeze）、心智类动词（wonder, know）、虚义动词（have, do）和运动类及事物状态变化动词（go）；新闻报刊中有表示所有权变化的动词（pay）、表事物现象出现的动词（look）、心智类动词（realise）、运动类动词（swing）、社交类动词（play）、表所有权变化的动词（win）；学术刊物中的结果动词主要是表事物现象的出现（seem, appear, happen）和表示存在（be, depend, live, behave）的动词。对四类语体中结果动词的意义归类表明，不同语体对结果动词的不同意义类型也表现出了偏好倾向。如果我们将上述各类动词对应的显著值进行相加进而得出每类动词总的显著值的话，每类语体与结果动词不同意义类型的喜好关系就会更加明显。例如，小说语体中表达生理过程、情绪、情感的动词的显著值总和为 24.54，口语中其总和为 22.37，新闻语料中为 3.99，学术刊物语料中为 0。统计结果很明显地表明，结果动词表达的该类意义主要出现在小说和口语中，在学术刊物语料中不具有典型性。同理可以看到，表存在意义的动词在学术英语中所占的比例是最高的，而在小说、口语和新闻语体中则不具有典型性。将上述这两种情形与典型 make 类致使结构的原型意义（如 Gilquin，2006a，2010：220）进行对比就会发现，原型意义在不同语体中出现的概率并不是均等的。这表明，即使是同一个结构，所表达的原型意义也会因语体的不同而有所差异。可见，不同语体对语言结构原型意义的构建有着重要的影响。

表 5-14　　　　出现频次最高的前 10 个结果动词

序号	W_Fict		S_Conv		W_News		W_Acad	
	动词	频次	动词	频次	动词	频次	动词	频次
1	feel	1054	feel	163	look	127	feel	73
2	look	465	laugh	101	feel	105	seem	60
3	think	312	look	87	work	44	work	36
4	sound	208	think	71	laugh	37	look	34
5	laugh	158	go	61	seem	34	appear	29
6	seem	155	wonder	40	pay	31	think	21
7	want	151	work	36	wonder	27	happen	20
8	go	141	do	30	realize	26	meet	13
9	jump	102	pay	15	think	22	see	13
10	do	89	happen	14	meet	18	sound	12

表 5-15　　　搭配吸引强度最高的前 10 个结果动词及其显著值

序号	W_Fict		S_Conv		W_News		W_Acad	
	动词	显著值	动词	显著值	动词	显著值	动词	显著值
1	sound	+8.05	laugh	+19.69	pay	+8.43	seem	+14.42
2	shiver	+6.36	go	+9.08	work	+7.21	appear	+11.00
3	feel	+5.20	wonder	+8.42	look	+5.85	work	+8.21

续表

序号	W_Fict		S_Conv		W_News		W_Acad	
	动词	显著值	动词	显著值	动词	显著值	动词	显著值
4	gasp	+4.73	have	+4.27	meet	+4.77	happen	+6.08
5	shudder	+3.95	work	+3.50	toe	+4.00	conform	+5.93
6	jump	+3.80	do	+3.19	realise	+3.99	meet	+3.90
7	want	+3.59	know	+3.08	swing	+3.13	depend	+3.86
8	water	+3.16	blow	+3.02	play	+2.98	live	+3.17
9	turn	+2.99	sneeze	+2.68	count	+2.98	be	+2.96
10	smile	+2.75	stick	+2.62	win	+2.84	behave	+2.88

五 典型 make 类迂回致使结构和语体、致使结构原型模型的关系

在语言使用中，由于交际场合、交际目的不同等诸多因素，人们会使用不同的语言形式。Biber（1988，1995）对语体的研究表明，使用同一语体的讲话者是在执行相似的交际任务，其语言特征基本上是相似的；而当使用者在不同的语体之间转换时，意味着他们是在不同的环境下产出语言，为不同的目的而使用语言。由此可见，语言形式的选择是受功能驱动的。一个语言结构所能表达的全部意义构成一个可能的意义范畴，而为了实现特定功能所要表达的具体意义则要在具体的产出语境中才能被激活，语体正是提供了一种激活结构潜在语义的途径。对典型 make 类迂回致使结构来说，其在四种语体中的分布总体呈现从典型口语的自然对话到典型书面语的学术语体之间的递减趋势（见表5-7）。这说明在不同语体中该结构在"互动性/信息性生成"（involved vs. informational production）（Biber，1988：128）维度上的不同。该结构用于口语之中时侧重强调会话参与者之间的互动性，主要表现为描述人与人之间相互作用的情形。因此，在口语语体中，致使者和被致使者多表现出

人类型的语义特征就不足为奇了。而在这一点上，其他三类语体则表现出明显不同。如果将每类语体中所占比例最高的致使者和被致使者具体语义属性提取出来加以对比，就会发现小说、新闻和学术语体主要关注的都不是人与人之间的互动，而是抽象事物与人的关系。抽象事物的所指是无生命型的，与其对应的高比例的名词性表达形式也就会载有更多的信息，所以其重点在于信息性的生成。同时，该迁回致使结构在不同语体中也体现出了"抽象/非抽象风格"（abstract vs. non-abstract style）（Biber，1998：152）。这一点不但如上所述体现在不同语体中致使者和被致使者的语义具体属性上，而且也体现在该结构在不同语体中出现的结果动词类型上。在表5-14中结果动词所表达的主体意义的分类中，依据人们的生活体验，存在意义动词的抽象程度要高于表达生理过程、情绪、情感的动词，因为后者是人们几乎时时刻刻都能体验到的。基于上述初步分析，笔者认为，语体只是给语言结构提供了一个可以激活其全部意义中部分意义的具体场所，不同语体对特定语言结构意义的表达具有选择和压制作用，即在不同语体，一个结构的槽位填充词可能只能激活该结构全部意义中的一部分，所以才会出现同一语言结构及其槽位填充词对不同语体的偏向效应。这也说明在研究语言结构时注意使用平衡性语料的重要性，否则基于某一种语体而得出的分析结果可能有失偏颇。这也就能解释为什么Levshina, Geeraerts & Speelman（2013：850）强调考察不同语体的必要性了。

　　前文中对典型make类迁回致使结构三个槽位填充词语义特征在不同语体中的分析对致使结构原型的构建有积极的作用。本章前文提及致使结构的四种原型模型：致使结构顺序象似性模型、弹子球模型、直接操控模型和致使结构的理想化认知模型。上述的第四个模型是明确把单纯词汇式致使动词看作是整个致使词汇范畴的原型，所以此处不对其做讨论。有研究者提出致使结构的原型应该是迂回致使结构，如 Wolff, et al. (2005)。依据 Schmid (2000: 39) "从语料库到认知的原则"，一个结构在文本中出现的频次是对其在人类认知系统中固化程度的例示，一个结构的原型性与其出现频次之间是直接相关的。那么，理论上讲，作为迂回致使结构中比较具有代表性的典型 make 类迂回致使结构在小说、对话、新闻和学术英语四种语体中的分布情况应该均都支持其他三种理论，并且在不同语体间其分布不能有显著性的差异；否则，则说明不同语体确实影响该致使结构原型意义的构成。

致使结构的顺序象似性模型是 Gilquin (2006b) 整合了 Haiman (1980: 516) 的顺序相似性原则和 Langacker (1991: 283) 的动作链理论后提出来的，即迂回致使结构中核心构成要素的排列顺序应该是 "致使者—被使者—受事（如果有受事的话）"。本节讨论的 [X MAKE Y V_{inf}] 结构构成要素的排列顺序完全符合该模型，只是该结构在四种不同语体间的分布有显著性差异（见表5-7）。但象似性模型作为一种上位范畴模型，凭借其强大的概括力也可以用来解释其他结构，如致使移动结构，从而掩盖了迂回致使结构及其构成要素与其他结构诸多不同的特征性问题，无法对致使者和被使者的具体特征做出具体解释。弹子球模型和直接操控模型牵涉到诸多的参数特征（见 Guilquin, 2010: 171），其中主要的就是致使者和被致使者生命度语义属性特征以及结果动词的意义类型。这里笔者采用 Givón (1986: 79) 对原型概念的松散型定义，即 "一个原型不一定具有一个范畴的所有特征，但应具有所有特征中的大多数重要特征"，来进一步探讨该结构原型与其语体分布的关系。弹子球模型主要描述致使者和被使者均为非人类型物质实体类并且相互作用的情形。要证明典型 make 类迂回致使结构在四种语体中的分布都能支持该模型，首先得要证明各个语体中非人类型物质实体类致使者和被使者所占比例均最大，且在语体之间的分布没有统计学意义上显著性差异。但是，表5-9和表5-11中非人类型物质实体类致使者和被使者在四种语体中分布的统计结果都不支持这两点。而直接操控模型着眼于致使者和被使者均为人类型且相互作用的情况。要证明所讨论的这个结构在四种语体中的分布都能支持该模型，关键是要证明各个语体中致使者和被使者均为人类型的情形所占比例均最大，而且在语体之间的分布没有统计学意义上显著性差异。但对表5-9和表5-11中人类型致使者和被使者在四种语体中分布的数据表明，只有口语语料表现出符合该模型的倾向，其他三种语体中致使者和被使者均为人类型的情形所占比例均未达到最大，并且进一步的统计分析也说明该模型在语体间分布的显著性差异是确实存在的。基于对表5-14和表5-15的讨论，如果我们再将结果动词及其表示的主体意义类型纳入弹子球模型和直接操控模型中来讨论，那么语体对结构原型的影响将会更加明显。上述基于不同语体以典型make类迂回致使结构为例对致使原型模型的初步分析也支持Gilquin（2006b：179）的推测："现有的致使原型模型或许不适用于解释迂回致使结构。"由此亦可见，迂回致使结构原型的建立需要更深入的探讨。

  本节只是对典型make类迂回致使结构的致使者、被使者和结果动词三个槽位的个体语义特征在不同语体中的分布情况进行了单音素的分析，没有考虑相关因素的交互效应。在后期的研究中，可以将更多的句法（如致使者和被使者的语法属性、句子类型等）和语义（如致使者和被使者定指性等）因素考虑进来，使用聚类分析的统计手段，建立该结构在四种语体中各自的原型意义，再通过对这种原型意义的比较，来分析该结构在四种语体中的具体语义差异。此类基于不同语体的语言研究对于丰富语言结构原型理论有着一定的意义。

本章小结

本章首先基于约 200 万词次的现代汉语口笔语语料库，选取"使""让""叫"三个动词用于迂回致使结构的情形，来考察文献中提及的致使结构的三个原型模型，即致使结构顺序象似性模型、弹子球模型和直接操控模型，是否能在汉语迂回致使结构中得到验证。文章借鉴 Gilquin（2006，2010）将三种致使模型参数化的做法，对语料库中有效检索行标注了相关参数。统计分析显示，致使结构顺序象似性模型与实证语料的匹配比例为 68.63%，而直接操控模型与之匹配的比例为 8.15%，弹子球模型的匹配比例为 0；不同类型致使动词对不同致使模型的依赖程度也不同。本章认为既有的致使结构模型无法很好地解释汉语迂回致使结构，可以通过构建迂回致使构式来建立其原型模型。

其次，本章以英国国家语料库中口语对话、小说、新闻报刊和学术刊物四种语体约 5000 万词次的语料为基础，调查典型 make 类迂回致使结构整体及该结构中致使者、被使者和结果动词三个主要槽位的填充词在语义、语法属性特征上所表现出来的语体偏向效应，以此来说明致使结构原型的复杂性。根据相关因素的分布频次，使用统计方法计算出了所有因素在各类语体中的相关性强度。统计结果表明，从四种语体上看，典型 make 类迂回致使结构明显多用于小说语体中；从口笔语两大语域上看，其多用于书面语中。致使者和被使者各自的生命度特征、具体语义特征以及其所表达的致使类型在四类不同语体中也表现出明显的语体偏向；不同语体对不同语法类型和意义类型的结果动词有着明显选择偏向。可见不同语体对同一语言结构原型意义的构建有着重要的影响。

与此同时，另外一个问题也必须引起我们的特别关注：有关致使结构的原型问题，不同的学者有着迥然不同的结论。如 Fang & Kennedy（1992）对英语中 130 种表示致使的不同方式的分析，发现使用频率最高、最典型的是致使连接词。而另一些学者则认为词汇致使结构是最典型的致使结构，如熊学亮、梁晓波（2003）认为从数量上看词汇致使用法是英语典型的使役化用法；Song & Wolff（2003）进行的命名实验（naming study）中，被试者在对以动画方式呈现的致使事件的描述中使用的词汇致使结构多于其他任何一种；张京鱼（2004）基于 Comrie（1985：333）的直接约束原则，以心理使役动词为对象，分析了英语词汇使役用法和句法使役用法两者哪个是典型的使役化形式的问题，语料分析证明词汇使役用法是英语典型的使役化用法。这两种观点与 Markman & Wisniewski（1997），沈阳、何元建和顾阳（2001：69）和 Wolff, Klettke, Ventura & Song（2005）将迂回致使结构视为典型致使结构的论断又形成了三足鼎立的对峙局面。如何在致使结构这一大环境中构建有效的迂回致使结构原型模型将是我们未来需要面对的一个全新而又充满挑战的课题。

第六章

构式视角下的迂回致使结构研究

本研究第三、第四和五章的论述都自足性地把"使、让、叫"迂回致使接结构看作是以〔NP_1使$_{cause}$ NP_2 $VP_{effect}NP_3$〕、〔NP_1让$_{cause}$ NP_2 $VP_{effect}NP_3$〕、〔NP_1叫$_{cause}$ NP_2 $VP_{effect}NP_3$〕和〔NP_1使$_{cause}$ NP_3被VP_{effect}〕等语法形式具体表现出来的句式,没有涉及这些迂回致使动词与这些句式本身的关系。基于第五章第五节的讨论,我们可以清楚地发现,汉语学界对迂回致使结构句式本身致使意义的关注由来已久(吕叔湘,1982;刘永根,2000a,2000b;陈昌来,2003;张恒,2011;胡建华、杨萌萌,2015)。本章拟以认知构式语法(Golgberg,1995,2000)为理论出发点,讨论将传统研究中所谓的纯致使动词(如"使""叫""让"等)和非纯致使动词(或显性使令动词)放在迂回致使构式框架进行统一描写的可行性。

第一节 迂回致使结构的图式构成

致使概念是建立在人类自身的生活经验和身体体验之上,是人们对于致使因果关系范畴化和概念化的最终结果。在客观世界里,致使行为本质上事关力的传递。比如人们玩扔飞碟的游戏,当用力把飞碟扔出去,飞碟在空中会有短时间的飞行,这就形成了致使行为。在这一事件中,人是致使事件的发动者,飞碟是致使力的受体,飞碟受力驱动后在空中滑行是发生的状态变化。此类致使事件普遍存在于客观世界中。通过人们重复的体验和感知,形成一种经验模式,人们逐渐认知到了此类致使行为的共同属性,并在此基础之上将此类行为范畴化,从而形成了致使行为的认知范畴。这类范畴主要表达"致使者通过致使之力使致使受体发生某种变化的结果"。致使范畴表现为一种"驱动图式",驱动图式包含了四个基本要素和至少两个事件(见图6-1)(周红,2004:22),这是对广义致使事件所作的描述。基于致使结构的这种驱动图式,可以观察出迂回致使结构所表示事件的组成要素。迂回致使事件通常包括了致使事件和结果事件,其中致使事件包括致使者、被致使者和致使力,结果事件包括了被致使者、结果动词和受事。我们根据迂回致使结构的构成要素图和顺序象似性(Haiman,1980:516),就能得到迂回致使结构的原型性概念结构,即:

致使者→致使力→被致使者→结果动作(→受事)

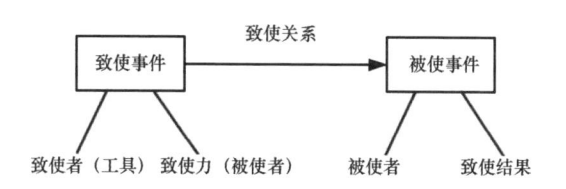

图6-1 驱动分解图

在迂回致使事件概念结构中,共有五个认知成分在起作用,即致使者、致使力、被致使者、结果动词、受事。前四个成分为必选性的,最后一个为可选性的。它们一起定义了完整的迂回致使事件框架。通常情况下,这个框架内的组成要素形成"致使者→被致使者→受事"的致使顺序链。认知主体在描述致使概念化对象时,都会从顺序(Langacker,2008b)的角度对迂回致使事件框架内的要素进行概念化。在进行顺序扫描时,认识主体会开启注意力视窗(windowing of attention),将致使事件框架内这三个组成要素逐一纳入概念化的范围。认知主体在开启注意力视窗时会凸显事件框架中的特定部分,而在隔断(gapping)过程中,组成事件框架部分的概念内容会被背景化。前者通常表现为我们常见的迂回致使结构的主动语态表达,或者受事提前成为话题,后者则经常涉及结果动词为被动语态的表达,或者被致使者省略等。

第二节 汉语致使结构中动词的意义和句式的意义

认知语言学家认为,世界上的万事万物是按照一定的层次被分类和范畴化的,范畴具有不同的等级,包括上位范畴、下位范畴和基本层级范畴。其中基本层次范畴是完型感知、身体运动能力和形成丰富意象能力的集合体(Lakoff,1987a:267),信息量最多(Evans & Green 2006:260),从人类的范畴认知来说,该层次上的范畴化最为重要(Rosh et al. 1976)。那么,在句子框架范畴,动词"使、让、叫"是不是只能用于迂回致使结构呢?它们所具有的致使意义到底从何而来呢?

我们对这三个词在 LCMC 和 CCSC 语料库中的使用情况进行了统计,动词"叫"出现的 2124 次中,用作迂回致使结构的只有 433 次,占 20.39%;动词"让"共出现了 2694 次,其中 2252 次用在迂回致使结构中,占 83.59%;动词"使"共出现 1594 次,其中 1290 次用在迂回致使结构中,占 80.93%。由此可见,动词"使、让、叫"并非一定用在迂回致使结构中。特别是动词"叫",

它用在迂回致使结构中的比例远不及动词"使""让"。

我们先以动词"使"为例来看它在句中致使义的来源。刘永耕（2000）认为，动词"使"在例句（1）和例句（2）中的致使义是词汇义，也就是其本身的意义，因为动词"使"的基本词汇义是"致使"。持类似观点的还有范晓（2000：146）、宛新政（2004）和周红（2004）等。根据《现代汉语词典》（第五版）（2005：1241），动词"使"的释义有三项：1）派遣、支使；2）使用；3）让、叫、致使。可见，动词使的"致使义"并非这个动词唯一的义项。在这种情形下，按照刘永耕（2000）的逻辑进行推理就出现了一个问题：动词的"使"有三个义项，可为什么在例句（1）和例句（2）中选择了表示的致使义，而不是其他两个义项的意义呢？是什么决定了只能选择这个动词的"致使义"？理论上说，动词"使"的三项基本词义都有资格进入这两个例句，但实际上却不是。同理，如果承认动词"使"的基本义是"致使"，那么，为什么例句（3）的动词"使"没有表达"致使"的意义？显然，这种将致使义产生的根源直接归到动词自身意义的做法是很牵强的。

(1)（当时，是）我使他爬出了雪坑。（刘永耕，2000）

(2)（那天，是）马使他冲过了河。（同上）

(3) 你再好好使把劲吧。

同样的情况也发生在动词"让"和"叫"上。《现代汉语词典》（第五版）（2005：688）将"叫"当动词使用时的意义解释为：1）人或动物的发音器官发出较大的声音，表示某种情绪、感觉和欲望；2）招呼，呼唤；3）告诉某些人员（多为服务行业）送来所需要的东西；4）称为；5）使，命令；6）容许或听任。动词"让"在《现代汉语词典》（第五版）（2005：1139－1140）的意义包括：1）把方便或好处给别人；2）请人接受招待；3）索取一定的代价，把财务的所有权转移给别人；4）指使、容许或听任；

5）避开，躲闪。对于动词"叫"，在例句（4）中明显含有"容许"的意义，在例句（5）中表示"致使"的意义。对于动词"让"，在例句（6）中表示"允许"，在例句（7）中表示"致使"。对于这些有多重义项的动词来说，如果只将其在句子中的意义归结于动词自身意义，那就需要去解释为什么是选择此义项而非彼义项。

（4）他不叫我去，我偏要去。
（5）你这事确实叫我无语了。
（6）他不让我去，我偏要去。
（7）你这话让我感觉很难堪。

除了动词"使、让、叫"之外，还有其他动词的使用实例证明将致使义的产生直接归于动词自身义的做法是欠妥的。根据词典的释义，动词"带累"的意思是"使（别人）连带受损害；连累"。在例（8）中，该动词表示出了明显的"致使"意义。我们在北京语言大学 BCC 语料库①的 30 亿字文学语料中对该动词的使用情况进行了统计，发现该动词共出现 263 次，其中用在像例句（8）[$N_1\ V_1\ N_2\ V_2$]一样句式的情形只有 41 次，例句（9）就是其中一例。这也说明这个动词并非主要用于迂回致使结构中。对于例句（10）中的动词"领"，它的基本意义是：1）带，引；2）领取；3）接受。这些义项都不表示"致使"意义，但在例句（10）中，该动词表示出了"致使义"。同样，为什么该动词的基本义项没有在这个句子中得到体现，反而获得了额外的"致使义"呢？再比如例句（11）中的动词"拉"在《现代汉语词典》（2005：804）中的义项有 12 个：1）用力使朝自己所在的方向或跟着自己移动；2）用车载运；3）带领转移；4）牵引乐器的某一部分使乐器发出声

---

① 北京语言大学 BCC 语料库的详情参见：http://bcc.blcu.edu.cn/zh/cid/1。

音；5）拖长，使延长；6）拖欠；7）抚养；8）帮助；9）牵累，拉扯；10）拉拢，联络；11）组织（队伍、团伙）；12）招揽。例句（12）中的动词"驮"的意义是"用背部承载人或物体"。从动词义项上看，"致使义"都不是动词"拉"和"驮"的基本词汇义，但在例句（11）和例句（12）中，这两个动词却有明显的致使意义。在例句（8）~例句（12）中，动词"带累""领""拉"和"驮"所含有的致使义都不是这些动词固有的词汇意义。如果这些意义不是来自动词本身，那就只能是来自句式，即这些动词的致使意义是由 [$N_1\ V_1\ N_2\ V_2$] 结构所赋予的句式意义。

（8）你这一高兴，又要带累我们挨骂了。（吕叔湘 1982：94）

（9）船身忽然一侧，他没拉住栏杆，险的带累鲍小姐摔一跤。

（10）你要能领我见一见，我是求之不得。（吕叔湘 1982：95）

（11）我拉他爬出雪坑。（刘永根 2000：95）

（12）马驮他冲过了河。（同上）

从上面这些例子可以看出，比起词典里所描述的动词的各类意义，实际使用中动词的意义内涵要丰富得多。动词本身作为构式的一种存在形式，也是形式和意义的结合体。Goldberg 认为动词自身的意义与特定的高度结构化的事件框架或场景有关。这些框架涉及人们对客观世界的百科知识、常识等。同时，动词也是具有论元结构的构式（张建理，2008）。所以在与不同的构式发生联系时，动词的语义框架与构式的语义框架存在着能匹配或不能匹配的两种情形。动词本身与句法结构互动的是动词的语义结构，而动词的语义内容通常处于静止状态。当动词与特定句式产生互动时，原本处于静态的动词的语义内容会被临时提升到了句式层面，从而参与句法语义界面的互动（熊学亮，2009）。例如动词"驮"，它的语义结构就是 [Agent V Patient]，包含了两个语义论元，语义内容是

"（某人或某物）用背部承载人或物体"。当动词"驮"进入句式 [N_1 V_1 N_2 V_2] 时，与该句式互动临时产生了 [Agent 驮 Patient V_2] 的语义论元组合，这种由于句式和动词互动而产生"整体不能从部分中预测出来"的情形，就是构式增效（Goldberg，1995）。句法图式 [NP_1 V_1 NP_2 V_2] 是宏观构式或上位构式，是原型的体现，而 [NP_1 使 NP_2 V_2]、[NP_1 叫 NP_2 V_2]、[NP_1 驮 NP_2 V_2]、[NP_1 拉 NP_2 V_2] 等是该句法图式的拓展体现，是下位构式。上位构式有多种语义论元组合的可能，具有一形多义的潜能，而下位构式只是一个特定结构与特定语义论元组合而形成的单一配对语言单位，不具有多义性。上位构式中的动词虽然有被其他动词代替的潜能，例如把例句（12）的动词"驮"换成"拖"，于是就有了"马拖着他冲过了河"。虽然句式中相关槽位的填充词换了，但是该句式的语义论元仍然是 [Agent V_1 Patient V_2]，动词"拖"原有语义结构是 [Agent 拖 Patient]，与迂回致使结构句式 [Agent V_1 Patient V_2] 互动产生新的 [Agent 拖 Patient 过河] 语义组合。

观察上述除了例句（3）之外的其他 11 个句子我们还会发现，它们具有共同的句子形式，即 [NP_1 V_1 NP_2 V_2]，唯一不同的就是动词"使、让、叫"本身具有致使义，而"带累、领、拉、驮"自身并没有致使义。前一类动词所具有的自身意义比较抽象和概括，而后一类所表示的意义则比较具体。这几个动词按照其是否具有致使义大致分为三类：第一类，动词本身具有致使意义，如"使"；第二类，动词本身具有潜在性致使意义，如"叫、让"；第三类，动词本身不具有致使意义，如"连累、领、拉、驮"；但是当这些词出现在句式 [NP_1 V_1 NP_2 V_2] 中时无一例外都获得了致使义，这绝对不是一种巧合。如上所推测的，这种致使义来自句式 [NP_1 V_1 NP_2 V_2]。自身就有致使义的动词进入该句式后，动词义与句式义相融合；自身没有致使义的动词进入该句式后，动词受到句式意义的影响而产生致使义。当第一类动词出现在［NP_1 V_1 NP_2 V_2］句式时，句式意义和动词意义都可以被预测到；当第二、三类动词出现在［NP_1 V_1 NP_2 V_2］时，句式意义不能被完全预测。当这三类动词进入上位构式［NP_1 V_1 NP_2 V_2］，会形成不同的下位构式。自身意义抽象的所谓致使动词成为构式的中心句式，而自身意义非抽象的使令动词或其他动词则成为构式的扩展句式。这种情形既满足了构式具有系统传承特性的标准，又体现出了构式与动词互动产生构式变体句式从而获得意义增值的特性，完全符合构式的定义特征（Goldberg，1995，2003，2006）。所以，我们有理由将此类句式放在迂回致使构式的视角下进行考察。

第三节 汉语迂回致使构式的类型

一 他山之石：英语迂回致使构式事件类型

对英语迂回致使结构的界定通常都遵从 Shibatani（1976），即该结构表示"在时间顺序上，原因事件发生在前，结果事件发生在后；结果事件完全依附于原因事件而出现，如果没有原因事件，结果事件也就不会产生"，常用迂回致使动词主要有 cause 和 make 等。根据这个定义，迂回致使结构的建立要同时满足两个条件：结果事件因为原因事件的作用必须发生；迂回致使动词是数量上有限的一些致使助动词，如 make、cause、let、have 等。前一个条件属于语义概念层面，后一个条件属于动词语义层面。按照此定义，像例句"I told John to go."这样的句子就不能算作迂回致使结构，原因有两个：其一，即使有原因事件"我已经告诉 John 要他去"，但结果事件"John 去"不一定发生；其二，动词 tell 是一个表示人际情感操控的言语类动词，具有自身意义，并非致使助动词。但在随后对迂回致使结构的研究中，不同学者在对待 Shibatani（1976）所确立的这两个标准时出现了十分明显的变化。如 Talmy（1998，2000）基于力量—动态模型按照力量的施加、对施加力量的抵抗、对抵抗力量的克服、力的阻碍及消除等维度将致使结构分为致使类、准让类、阻止类、帮助类等，并将另外一些动词（如 permit、forbid、require 等）纳入迂回致使结构中。例如：

（13）You permit me to go to the playground.（Talmy，2000：445）

跟 Shibatani（1976）对迂回致使结构的定义对比就会发现，这个例句有两个显著特点，除了 permit 用作迂回致使动词外，另外一个特点就是该句所提及的结果事件不一定发生。显而易见，按照一般思维，"你准许我去操场"并不意味着"我最终去操场了"，"我"可以自主选择"去操场"或"不去操场"。而 Wolff & Song（2003）和 Wolff（2003）按照被致使者对于结果发生的倾向、致使者与被致使者之间对致使力顺应的方向、致使结果是否发生三个维度将英语迂回致使结构分为三类（即 CUASE 类、ENABLE 类和 PREVENT 类），并将英语迂回致使动词扩展到 49 个（即 allow、block、cause、enable、force、get、help、hinder、hold、impede、keep、leave、let、make、permit、prevent、protect、restrain、save、set、start、stimulate、stop、aid、bar、bribe、compel、constrain、convince、deter、discourage、dissuade、drive、have、hamper、impel、incite、induce、influence、inspire、lead、move、persuade、prompt、push、restrict、rouse、send、spur）。这些迂回致使动词蕴含或强烈暗示着一个结果的发生，而在 PREVENT 类型中，致使者没有介入时原本会发生的结果由于致使者的介入不会发生，从而将致使结果不发生的情形也包括了进来。对于这类迂回致使动词判定依据的标准是：如果否定一个动词其蕴含的结果状态会导致语义矛盾时，则认为该动词蕴含着一个结果。如在例句（16）～例句（18）中，对例句（14）和例句（16）的结果事件进行否定后,造成了语义表达上的矛盾,而在例句(18)中,对结果事件进行否定后,没有造成语义表达上的矛盾,所以动词cause 和 prevent 就是迂回致使动词,而 beg 则不是。由此可见,对迂回致使结构结果事件的描述和判定大致经历了一个"结果事件必然出现"——"结果事件可能出现"——"结果事件不能出现"的变化过程。当初,Shibatani(1976)将这种致使关系的建立基本上都放在了依赖致使助动词,所以,一旦这些所谓的致使助动词发生拓展,则新的致使语义情形就会出现。

(14) The blast caused the boat to heel. (Wolff & Song, 2003: 286)

(15) The blast caused the boat to heel, but the boat didn't heel. (ibid.)

(16) The rain prevented the tar from bonding. (ibid.)

(17) The rain prevented the tar from bonding, but the tar bonded. (ibid.)

(18) Mary begged Bob to marry her, but he didn't marry her. (ibid.)

Stefanowitsch(2001)则开创性地以构式语法为理论框架来讨论英语迂回致使结构,该文主要讨论英语中迂回致使构式四种类型产生的动因以及特定迂回致使动词与特定不同补语类型共现的成因,涉及的迂回致使动词共有 13 个(即 make、have、send、leave、set、force、get、push、lead、drive、move、cause、bring)。在建立迂回致使构式时,作者在及物构式(transitive construction)的基础上添加了两个新元素:一个是构式整体意义层面增加的"CAUSE",一个是独立谓词论元槽位 D. PRED(dependent predicate)(见图6-2)。该构式具体确定了一个谓语动词(CAUSE)来表示"致使(去做)"。在语义上,该构式包含了致使者、被致使者和结果事件；在语法上，这个构式依次将致使者、被致使者和结果事件投射到了 A（Agent as Subject）、O（Patient as Object）和 D. PRED 上。在此基础上，其他任何一个迂回致使结构都可以继承该构式，包括特定的迂回致使动词和特定的补语构式，从而被视作是迂回致使构式的一个具体例证。迂回致使构式具体有三种类型，即操控型（the MANIPULATE configuration）、触发型（the TRIGGER configuration）和促使型（the PROMPT configuration），各类型的具体表现形式依次是：[SUBJ$_{intentional}$ VERB$_{Causative}$ OBJ$_{in.\ control}$ D. PRED$_{activitiy}$]、[SUBJ VERB$_{Causative}$ OBJ D. PRED$_{inf involuntary}$] 和 [SUBJ$_{event}$ VERB$_{Causative}$ OBJ D. PRED$_{activity}$]。

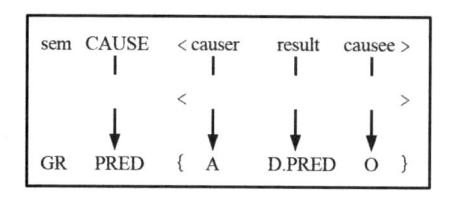

图 6-2 迂回致使构图式

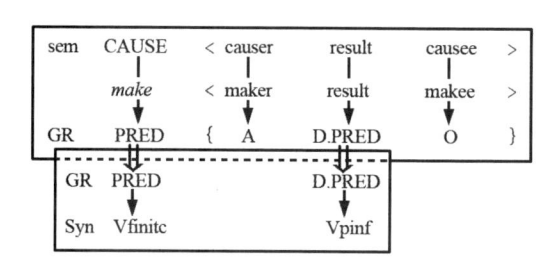

图 6-3 [NP$_{subj}$ MAKE NP$_{obj}$ VP$_{infinitive}$] 构式

例如图 6-3 是以叠加图框的形式表示出了 [NP$_{subj}$ MAKE NP$_{obj}$

VP$_{infinitive}$〕构式是如何形成的。

这种基于新的理论视角对迂回致使结构的讨论确实让人耳目一新。但是我们注意到,该文中的某些论述还是有值得进一步探讨的空间。一方面,Stefanowitsch(2001:39-40)认为迂回致使结构的致使事件是非具体性的(non-specific),即迂回致使动词没有明确细化构成致使事件动作的具体特征;另一方面,他又认为非具体性动词和具体性动词之间的区别并不是绝对的,比如,动词迂回致使动词 persuade 和 convince 就比 make 和 cause 在语义特征上更具体。作者并没有提及用来区分非具体性动词和具体性动词的标准到底是什么。此外,我们观察作者提及的这 13 个迂回致使动词就会发现,这些动词大致可分为两类:动词本身具有致使意义(如 make、cause)和动词本身具有潜在性致使意义(如 bring、move、send)。对于第一类动词来说,构式中的新增核心要素"CAUSE"的理由比较充分,是因为这些动词本身就具有致使意义,或者说是语义上已经被漂白了的致使助动词,"CAUSE"作为这些典型迂回致使动词的一个共同语义因子被添加到句式里面的这种操作是比较正常的。这些动词出现在迂回致使结构中时,由于其本身存在典型的致使意义,所以,完全可以从组成要素的意义上预测到整个构式的意义。在这种情形下,构式的整体意义等于各个要素的意义之和。我们特别感兴趣的是第二类动词,如 bring,这个动词与常用的迂回致使动词 make、cause 等明显不同,它表示的概念意义要具体得多。动词 bring 常用来表示以使用物理力量的方式直接操控某物,通过该物在空间上的移动,最后到达某个地方(或某人),即表示"X 致使 Y 移动 Z";而在双及物构式中,动词 bring 则通过隐喻的方式表达一种所有权的转移(Goldberg,1995)。由此可见,动词 bring 所具有的"致使力"只是一种隐喻方式的概念操作,就像 Stafanowitsch(2001:248-249)所说的,迂回致使动词 bring 其语义部分来源于表示空间移动的动词 bring，是使用"致使就是参与者的被迫性移动（Causation is forced motion of participants）"概念隐喻操作的结果。在 bring 作为致使动词的迂回致使结构中，整个结构的致使意义显然不是组成要素的意义之和，无法直接从其构成要素上获得。这里就出现了一个明显的问题：用作迂回致使动词 bring 的其他部分语义来自什么地方呢？如果不是来自动词 bring 本身表操控的意义，那用作迂回致使动词的 bring 其致使意义的来源就只能是来自句式或构式本身。或许这就是为什么在图 6-2 和图 6-3 中都有一个"CAUSE"的原因。换句话说，即使不是像 make、cause 那样直接表达致使概念的动词用到这个结构中，也会产生出现致使的意义。从这个分析上来看，Stefanowitsch（2001）的讨论已经远远离开了 Shibatani（1976）当初对迂回致使动词的界定，开始从句式层面来探讨迂回致使意义的产生，从而将迂回致使结构的研究进行了大幅的拓展。

如果 Stefanowitsch（2001）已经建立的这个迂回致使构式模型成立，那么它就能用来对前人所提及的迂回致使动词进行描述。我们以例句（13）和例句（16）为例，使用 Stefanowitsch（2001）的构式框架对其进行简要分析，以此证实一下这个图式框架和三种类型是否能解释这两个例句的情形。在例句（13）中，致使者"you"的主观意图比较明显，"permit"本身的词义含有致使者的"意图型致使"，但其所表示的致使力的程度比"make、cause"要弱，从而减弱了构式本身"CAUSE"的力度，被致使者不在致使者的完全掌握之中，虽然致使结果是表示被致使者可实际操控的活动类动词"go to the playground"，但该结果可能出现，也可能不出现。该句的要素特征与迂回致使结构的三种类型不完全符合，无法根据图 6-2 中"result"和"D. PRED"之间的匹配关系直接得出。在例句（16）中，致使者"the rain"具有事件类型的特征，致使动词"prevent"虽然含有较强的致使力,但在该力传递过程中,出现了致使者和被致使者之间的竞争,最终被致使者失去了对结果事件的控制权,导致被致使者所倾向的结果事件没有出现。同样,例句(16)所表示的情形与迂回致使构式的三种类型不完全符合,图6-2中"result"和"D. PRED"之间的直接匹配关系无法在这里得到体现。可见,Stefanowitsch(2001)所建立的迂回致使构式及其三种类型还是基于太过强调致使者能够控制被致使者(动词致使意义强度高)及其结果发生的必然性,强调致使力沿着"致使者→被致使者→受事"以直线形、无阻碍的方式传递,所以这种构式框架还是存在解释力不足的问题。

二 从英语迂回致使构式模型看汉语迂回致使结构

Stefanowitsch(2001)的迂回致使构式事件模型能用来解释汉语中的迂回致使结构吗?下面我们以汉语典型迂回致使动词"使""让"为例来逐个进行分析。在"使"字迂回致使结构中,例句(19)中的致使者是"店员",被致使者是"顾客",致使者针对被致使者的意图明显,被致使者在致使者的掌控之中,结果动词"浏览"表示"通过感知从外部世界获取知识"的物质行为动作。这些要素的特征符合与操控类的一致,所以例句(19)属于典型的操控类迂回致使构式的示例。在例句(20)中,致使者和被致使者"各国"虽本身不具备有生性的特征,但由于"各国"是由"人"组成的这一特性,它可以以转喻的方式获得有生命性的特征,致使者和被致使者之间存在可控制的关系,结果事件"作出承诺"表示一个具体的表言语行为的动作,所以该句子也属于操控类的迂回致使构式的表达。例句(21)中,致使者是"驾驶员",被致使者是"自车",致使者针对被致使者的意图清晰,对被致使者"自车"的控制关系比较明显,被致使者在语义特征上表现出了非有生性的特征，这似乎与操控类的特征要求相违背，但我们仔细观察这个句子就会发现，"自车"与"驾驶员"之间在概念上存在很大的关联性，因为"驾驶员坐在自己的车里"，"驾驶员"可以被视为是"自车"的一部分。在这里，"自车"通过转喻的形式用来指"驾驶员"，结果事件中的"保持车间距离"也就意味着"我通过操控车来使我保持与前车距离"。所以例句（21）是非典型的操控类迁回致使构式示例。例句（22）和例句（23）属于典型的触发类迁回致使构式。例句（22）和例句（23）中的致使者（"这件事情"和"脏器组织中毛细血管的有效数量减少及阻力增大"）具有事件型特征，被致使者"我"和"组织血流量"分别是有生性实体和无生命型抽象事物，结果事件中的心智动词"认识"和"减少"都表示一个无意识的、非可控的过程。相比之下，例句（22）和例句（23）就是非典型的触发类迁回致使构式表达。在例句（24）中，"她"不是事件型的致使者，而是属于人类型的施事型致使者，并且该致使者的致使行为不含有意图性质。和例句（24）不同，例句（25）中除了致使者是人类型的施事型致使者外，由于医生职责的要求，"医生"努力引发"转危为安"结果的意图性十分明显。例句（26）和例句（27）属于典型的促使类迁回致使构式。用作促使起因的"周恩来同志义正词严的雄辩"和"一个偶然的机会"均属于事件型致使者，此类致使者没有引发结果事件的意图，结果动词多为表活动的物质行为类动词。

（19）正在工作中（不要专心一意地等待顾客上门）的店员，会使顾客安详地浏览各种商品。

（20）各国应通过一个《持续性全球宣言和盟约》，使各国对世界道德准则作出承诺。

（21）在此路段上行车，驾驶员必须参考车间距离确认标志，使自车始终与前车保持标志规定的车间距离。

（22）这件事情使我认识到了问题的严重性。

（23）脏器组织中毛细血管的有效数量减少及阻力增大，使组织血流量减少，易发生组织器官的营养障碍。

（24）她使我想起故事里的小瘌子把私房钱藏在嘴里。

（25）医生准确地做出诊断，几分钟后就把病人送到了手术室，使病人转危为安。

（26）周恩来同志义正词严的雄辩，使对方理屈词穷，恼羞成怒，气急败坏地叫嚷："对牛弹琴！"

（27）一个偶然的机会，使鞍钢人改变了初衷，踏上了风险之路。

在"让"字迂回致使结构中情况就有点复杂了。例句（28）中有两个事件参与者"他"和"弟弟"，"他"想让"弟弟""读书"，致使者的意图性很明显，被致使者也处在致使者的控制范围，因为"读书"对被致使者"弟弟"本身有益无害，基于人类趋利避害的共性，"弟弟"会执行"读书"这一动作。例句（29）中，致使者和被致使者分别是"牛郎"和"老牛"，致使者对被致使者施事结果动作"休息"的意图很强，"牛郎"对"老牛"施加了控制力，最终"老牛"完成结果事件"休息"。故此，例句（28）和例句（29）是典型操控类迂回致使构式示例。例句（30）和例句（31）都属于触发类迂回致使构式。在例句（30）中，"小岚淡淡的语调"是典型的事件型致使者，而被致使者"余宏"是人类型的事件体验者，致使结果事件所涉及的是一个表示心智过程的动词，致使者和被致使者均对结果事件没有意图性的控制。与例句（30）相比，例句（31）唯一不同的就是致使者是表示人类型的。可见，例句（30）属于典型的触发类，而例句（31）属于非典型类。例句（32）中，致使者属于无意图性的事件型，被致使者对致使者相关的事件有感知，并通过自身执行结果事件动作"欢度"来对致使者进行回应。这属于典型的促使类迂回致使构式。至此对于"让"字迂回致使结构的讨论似乎表明，Stefanowitsch（2001）的迂回致使构式模型可以完全用来解释汉语的此类结构，但从例句（33）～例句（35）看，实际情况则并非如此。在例句（33）中，致使动词"让"虽然含有表意图性意义，但其意义要弱于例句（28）～例句（32）中的动词"让"，表达了"允许"类的意义，并且在该句中致使者"她丈夫"对被致使者"她"缺乏控制，导致"搬出去"的结果事件可能发生，也可能不发生。结果如果不发生，就无法在图6-1"result"和"D. PRED"之间建立直接的对应关系。所以例句（33）后续表达就可能有两种情况："（她丈夫）于是写信让她搬出来，可是她就是不搬。"或者"（她丈夫）于是写信让她搬出来。后来她找到房子搬出来了，但孤身在外，寂寞和孤独也常常令人窒息。"类似情况也出现在例句（34）和例句（35）中。在这种情况下，我们就面临着一个两难问题：表"允许"的"让"字迂回致使结构和表"致使"的"让"字迂回致使结构是不是属于同一个迂回致使构式？无论对这个问题的回答是"是"或"不是"，都说明Stefanowitsch（2001）对于迂回致使结构有三种类型的说法值得商榷：如果是，Stefanowitsch（2001）的三种分类无法给这两个句子提供解释；如果不是，需要说明为什么结构上如此一致的两个句式不属于同一构式。

（28）学期结束前，他突然宣布不参加考试，因为他觉得自己已经是作家，而且家庭经济困难，决意自动退学，好省些钱让他弟弟能在清华大学读到毕业。

（29）（他［牛郎］白天上山打柴……）夜晚就让老牛在车旁休息，自己就睡在车上。

（30）小岚淡淡的语调总是让余宏感到不容置疑。

（31）夫："我是想让大家都知道，不是我在打你。"

(32) 然而,十月里的一声春雷让中国人在这个月的下旬欢度了不是国庆日的国庆。

(33) 消息传到她丈夫耳朵里,他不禁怒发冲冠,心想,孤男寡女住在一起还会有什么好事?于是连连写信让她搬出。

(34) 你让不让人吃饭啊,不让人吃就算啦!

(35) 我实在想让你好好地烧一顿晚饭吃吃。

我们应该注意到,从语言类型学的角度来说,致使动词本身也有其模糊性,即使就是典型的迂回致使动词,在不同的语言中其涵盖的意义也并非像英语中的"make、cause、have"那么单一。如在荷兰语中,动词"laten"常用于迂回致使结构,但其所表示的意义跨度较大,涉及"强制性(coercive)致使"到"使能(enabling)、允许(permission)"(Levshina, Geeraerts & Speelman, 2013)。当这类致使动词用于迂回致使构式时,出现理论解释不足的情形也就不足为奇了。

结合前文对英语中"make、cause、bring、permit"和荷兰语中"laten"的初步分析,我们大胆推测:迂回致使动词在其表达的"致使意义"上存在一个由强到弱的连续统分布;同时,迂回致使构式所表达的"致使"意义存在一个由强到弱的连续统分布(见图6-4)。意义越概括的致使动词,由其动词语义框架所决定的动词本身论元结构越趋于与迂回致使构式本身的论元结构一致,所以,该动词进入此类构式后,表达的意义与迂回致使构式本身的意义相吻合,被致使者顺应致使者的致使之力,所体现出的致使性就越强,在这种情形下,构式意义可从组成要素意义上直接获得,并且能保证其致使结果事件一定出现。对于表达更加具体意义的动词来说,当动词语义框架所决定的动词本身论元结构与迂回致使构式本身的论元结构不一致时,构式会以给动词增加新论元的方式来压制动词,使动词适合构式的论元要求,此时,构式自身的意义受到动词意义的干扰或会有所削弱，在致使动词本身致使意义较弱的情形中，构式意义变成一种"意图性的致使意义"，构式意义的主要作用在于让被致使者知道、了解或感受到致使者的这种意图，结果事件在实际中可能出现，也可能不出现。这种迂回致使动词和迂回致使结构原型范畴观其实也散见于其他研究者的论述中。前者如 Shibatani（1976：32）谈道，英语的迂回致使结构在意义具体程度（degree of specificity）的表达上是有差异的。例如，cause 迂回致使结构所表示的语义就没有 make 和 have 迂回致使结构所表达的具体，主要的原因在于 cause 是一个意义更概括的致使动词。涉及后者，如 Comrie（1989：167）提道，"分析型致使结构最典型的情形就是由一个独立的动词来表示致使的概念，另一个动词来表示造成的结果"（The prototypical case of the analytic causative is where there are separate predicates expressing the notion of causation and he predicate of the effect.）。同时，这种观点也能获得对相关动词历时语言学研究结论的支持，如 Yap & Iwasaki（2003：439）和牛顺心（2004；2007）等学者就认为动词"使"已完成语法化，基本专门用作致使词，而"让""叫"处在语法化的中间阶段。

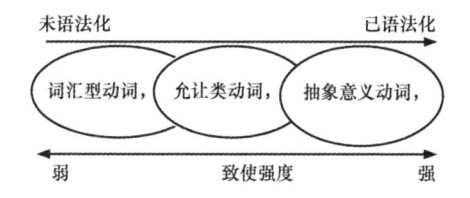

图 6-4　动词词汇类型、语法化与致使强度趋势

基于上述观点，我们现在就可以对表"允许"和"致使"义的"让"字迂回致使结构进行分析。从动词本身的论元结构上看，表"允许"的"让"字结构在语法形式上表现为［NP$_1$ 让$_{允许}$ NP$_2$

V$_2$〕，在语义论元上基本表现为〔Agent 让$_{允许}$ Patient V〕；表"致使"的"让"字结构在形式上表现为〔NP$_1$ 让$_{致使}$ NP$_2$ V$_2$〕，在语义论元上基本表现为〔Agent 让$_{致使}$ Patient V$_2$〕（或者〔Causer 让$_{致使}$ Causee V$_2$〕）。动词"让"的这两种意义无论在语法形式表现上，还是在语义论元的数量上，都与迂回致使构式相一致，唯一有区别的地方在于该动词所表示的意义上。如果将〔NP$_1$ V$_1$ NP$_2$ V$_2$〕视为迂回致使构式的上位图式构式，那么表示"允许"和"致使"意义的让字致使结构就是迂回致使构式的扩展，是两个下位构式。

对于我们上面提及的观点还有两个问题需要作进一步说明：其一，构式自身的意义与动词意义的关系问题是不是只涉及构式压制；其二，像英语中的"prevent"和汉语中的"阻止"之类的动词用于此类结构中时不表示致使力直线运行的情形如何解释。

三　构式压制与词汇压制

Goldberg（1995）认为，一个语句的意义不仅仅就是由出现于其中的词语所决定的，还取决于将这些词语结合起来的方式，即构式，动词与构式之间存在互动关系。这种互动关系主要体现在两个方面，即角色互动和意义互动。参与角色互动的有两类：动词的参与者角色和构式的论元角色。动词与具体的参与者角色相关，构式与概括的论元角色相关。动词以融合方式与构式互动，即两者之间的互动遵循语义连贯原则和对应原则，前者强调只有语义一致的角色可以融合，后者则强调词汇上突显并表达的每个参与者角色必须与构式中被凸显的论元角色相融合。构式和动词两者都有各自的论元结构，所以就有各自的意义。在动词与构式融合时，因为构式本身有独立于动词义的特定意义，所以构式对动词有强支配作用，构式不但可以给动词增添参与者角色，还可压制动词的参与者角色，即"……构式可强制词汇项产生出系统相关的意义"（Goldberg,

1995：238），这就是所谓的"构式压制"（Goldberg，1995：159；2006：22）。王寅（2009；2011：365）认为 Goldberg 过于强调了构式自上而下的压制作用，而忽视了句式词汇意义自下而上的作用，主张扩大"压制"的含义，将在一个语句中词层面以上的语法构式起主导作用的称为"构式压制"，而将词汇起主导作用，能调整或改变整个构式意义的称为"词汇压制"。例如：

（36）The hotel charged me ＄50 for a room for the night.（王寅，2011：369）

（37）The court fined her ＄1,000.（王寅，2011：369）

按照王寅的观点，在例句（36）和例句（37）中的动词"charge"和"fine"对双宾语构式进行了词汇压制，使双宾语构式原本具有的"事物成功转移"典型意义发生了逆转，产生了"负传递"的效应。

动词和构式之间的互动关系还表现在意义层面。从互动关系的具体内容看，动词所表示的事件（Ev）与构式所表示的事件（Ev）之间存在五种互动关系（Goldberg，1995：65－66）：1）Ev 是 Ec 的一个次子类（Subtype）：当动词意义与构式意义完全一致时，前者的论元结构与后者的论元结构相一致，这时动词意义是构式意义的一个子类或具体示例；2）Ev 可能是 Ec 的工具（Means）：即动词所表示的主要意义是实现构式整体事件的工具；3）Ev 可能是 Ec 的结果（Result）：动词所表示的主要意义为构式所表示意义的结果；4）Ev 可能是 Ec 的条件（Precondition）：动词所表示的主要意义为构式所表意义的先决条件；5）Ev 可能是 Ec 的方式（Manner）：动词表示的主要意义是构式所表示运动意义的方式。王寅（2011：208）在 Goldberg 这五种关系的基础上又增加了第六种关系，即意欲关系（Conative Relation），指动词所表示的主要意义与构式表示的整体事件之间有意欲性关系。第一类关系为示例关系，第二至六类关系为转喻关系。

现在再来考察一下表"允许"和"致使"义的"让"字迂回致使结构。从动词和构式意义互动的角度看，表"致使"义的"让"字致使结构在动词论元上表现为 [Agent 让$_{致使}$ Patient V_2]，这与迂回致使构式的论元结构 [Agent $V_{致使}$ Patient V_2] 在角色上一一对应，并且动词义和构式义重合，这时表"致使"义的动词"让"仅仅是具体示例了构式义。而表"允许"义的"让"字迂回致使结构的论元结构 [Agent 让$_{允许}$ Patient V] 与构式的论元结构 [Agent $V_{致使}$ Patient V_2] 只有部分一致，动词的意义与构式意义之间不一致，构式压制动词使动词论元分配与其一致，同时，动词对构式也产生作用，构式自身的意义受到动词意义的压制而有所削弱，动词意义与构式的整体事件意义之间是意向性含义关系。

再来看动词"阻止"。这个动词在 LCMC 和 CCSC 中共出现了 20 次，其中用于迂回致使结构中的共 3 例。这个动词的基本论元结构是 [Agent 阻止 Patient]，这与迂回致使构式论元结构 [Agent $V_{致使}$ Patient V_2] 完全不一致。当动词"阻止"进入该构式后，构式会对其产生压制，使其适应该构式的论元配置，动词原来的论元 [Patient] 又获得了新的构式论元角色 [Agent$_2$]；同时，由于构式意义表示"力量正序的传递"，而动词意义与构式意义相反，动词意义对构式意义产生词汇压制，使构式获得了"阻断量能传递"的新意义。例如，在例句（38）中，动词"阻止"进入迂回致使构式后，由于构式压制使其享有论元结构 [Agent1 阻止 Patient$_{Agent2}$ V_2]，特别是原有的论元 [Patient] 变成了 [Patient$_{Agent2}$]。从表达的意义上看，典型的迂回致使结构表示"致使者使被致使者做某事"，而在这个例句中，由于动词"阻止"的进入，构式意义发生了变化，表示"致使者不使被致使者做某事"，所以"老人再婚"不是致使者"子女"的致使力的目的，而是它的反方向。

（38）不少子女阻止老人再婚以顾及老人的面子为借口，实是为了自己的面子。

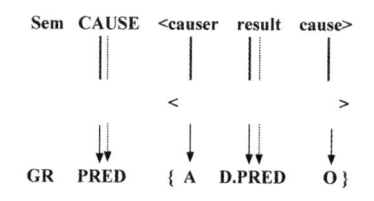

```
Sem   CAUSE   <causer  result  cause>
        |        |       |       |
        ⇊       <↓       ⇊       ↓>
GR    PRED    { A     D.PRED    O }
```

图6-5　改进后迂回致使构式示意图

综合上面的讨论，我们认为图6-2所示的"结果（result）"与D.PRED直接对应而表示结果事件一定出现的做法需要调整，结果事件产生与否是动词意义与构式意义匹配与否最后的结果。由于动词意义与构式义之间的互动存在着"完全一致"、"部分一致"、"不很一致"到"意义相反"的连续体，所以受到动词意义压制后，迂回致使结构意义也会形成一个从"致使者使被致使者做某事"、"致使者意欲被致使者做某事"再到"被致使者阻止被致使者做某事"的连续体，处于连续统不同层级的迂回致使构式事件中结果事件出现和实现的几率是不一样的。故此，我们对图6-2进行了修改，来表示出这种复杂的关系（见图6-5）。其中CAUSE中的虚线及对应的带虚线的箭头表示动词意义和迂回致使构式事件之间是一种转喻关系，而非具体示例，此时对应的"result"结果事件也用虚线及对应的带虚线的箭头表示，意指结果事件不一定发生；CAUSE中实线及其对应的带实线的箭头则表动作意义和构式意义之间是一种具体的示例关系，对应的"result"结果事件也用实线和带实线的箭头表示，意指结果事件一定发生。修改后的迂回致使构式图式既能用来解释传统研究中的典型迂回致使动词，也可以用来解释那些本身不带有致使意义而进入构式获得新的构式义，并且又对构式产生影响的那些动词。

四 汉语迂回致使构式的事件类型

除了前文提及的 Stefanowitsch（2001）对迂回致使构式的三种分类外，Wolff et al.（2002）基于力量动态模型，依据"受事是否有实现结果状态的倾向""受事和施事"和"结果状态是否实现"三个维度将致使结构分为"致使（CAUSE）""助成（ENABLE）"和"阻止（PREVENT）"，Wolff（2007）根据同样标准又增加了"让步（DESPITE）"类。刘云飞（2014b）在 Wolff（2002；2007）的三个维度的基础上又增加了"施事是否为产生实际结果的必要条件"因素，将汉语的兼语式分为了五类，即"致使""助成""阻止""让步"和"伴随"。虽然这些分类能让我们进一步很好地认知致使结构，但从后面的三种分类形式可以看出，分类时参照的因素越多，分类类型数量差距也随之加大，到底选用多少参照因素或维度才是最适宜的分类标准仍然需要深入探究。

基于迂回致使构式中致使动词槽位上的填充动词意义和该构式意义互动的四种情形，结合致使力量传递的方向变化，我们拟将迂回致使构式的事件类型大致分为四种：

（1）致使力正向传递：动词语义与构式义一致，两者的角色对应，动词义为构式的具体示例，此时，致使者发出致使之力，被致使者接收到该力，并且被致使者执行了致使之力趋向的结果事件；

（2）致使力潜行传递：动词义和构式义有部分是一致的，动词本身具有表示力量运用或表致使义的潜能，动词从构式获取新论元后获得构式义，动词义与构式义相竞争，致使力有正向传递的可能；

（3）致使力零传递：动词义和构式义不很一致，动词完全没有表示力量运用和致使义的潜能，动词义与构式义相竞争，致使力没

有传递的可能;

(4) 致使力阻断传递:动词义和构式义意义相反,动词进入构式后,动词义与构式义相竞争,动词义完全压制构式义,致使力传递被阻断。

下面,我们尝试依据这四个迂回致使结构事件类型对汉语中的迂回致使动词和显性使令动词(或非纯致使动词)进行分类。从相关文献可知,不同学者对显性使令动词(或非纯致使动词)的分类和数量统计各不相同。如刘永耕(2000b)将汉语显性使令动词分为称呼类、任命选举类、派调催逼类、命令唤请类、带领劝导类、培养辅佐类、准允容忍七类,并根据《常用构词词典》(傅兴岭、陈章焕,1982)给出了每类的具体动词,共163个(见表6-1)。周红(2005)和张恒(2011)认为除"使、令、叫、让、致使、导致"等纯致使动词外,还有一些非纯致使动词也能用于迂回致使结构。他们都基于《汉语动词用法词典》(孟琮,1999)列出了此类动词,但是在最终的统计结果上也出现了差异:周红(2005)认为能用于迂回致使结构的动词有155个(共174个义项),而张恒则认为有145个(共159个义项)①。我们将周红(2005)和张恒(2011)的词表进行合并后,共得到163个能用于迂回致使结构的非纯致使动词(见表6-2)。

表6-1　　　　　　　　汉语显性使令动词

称	任	派	命	带	培养	准许
名	推	调	命令	领	培训	许

---

① 张恒(2011)原文中称有此类动词共146个,但"引诱"出现了两次,所以实际上只有145个。

续表

叫	选	抽	下令	带领	接	让
骂	任命	抽调	勒令	指导	接待	叫
嘱咐	提升	征调	责令	教导	安排	批准
吩咐	贬黜	差遣	责成	指挥	安置	容许
拜托	推荐	委派	指定	诱导	安插	应允
转托	保举	打发	部署	吸引	安顿	答应
叫	增补	选拔	布置	吸收	接纳	默认
唤	雇	出动	请	发动	报送	容留
找	拐	催	求	动员	吸收	宠
约	招	逼	请求	带动	介绍	任
号召	收	罚	恳求	劝	招待	纵容
交代	募	督促	央求	劝告	陪	放任
招呼	录用	驱使	邀请	规劝	帮	容忍
召集	录取	驱散	报请	劝导	帮助	听凭
通知	招聘	迫使	授意	说服	辅佐	庇护
留	选择	胁迫	磨	游说	扶持	挑唆
挽留	找	要挟	嘱	启发	支持	嗾使
挑动	娶	哄	托	提醒	协助	拉拢
煽动	认	骗	保障	唤醒	援助	蒙蔽
策动	促进	诱	保送	鼓励	赞助	收买
指使	鼓励	引诱	掩护	勉励	救助	保证
勾引	激励					

表 6-2　　　　　　能用于迂回致使结构的非纯致使动词

安插	逮捕	加	捻	收	委托	找
安排	点	交代	撵	送	喂	召集
安置	钉	教	派	抬	吸收	支持
帮	动员	叫	派遣	抬举	吸引	支配
帮助	逗	教训	培养	讨	限制	支使

续表

保护	督促	教育	捧	套	协助	支援
报告	发动	接	骗	剔	卸	指导
逼	罚	接收	聘请	提	选	指点
拨	放	借	启发	提拔	选举	指定
补	分	警告	乞求	提醒	选择	指责
补充	分配	救	牵连	添	训	嘱咐
布置	抚养	救济	强迫	挑	训练	抓
操纵	赶	举	抢	挑拨	压	转
搀	勾引	扣	请	挑选	压制	准备
撤	鼓动	扣留	请求	调	养	捉
称	雇	拉	求	调动	养活	租
抽	害	立	驱逐	通知	邀请	阻挡
处罚	喊	连累	劝	投入	要	组织
传	号召	领导	让	推	要求	阻止
吹	哄	留	惹	推动	引诱	
刺激	护理	率领	认	推荐	用	
促使	换	命令	升	托	原谅	
催	集中	磨	使唤	拖	招	
搭	挤	拿	侍候	驮	招呼	

我们从《现代汉语使用标词类词典》（李临定，2000）中检索出所有标记为"使令动词"的动词，见表6-3，该表共包括了103个动词，共有111个义项。

表6-3　　　　　　　汉语使令动词

安排	催1	激发	劝	提取	邀请
按1	催促	警告	劝告	提示	要2
暗示	调	恳求	劝解	提醒	诱导

续表

把2	动员	诓	劝说	挑1	诱惑1、2
拜2	发动2	拉7	劝阻	挑选	约
拜托	分2	命令	让3、4	挑唆	招3
保护	分配	派	惹2、3	挑拨	招呼1
保送	吩咐	聘	任命	挑逗	召集
保佑	扶1、2	聘请	任用	通知	支使
逼	勾引	迫使	煽动	推	指挥
逼迫	鼓动	祈祷	使2	推荐	支使
鞭策	鼓励	祈求	使得	推举	嘱咐
操纵2	鼓舞	启发	示意	推选	组织
处罚	雇	遣送	授意	托付	
传4（5）	规劝	强迫	说服	托2	
刺激1	哄2	请1、2	唆使	吸引	
促进	呼吁	请求	提4、5	养活	
促使	护送	驱逐	提拔	要求2	

为了避免主观臆断，我们依据凡符合两个文献来源都同意其使用于迂回致使结构的选择标准，从表6-1、表6-2和表6-3中提取出了所有符合该标准的词，共计98个（见表6-4），并认为这些动词和"使、令、叫、让、致使、导致"一起构成了能用于迂回致使结构的核心动词，最后共得到迂回致使动词102个。

表6-4 至少两个文献来源都认同用于迂回致使结构的动词

安插	传	雇	培养	认	调	引诱	
安排	刺激	规劝	骗	任	通知	诱导	
安置	促使	号召	聘请	任命	推	约	
拜托	催	哄	迫使	煽动	推荐	招	
帮	动员	交代	启发	收	托	招呼	

续表

帮助	督促	叫	强迫	授意	吸收	找
保护	发动	接	请	说服	吸引	召集
保送	罚	警告	请求	提	协助	支持
逼	分	恳求	求	提拔	选	支使
布置	吩咐	拉	驱逐	提醒	选择	指导
操纵	分配	留	劝	挑	养活	指定
称	勾引	命令	劝告	挑拨	邀请	指挥
抽	鼓动	磨	让	挑唆	要	嘱咐
处罚	鼓励	派	惹	挑选	要求	组织

以下是对迂回致使结构事件类型的归类：

（1）致使力正向传递：使、令、致使、导致、迫使

（2）致使力潜行传递：叫、让、安插、安排、安置、帮、帮助、保护、保送、逼、传、刺激、促使、催、动员、督促、发动、罚、雇、规劝、号召、哄、交代、恳求、骗、强迫、请、请求、求、任命、煽动、授意、说服、提、提拔、调、通知、推、推荐、托、吸收、吸引、协助、选、引诱、诱导、招、召集、支使、组织、指导、指定、指挥、嘱咐、邀请、要、要求、挑拨、挑唆、挑、驱逐、劝、劝告、惹、拉、命令、派、磨、吩咐、分配、勾引、鼓动、鼓励、抽、处罚、布置、操纵

（3）致使力零传递：拜托、分、接、聘请、培养、启发、认、任、收、约、招呼、找、支持、选择、养活、挑选、提醒、留、称

（4）致使力阻断传递：警告

本章小结

通过考察迂回致使动词的自身意义和在句式中的意义，我们认

为典型迂回致使动词的主要动词意义与迂回致使构式的意义之间有很紧密的一致性，其在论元结构上与迂回致使构式相匹配，所有此类句式可以放在构式语法的视角下进行统一讨论。本章借鉴了英语迂回致使构式研究的成果，首先对英语相关迂回致使动词进行考查，发现 Stefanowitsch（2001）提出的迂回致使构式图式无法解释"permit"和"prevent"一类的常用致使动词，三种事件类型无法全面解释汉语典型迂回致使结构。针对这个问题，提出了"动词词汇类型、语法化与致使强度趋势"关系图，建立迂回致使构式的原型范畴观。在构式语法框架内讨论了构式压制和词汇压制，并在此基础上提出了改进了的迂回致使构式图式。认为汉语迂回致使构式的事件共有四种，即致使力正向传递、致使力潜行传递、致使力零传递和致使力阻断传递，并对汉语常用致使/使令动词进行了归类。

第 七 章

结 论

第一节 主要结论

汉语迂回致使结构的研究一直以来都处于边缘化的状态,诸如典型迂回致使结构结果动词的具体使用情况、结构在不同语域中出现差异性分布的动因以及该类结构的原型问题等,目前都没有研究涉及。有鉴于此,本研究采用基于现代汉语平衡性口笔语语料库来对汉语迂回致使结构的四个问题进行多维度探讨。本书的主要研究结论如下:

(1)使用构式搭配的共现词位分析法对结果动词槽位填充词的统计分类表明,"使、让、叫"三个迂回致使结构之所以长期以来被认为是近义的,主要是因为这三个结构中结果动词槽位填充词在语义类型总体分布上有十分相近的地方;同时,这三个结构在对结果动词槽位填充词的选用上也是存在语义偏向的,"使"字迂回致使结构多倾向于选择表示状态改变的结果动词,"让"字迂回致使结构偏向移动或运动类结果动词,"叫"字迂回致使结构则偏向于社交言辞类动词。三个迂回致使结构在具体结果动词选用时也表现出了偏向效应。

(2)"使"字迂回致使结构和"让"字迂回致使结构一直被认

为是意义相同的，其主要差别在于这两个结构用在不同的语域中，即前者多用于书面语语域，而后者多用于口语语域。本书将语体视为一个由不同语体类型构建起来的原型范畴，口语和书面语的各类语体形成一个连续统；意义也是按照原型性建立起来的一个范畴。语体范畴和意义范畴之间存在互动关系，通过范畴互动概念得以体现，话语功能得以实现。通过对这两个结构在现代汉语口笔语语料库各个语体中的分布情况进行统计分析，从主观性/客观性层面来讨论这两个结构。我们认为一方面"使"字迂回致使结构和"让"字迂回致使结构都具有"致使"意义；另一方面，这两个结构在主观性/客观性上表现出了差异，"让"字迂回致使结构趋向于表达主观性，而"使"字迂回致使结构则偏向于表达客观性。

（3）参考文献中提及的致使结构的三个原型模型，即致使结构顺序象似性模型、弹子球模型和直接操控模型，是否能在汉语"使、让、叫"迂回致使结构中得到验证。统计分析表明，既有的致使结构原型模型与语料库实证数据之间没有直接的对应关系；不同类型致使动词对不同致使模型的依赖程度也不同。研究认为既有的致使结构模型无法很好地解释汉语迂回致使结构，可以通过构建迂回致使构式来建立其原型模型。同时，从跨语言的视角，以英语中典型的 [X MAKE Y V_{inf}] 构式为例，在多语体的视角下对其进行调查，以此解释建立迂回致使结构原型模型的复杂性，从而证实致使结构原型模型的建立需要协同性证据。

（4）通过考察迂回致使动词的自身意义和在句式中的意义，我们认为典型迂回致使动词的主要动词意义与迂回致使构式的意义之间有很紧密的相一致性，其论元结构上与迂回致使构式相匹配，所有此类句式可以放在构式语法的视角下进行统一讨论。我们还发现 Stefanowitsch（2001）提出的迂回致使构式图式无法解释"permit"和"prevent"一类的常用致使动词，三种事件类型无法全面解释汉语典型迂回致使结构。针对这个问题，研究提出了"动词词汇类型、语法化与致使强度趋势"关系图，建立迂回致使构式的原型范畴观。在构式语法框架内讨论了构式压制和词汇压制，在此基础上提出了改进后的迂回致使构式图式。总结认为汉语迂回致使构式的事件共有四种，即致使力正向传递、致使力潜行传递、致使力零传递和致使力阻断传递，并对汉语常用致使/使令动词进行了归类。

第二节　主要创新

首先，在研究内容上，本研究主要探讨了前人很少关注的迂回致使结构的四个问题，即：（1）采用构式搭配分析法来考察三个典型汉语迂回结构结果动词的使用情况，以此来解释三个结构在语义上的差异和近似之处；（2）从主观性视角出发，采用多语体分析法对典型迂回致使结构进行分析，来解释"使"和"让"字迂回致使结构在口语和书面语中的分布有显著性差异的动因；（3）考察文献中提及的致使结构的三个原型模型，即致使结构顺序象似性模型、弹子球模型和直接操控模型，是否能在汉语"使、让、叫"迂回致使结构中得到验证；（4）尝试在认知构式语法的框架内对汉语迂回致使结构进行统一的分析。这些研究从内容上拓展了对汉语迂回致使结构的研究视角，具有一定的理论创新价值。

其次，在研究方法上，本研究采用以自然、真实语料为基础的现代汉语书面语平衡语料库和自建的多语体口语语料库作为数据来源，通过对数据的挖掘，找出相关结构在语料库中的分布情况，并运用多种统计手段提高了数据分析的精确度，使得建立在数据分析上的逻辑推理更加可靠，也更加有说服力。

第三节 研究不足和展望

第一,对汉语典型迂回致使结构的比较可以借鉴英语中的动词行为背景理论(verb behavioral profile),通过对时、体、搭配词、句子特征等层面细化对比参数,运用聚类分析、多元对应分析等统计手段可对典型迂回致使结构之间的异同进行更深入详细的调查。

第二,本研究中基于认知构式语法视角对汉语迂回致使结构的讨论只是一种初步的尝试,还未涉及对迂回致使构式内部动词和构式的整合过程的探讨,鉴于构式网络系统的复杂性,对这一问题的深入研究会更加具有价值。

第三,我们注意到,近些年来,在认知语言学的研究中又有一个新的趋势,就是国内外学者运用神经语言学和心理语言学的研究手段来探讨各种语言现象背后的神经机制和心理认知机制,诸如眼动技术、Wada 和术中皮质电刺激(ESM)、事件相关电位(ERP)和功能性磁共振成像(fMRI)等心理学、心理语言学的研究手段在不同程度上被引入了语言学的研究之中。所有这些研究方法都为我们进一步研究汉语迂回致使结构提供了可借鉴的新的研究视角。

附录 1

"使"字迂回致使结构结果动词槽位的动词及其观测频次列表

(以构式搭配强度高低排列)

成为	46	恢复	9	互补	3	过得	2
是	1	进入	11	减弱	3	度过	3
感到	38	趋于	5	结合	7	看	2
达成	22	适应	9	形成	8	熟知	2
得到	38	丧失	6	加快	4	感受	5
保持	21	具有	11	安度	2	化为	2
发生	27	降低	6	各得其所	2	发热	2
产生	23	接受	9	原形毕露	2	转为	2
陷入	12	蒙受	3	转危为安	2	安居乐业	2
显得	14	增加	9	掌握	6	负有	2
说	2	变为	4	吃惊	3	增高	2
想起	12	联想	4	稳定	3	为	1
减少	14	处于	6	渗入	2	融合	2
发挥	14	倾倒	3	经受	3	受益（匪浅）	2
发展	29	融入	3	缩小	3	脱落	2
升高	7	陷于	3	超越	3	升华	2
下降	10	认识	11	实现	7	得	4
获得	11	提高	10	接近	4	理解	7
受到	12	怦然心动	2	扩大	5	取得	5
失去	9	成熟	2	发扬光大	2	消除	3

附录1 "使"字迂回致使结构结果动词槽位的动词及其观测频次列表

步入	2	减色	1	为之一振	1	无地自容	1
增添	2	附在	1	喜上眉梢	1	污染	3
深受	2	愤世嫉俗	1	细水长流	1	羡慕	2
服务	5	饿殍遍野	1	献策	1	符合	3
变	24	断流	1	心惊胆战	1	了解	5
反抗	2	地方化	1	形影相吊	1	大失所望	1
显示	3	成人成才	1	益寿延年	1	凋谢	1
消失	3	心悸（不已）	1	植根于	1	发疯	1
死亡	3	构局	1	深入	2	跨入	1
呈（现）	2	感慨	2	缓解	2	耦合	1
把握	3	感动	3	变形	2	平添	1
变成	4	促进	4	富有	2	屈从	1
百业待兴	1	移动	2	（重）陷	1	软化	1
滋养	1	赢得	2	步履维艰	1	散热	1
振聋发聩	1	走	15	朝向	1	煞费苦心	1
有章可循	1	处在	2	错位	1	网络化	1
引为自豪	1	增多	2	多（了经验）	1	厌烦	1
意乱情迷	1	不知所云	1	夺眶而出	1	一举成名	1
意识到	1	大有作为	1	纷呈	1	有增无减	1
以……为	1	浮想联翩	1	还原	1	跃入	1
险象环生	1	感悟	1	锦上添花	1	增收	1
洗心革面	1	耕耘	1	居安思危	1	振作	1
退走	1	合法化	1	领受	1	集中	3
失稳	1	和好	1	骗取	1	缺乏	3
丧尽	1	经常化	1	茕茕孑立	1	转化	2
如愿以偿	1	理屈词穷	1	人格化	1	迸发	1
忍住	1	腻味	1	融为一体	1	沉淀	1
破涕而笑	1	身临其境	1	深表	1	发笑	1
沦入	1	生色	1	失灵	1	放射	1
亮出	1	衰减	1	受损	1	复活	1
力不能支	1	脱俗	1	脱轨	1	隔绝	1
扩增	1	望而却步	1	难以忘怀	1	孤掌难鸣	1

叫嚷	1	浏览	1	怜悯	1	贯穿	1
津津乐道	1	失效	1	迷失	1	描	1
生息	1	推迟	1	平衡	1	燃	1
褪色	1	展开	2	繁衍	1	增产	1
忘却	1	适合	2	痛恨	1	走向	2
相得益彰	1	前进	2	忘掉	1	促成	1
心动	1	颤动	1	稀释	1	迈出	1
幸免	1	嘲笑	1	制度化	1	溶	1
哑口无言	1	对待	1	坠入	1	拥抱	1
眼花缭乱	1	居高临下	1	增强	2	赞赏	1
扬长避短	1	开阔（眼界）	1	体会	2	害怕	2
有所作为	1	迈向	1	溶解	1	参照	1
致病	1	陶醉	1	扎根	1	察觉	1
自知	1	脱身	1	突出	2	触动	1
成长	3	系统化	1	睡眠	1	扩散	1
变异	1	具备	2	抵御	1	硬化	1
刮目相看	1	公用	1	反射	1	变质	1
横行	1	激化	1	分化	1	串	1
减小	1	萌发	1	感性化	1	震动	1
惊叹	1	屈服	1	恍然大悟	1	构成	2
落空	1	提心吊胆	1	崛起	1	满意	2
埋没	1	质疑	1	偏向	1	配合	2
迈步	1	钟情	1	伤亡	1	不堪（重负）	1
潸然泪下	1	筹集	1	相见	1	超前	1
识破	1	畸变	1	上升	2	富于	1
受制	1	迈进	1	思考	2	加大	1
突起	1	映出	1	避免	4	局限	1
拓展	1	深化	2	发亮	1	扩展	1
循环	1	辍学	1	剖析	1	淘（水）	1
转变	2	打（不）成	1	省（电）	1	震惊	1
受	5	固定	1	感知	1	改变	3
科学化	1	合理化	1	关系	1	担负	1

化解	1	认同	1	开展	2	减	1
康复	1	放心	2	得出	1	吸收	1
扭转	1	响起	1	服从	1	相处	1
束缚	1	遭受	1	留下	2	订	1
震撼	1	置于	1	分散	1	转换	1
钻进	1	传达	1	巩固	1	达	2
增长	3	靠近	1	纳入	1	呵	1
参与	2	认可	1	冻	1	不习惯	1
开花	1	复苏	1	调动	1	涂	1
享有	1	悟	1	灌	1	成功	2
侦破	1	缩短	1	健全	1	熬（干）	1
起	6	成才	1	喜爱	1	包含	1
难忘	1	分解	1	沾（上）	1	供应	1
忍受	1	解除	1	恶化	1	降	1
杀死	1	进化	1	看上去	1	生长	1
坚信	1	清楚	1	遭到	1	拒绝	1
建造	1	感（兴奋）	2	有	55	加重	1
转向	1	出现	4	渴望	1	撒谎	1
交叉	1	入学	1	炸（开）	1	停止	1
逃避	1	作出	2	更新	1	放松	1
学好	1	饮（水）	1	遵守	1	制约	1
归来	1	建立	3	战胜	1	跳	2
养成	1	界定	1	露出	1	挺（开）	1
体现	2	履行	1	烦（广告）	1	折（裂）	1
暴露	1	（花）败	1	知道	3	克服	1
表述	1	流传	1	患	1	连（系起来）	1
覆盖	1	明确	1	找	1	加工	1
回升	1	披（上）	1	爱护	1	描述	1
延伸	1	消耗	1	跨（向）	1	逃	1
浴（光）	1	表达	2	显（修长）	1	进行	5
成材	1	膨胀	1	摆脱	1	带（离）	5
透过	1	（顿）消	1	尝	1	沟通	1

转移	1	独立	1	觉得	10	下	1
站	3	现代化	1	忘	1	跑（出去）	1
交易	1	完善	1	进步	1	活动	1
团结	1	处理	2	挂	1	长（才干）	2
工作	3	食	1	引起	1	（易）懂	1
放弃	1	想到	1	飞	1	包括	1
怀疑	1	协调	1	拍（到）	1	变化	1
享受	1	自律	1	完成	1	掉（身价）	1
窒息	1	确定	1	以为	1	读	1
撑	1	调整	1	（易）学	1	放（光明）	1
经历	1	学	1	找到	1	感觉	2
信仰	1	超过	1	至（于）	1	活	1
想象	1	指导	1	开放	1	继续	1
配	1	丢（面子）	1	讨论	1	开（得快）	2
损失	1	翻（起来）	1	提供	1	建设	1
换（住处）	2	满足	1	运动	1	考虑	1
相信	2	系（上）	1	帮助	1	免灾	1
发出	1	追求	1	支持	1	入	1
流（进）	1	烧（不成）	1	坚持	1	上	2
面临	1	称（奇）	1	关心	1	生（迷）	1
拥有	1	改造	1	转	1	生活	4
从事	1	实行	1	造成	1	睡	1
缺（氧）	1	面对	1	管理	1	无（有）	1
明白	2	媚俗	1	提（笔）	1	占	1
学会	1	做	5	解决	2	坐	2
做到	1	看到	3				

附录2

"让"字迂回致使结构结果动词槽位的动词及其观测频次列表

(以构式搭配强度高低排列)

动词	频次	动词	频次	动词	频次	动词	频次
坐坐	1	坐下	6	伺候	4	难以置信	2
是	2	受不了	6	覆灭	2	陶醉	2
在(手里)	5	看见	11	漂浮	2	腾出	2
干	55	去	63	评理	2	帮	9
吃苦	16	送(我)	14	睡	9	写	16
看看	26	吃亏	4	帮忙	4	品尝	2
知道	46	成长	8	分心	2	照亮	2
有(兴趣)	26	拿出	5	种(玉米)	1	呆	6
看(我)	61	变得	3	上(学校)	20	欣赏	4
得	2	瞧瞧	5	呼吁	3	工作	2
当(书记)	15	贡献	2	坐	14	(拜)见	1
到(家)	7	帮助	9	成为	10	学	14
感到	14	见鬼去	3	打滚	2	说	43
没有	2	让(谦让)	1	钻空子	2	上钩	2
吃	34	(使)用	1	解释	7	填写	2
记住	8	受苦	3	感谢	6	进(屋子)	12
听听	9	省心	2	降生	2	用	3
感动	8	买	20	警醒	2	想想	4
做(介绍)	35	想起	6	懂得	4	丧失	3
讲话	4	试(衣服)	4	接(你)	7	过去	7

放心	5	定心	1	使	1	谈谈	3
冒充	2	返场	1	喝	8	蒙（人）	3
找	17	改错	1	加入	3	发财	2
感觉	12	搞到	1	想（多）	10	拿到	2
走	23	合拢	1	堕落	2	容忍	2
带走	2	化成	1	检讨	2	养老	2
闯（江湖）	3	获益匪浅	1	摸	4	飞	5
做饭	4	击倒	1	祝贺	2	娶	3
说谎	2	讨饶	1	加油	2	下岗	2
留下（墨宝）	5	调头	1	签字	2	上街	2
后悔	3	退下来	1	为难（自己）	2	洗澡	2
吃饭	6	下陷	1	躺	4	担心	4
听	19	逍遥法外	1	操心	2	问	1
惦记	2	携手并肩	1	说话	6	享受	3
督促	2	心荡神迷	1	读	6	回来	10
变成	5	叙叙	1	传达	2	插	3
上学	4	悬崖勒马	1	心疼	2	证明	5
打扰	2	扬名立万	1	爱不释手	1	进入	5
歌唱	2	颐养天年	1	爱怜	1	体会	3
航海	2	引以为戒	2	扩增	1	照顾	4
主宰	2	捉摸	1	三顾茅庐	1	感激	2
看到	10	决一雌雄	1	抒发	1	举出	2
下（楼）	4	开眼	1	痛定思痛	1	显得	4
承受	3	膜拜	1	望而却步	1	报信	1
收拾	3	破镜重圆	1	望而生畏	1	揣摩	1
歇	3	欢迎	6	一览无余	1	风吹雨打	1
干活	3	搬（床板）	4	造假	1	化作	1
参政	1	给	9	中暑	1	露一手	1
测数	1	难忘	2	转过弯	1	送送	1
畅所欲言	1	忧虑	2	陪	4	造句	1
代笔	1	侦查	2	挪	2	执掌	1
当道	1	像	1	送来	2	重温	1

感受	4	关注	3	驰骋	1	开始	1
拿走	2	拥有	3	瞅见	1	爬	3
佩服	2	得逞	1	带兵	1	脱离	2
占领	2	发横财	1	当家做主	1	请	1
孝敬	2	发昏	1	抚慰	1	洗	5
见面	3	飞翔	1	刮目相看	1	认为	1
叉（给你）	1	更正	1	欢度	1	混	3
出气	1	滚蛋	1	锯	1	闯荡	1
出外	1	胡思乱想	1	旷课	1	打消	1
回味	1	看管	1	定做	1	带回	1
回心转意	1	列席	1	抢走	1	寒心	1
接管	1	求同存异	1	停业	1	家破人亡	1
铭记	1	入迷	1	为所欲为	1	进食	1
拿主意	1	下台	1	悟到	1	退伍	1
难以忍受	1	眼花缭乱	1	油印	1	涌起	1
品头论足	1	养病	1	长（见识）	1	转达	1
上火	1	引人注意	1	了解	6	休息	3
舒展	1	知法	1	汇报	2	回去	5
心中有数	1	重叠	1	挑	3	波及	1
招供	1	抓走	1	觉得	23	城市化	1
致以	1	转产	1	跑	8	出海	1
瞩目	1	追寻	1	化名	1	告一段落	1
念（书）	4	出来	1	会	1	跪下	1
掌握	4	晒	2	科学化	1	搅和	1
听见	3	夸	2	落到	1	亮相	1
看上去(成熟)	2	添	2	明晰	1	乱跑	1
练习	2	分析	5	受罪	1	抛开	1
露	2	念书	2	刷	1	牵引	1
害怕	3	过（生活）	10	销毁	1	倾倒	1
画	4	读书	3	信服	1	束手无策	1
生气	3	搬走	1	早熟	1	提心吊胆	1
选择	6	沉醉	1	自食其力	1	退学	1

遮住	1	献血	1	藏	2	攀（亲家）	1
送给	2	转悠	1	抄（稿）	2	曝光	1
自律	3	挤	3	察觉	1	束缚	1
唱	5	杀	3	尝尝	1	同居	1
出门	2	睡觉	3	触动	1	延续	1
打开	3	折（纸花）	2	捎	1	钻进来	1
签（合同）	2	开车	2	升华	1	打（税）	15
抽烟	3	发光	1	套上	1	辅助	1
跟着	2	造福	1	慰问	1	怀念	1
赶路	1	比较	2	约定	1	耍	1
失衡	1	端（给）	2	做主	1	诉说	1
随心所欲	1	表示（欢迎）	4	取	3	思考	2
知晓	1	充当	1	冲洗	1	投	2
认识	7	捶（背）	1	道歉	1	依靠	2
玩	6	滚动	1	顶替	1	赢	2
排（戏）	3	扰乱	1	回信	1	充满	2
爱	1	认清	1	遇上	1	澄清	1
出乎意料	1	失踪	1	自由化	1	警惕	1
繁衍	1	洗洗	1	闻	2	忍受	1
抚摸	1	越过	1	回家	5	照相	1
降临	1	知	3	面对	3	咬	2
流淌	1	过问	1	掰（手腕）	1	拦住	1
疏导（心理）	1	描	1	当选	1	收回	1
痛恨	1	下决心	1	揭开	1	认	2
退回（地毯）	1	振奋	1	请假	1	回到	3
虚构	1	背	3	注入	1	交给	2
费心	1	管	6	奏出	1	走向	2
鉴别	1	赶上	2	穿（衣服）	7	吃惊	1
领悟	1	造	2	产生	5	改正	1
流入	1	监管	1	集合	1	相信	4
溶解	1	评定	1	康复	1	恨	2
挑起	1	心跳	1	买进	1	报销	1

附录 2　"让"字迂回致使结构结果动词槽位的动词及其观测频次列表

反感	1	保护	4	尊敬	1	吹	2
过不去	1	学会	2	深入	2	教育	2
获取	1	发给	1	冲击	1	导	1
进屋	1	进城	1	教书	1	冻	1
掀起	1	靠近	1	挽救	1	毁	1
淹没	1	逃跑	1	栽（跟头）	1	扛	1
忘（记）	3	往下	1	说说	2	续	1
猜	2	卧	1	污染	2	来	22
骑	2	走走	1	保密	1	扩大	2
通知	2	跪	1	录（记录）	1	喜欢	1
栽	1	维系	1	揍	1	出去	5
成才	1	存	2	检查	2	要求	1
大吃一惊	1	继续	4	评价	2	住	9
经受	1	瞅瞅	1	发觉	1	灌（水箱）	1
签名	1	回眸	1	放下	1	树立	1
缩小	1	以为	3	压	2	住院	1
自立	1	放开	1	得出	1	作为（视作）	1
规范化	1	过日子	1	服从	1	返回	1
鉴定	1	评判	1	开心	1	留给	1
拿（出计划）	9	缩（回去）	1	生病	1	理解	5
登上	1	推行	1	释放	1	练功	1
联想	1	演（角色）	2	送到	1	摘下来	1
升高	1	谈	6	上班	2	作（记录）	5
挣扎	1	维修	1	打扮	1	喝酒	2
听到	3	尝试	1	干扰	1	更新	1
擦	2	出差	1	盛	1	坚定（决心）	1
监督	2	分布	1	发展	5	粘	1
喘	1	告别	1	撞	2	遵守	1
倾听	1	毁灭	1	分离	1	战胜	1
握手	1	界定	1	呼唤	1	露出	1
展现	1	前往	1	支援	1	同情	1
做事	1	挑选	1	出（主意）	7	晕	1

刻（蜡版）	1	获得	2	办事	1	转移	1
离不开（你）	1	烧（水）	2	购买	1	兴奋	1
关心	3	识（字）	1	取消	1	记（住）	2
烦	1	填	1	撒谎	1	搭	1
唠叨	1	亮	1	主持	1	试验	1
收	3	提问	1	放松	1	脱（衣服）	1
缝	1	钻（空子）	1	回忆	1	输入	1
羡慕	1	记忆	1	变（浓）	4	受到	2
笑话	1	扫	1	降低	1	补充	1
祝（愿）	1	放到	1	挺	1	考（表演）	4
生活	5	下来	1	搁	1	站（成）	4
盖	2	赴（宴）	1	前进	1	掏	1
割（草）	1	减	1	描述	1	消失	1
写信	1	就业	1	论证	1	游戏	1
忧患	1	（难）办	1	竞争	2	练（习）	2
表达	2	怎么着	1	起来	4	完成	2
失（面子）	1	解（题）	1	静（下心）	1	生	1
尝	1	体验	1	伤害	1	笑	1
吸收	1	原谅	1	坐在	2	出现	1
咨询	1	支配	1	受（委屈）	4	躲	1
治	2	等	7	深挖	1	捡（便宜）	1
报名	1	行驶	1	着急	1	（白）瞎	1
堵	1	打架	1	挂（起）	2	探讨	1
相处	1	承认	2	参加	4	净化	1
提	3	选	2	登记	1	抬	1
进行	2	学习	6	沟通	1	自杀	1
蹲	1	回国	1	伤心	1	斗	1
拍摄	1	回头	1	离开	2	改	2
使用	3	讨厌	1	叫	7	引导	1
界（清题目）	1	转变	1	承担	1	失败	1
浪费	1	进去	2	奋斗	1	激动	1
说实话	1	安慰	1	挣钱	1	回答	3

附录2 "让"字迂回致使结构结果动词槽位的动词及其观测频次列表

动词	频次	动词	频次	动词	频次	动词	频次
断（心思）	1	见到	1	编（稿）	1	就是说	1
流（血）	1	确定	1	过来	1	决定	2
守（在这）	1	尊重	1	占（便宜）	1	开（眼界）	5
守	1	试	1	介绍	1	控制	1
投入	1	归	1	抓	1	劳动	1
发现	2	超过	1	提出	3	联系	1
活动	2	作出	1	卖	3	留	1
查	1	合作	1	放	2	骂	1
救	1	替	1	办（事）	4	闹（水）	1
长大	1	照	1	研究	3	弄	2
挨（撞）	1	费	1	带	5	努力	1
吓	1	成立	1	死	4	拍（照）	1
从事	1	摆（道理）	1	讲	5	派（人）	1
训练	1	喂（猪）	1	（播）报	1	培养	1
区别	1	追求	1	保持	1	平衡	1
避免	3	抱	1	报（班）	1	瞧	1
参与	1	告诉	3	创造	1	入（套）	1
做到	1	见	6	代表	1	实践	1
失去	1	长	6	得到	2	实现	1
嫁	1	改变	2	动	1	说明	1
教	3	借	2	发生	3	提供	1
表演	1	达到	2	负责	1	跳	1
进来	1	交（现钱）	2	改造	1	下去	2
犯	1	活	2	搞（回扣）	4	宣传	1
体现	1	增加	2	喊	1	引起	1
提高	1	想到	2	回（公司）	4	找到	1
采访	1	换	2	坚持	1	挣（钱）	1
托	1	花（费）	2	减少	1	指出	1
举	1	明白	2	建立	1	注意	2
解决	4	养（狗）	2	结婚	2	转（回来）	1
冲（我来）	1	处理	1	经历	1	准备	2
求	1	听说	1				

附录3

"叫"字迂回致使结构结果动词槽位的动词及其观测频次列表
(以构式搭配强度高低排列)

词	频次	词	频次	词	频次	词	频次
当	8	遭罪	1	恭维	1	去	14
重归于好	2	捉摸	1	接班	1	寒心	1
谢恩	2	回家	4	唠唠	1	难以置信	1
补交	2	捐	2	落马	1	上缴	1
起床	3	进去	3	泡茶	1	挑	2
帮忙	3	上去	3	查查	1	补考	1
看	16	负责	3	送客	1	生出	1
喊	4	忘记	2	干	6	信教	1
有	2	瞧	3	服役	1	检查	2
教	5	归队	1	联欢	1	休息	2
发愁	2	和好	1	闹腾	1	磕头	1
修理	2	摸透	1	钻空子	1	散开	1
服气	2	退赔	1	恨	2	退回(东西)	1
打交道	2	自生自灭	1	唱	3	忘掉	1
摸	3	滚	2	睡	3	躺	2
背黑锅	1	搁	2	生气	2	打	6
出声	1	出庭	1	吃	7	拍照	1
魂牵梦绕	1	呕吐	1	喘(气)	1	轧	1
画押	1	赎	1	哭笑不得	1	到	1
声张	1	发急	1	下载	1	识字	1

附录3 "叫"字迂回致使结构结果动词槽位的动词及其观测频次列表

睡觉	2	告别	1	抓	2	搬	1
照顾	2	惊讶	1	比（赛）	1	独立	1
责怪	1	烤（热）	1	端（水）	1	写	3
偷	2	保密	1	赔	1	表演	1
安心	1	牵来	1	挖	1	无	2
尝尝	1	返（城）	1	帮	2	认识	2
开张	1	扒（拆）	1	登记	1	想起	1
捎	1	开心	1	谈谈	1	执行	1
包（扁食）	2	织（布）	1	造	1	下来	2
退	2	鼓掌	1	负担	1	报道	1
爆（玉米）	1	确认	1	记住	1	求	1
回信	1	扛	1	享受	1	上（北京）	2
索赔	1	画	2	闻	1	上来	1
还（回）	1	住院	1	参加	2	办	2
抛弃	1	返回	1	考察	1	跑	2
挽（头发）	1	拿出	1	弄	2	离婚	1
发烧	1	试试	1	感动	1	喂	1
乘车	1	洗	2	活	2	感受	1
上台	1	进	3	见面	1	抱（彩电）	1
停下	1	回答	2	想象	1	行动	1
拿	4	回去	2	召开	1	烧（锅炉）	1
腾（房子）	1	敲（图章）	1	考（试）	2	改造	1
联想	1	在（呆在）	1	做	5	停	1
骑车	1	扶	1	激动	1	念（书）	1
签字	1	评（理）	1	守（秘密）	1	承认	1
穿（衣服）	3	填（写）	1	长	1	呆着	1
发脾气	1	扫	1	送	2	搞	2
送来	1	出门	1	饿	1	回来	2
检验	1	安慰	1	上课	1	装（安装）	1
入学	1	过来	2	管	2	离开	1
上当	1	给	1	读书	1	坐	2
接受	2	走	5	退休	1	拍（电影）	1

完成	1	明白	1	理解	1	买	2
接	1	拉	1	卖	1	使	2
发挥	1	留	1	站（在）	1	听	2
吃饭	1	说	9	解决	1	见	2
讨论	1	知道	4	学习	1	（拿）出	1
借	1	处理	1	来	7	（居）住	1
交	1	选择	1	觉得	1	爱	1
加（塞）	1	介绍	1	研究	1	回	1
收	1	生（孩子）	1	（走）进	1	讲（课）	1
学	2	结婚	1	活动	1	没有	2
提（说起）	1	出去	1	感觉	1	问	1
相信	1	玩	1	告诉	1	想	4
报（官）	1	准备	1	开（车）	1	住	1
感到	1	找	2	死	1		

附录 4

"使、让、叫"字迂回致使结构结果动词槽位多元共现词位分析数据表

Coll_Word	jiao	rang	shi	exp_jiao	exp_rang	exp_shi	pbin_jiao	pbin_rang	pbin_shi	SumAbsDev	LargestDev
得到	0	0	38	3.474	20.730	13.796	-1.582	-13.015	16.721	31.318	shi
发展	0	0	29	2.651	15.820	10.529	-1.208	-9.932	12.761	23.901	shi
去	14	63	0	7.040	42.005	27.955	2.020	6.323	-15.084	23.428	rang
知道	0	46	0	4.205	25.094	16.701	-1.915	12.107	-9.011	23.033	rang
发生	0	0	27	2.468	14.729	9.803	-1.124	-9.247	11.881	22.252	shi
成为	0	10	45	5.028	30.004	19.968	-2.290	-7.493	11.238	21.021	shi

续表

Coll_Word	jiao	rang	shi	exp_jiao	exp_rang	exp_shi	pbin_jiao	pbin_rang	pbin_shi	SumAbsDev	LargestDev
变	0	0	24	2.194	13.093	8.713	-0.999	-8.220	10.561	19.780	shi
看	16	61	2	7.222	43.096	28.681	2.719	4.601	-12.456	19.776	shi
产生	0	0	23	2.103	12.547	8.350	-0.958	-7.877	10.121	18.956	shi
达成	0	0	22	2.011	12.002	7.987	-0.916	-7.535	9.681	18.131	shi
做（介绍）	0	35	0	3.200	19.093	12.707	-1.457	9.212	-6.856	17.525	rang
保持	0	0	21	1.920	11.456	7.624	-0.874	-7.192	9.241	17.307	shi
说	0	43	2	4.114	24.549	16.338	-1.874	8.983	-6.274	17.130	rang
感到	0	14	38	4.754	28.367	18.879	-2.165	-4.304	7.119	13.588	shi
吃	7	34	0	3.748	22.366	14.885	1.118	3.881	-8.032	13.030	shi
看看	0	26	0	2.377	14.184	9.439	-1.083	6.843	-5.093	13.019	rang
发挥	0	0	14	1.280	7.637	5.083	-0.583	-4.795	6.160	11.538	shi
减少	0	0	14	1.280	7.637	5.083	-0.583	-4.795	6.160	11.538	shi
觉得	0	23	0	2.103	12.547	8.350	-0.958	6.053	-4.506	11.517	rang
有（兴趣）	2	26	0	2.560	15.275	10.166	-0.283	4.912	-5.485	10.679	shi
买	0	20	0	1.828	10.911	7.261	-0.833	5.264	-3.918	10.015	rang
上（学校）	0	20	0	1.828	10.911	7.261	-0.833	5.264	-3.918	10.015	rang
受到	0	0	12	1.097	6.546	4.357	-0.500	-4.110	5.280	9.890	shi

附录4 "使、让、叫"字迂回致使结构结果动词槽位多元共现词位分析数据表

续表

Coll_Word	jiao	rang	shi	exp_jiao	exp_rang	exp_shi	pbin_jiao	pbin_rang	pbin_shi	SumAbsDev	LargestDev
陷入	0	0	12	1.097	6.546	4.357	-0.500	-4.110	5.280	9.890	shi
进（屋子）	6	24	0	2.743	16.366	10.892	1.290	2.462	-5.877	9.629	shi
听	0	19	0	1.737	10.365	6.898	-0.791	5.001	-3.722	9.514	rang
打	6	0	0	0.549	3.273	2.178	6.234	-2.055	-1.175	9.464	jiao
获得	0	0	11	1.006	6.001	3.994	-0.458	-3.767	4.840	9.066	shi
具有	0	0	11	1.006	6.001	3.994	-0.458	-3.767	4.840	9.066	shi
认识	0	0	11	1.006	6.001	3.994	-0.458	-3.767	4.840	9.066	shi
找	0	17	0	1.554	9.274	6.172	-0.708	4.474	-3.330	8.512	rang
当（书记）	8	15	0	2.103	12.547	8.350	3.169	0.683	-4.506	8.357	shi
提高	0	0	10	0.914	5.455	3.631	-0.416	-3.425	4.400	8.242	shi
下降	0	0	10	0.914	5.455	3.631	-0.416	-3.425	4.400	8.242	shi
吃苦	0	16	0	1.463	8.728	5.809	-0.666	4.211	-3.134	8.012	rang
写（诗词）	0	16	0	1.463	8.728	5.809	-0.666	4.211	-3.134	8.012	rang
教	5	0	0	0.457	2.728	1.815	5.195	-1.712	-0.980	7.887	jiao
恢复	0	0	9	0.823	4.910	3.268	-0.375	-3.082	3.960	7.417	shi
失去	0	0	9	0.823	4.910	3.268	-0.375	-3.082	3.960	7.417	shi
适应	0	0	9	0.823	4.910	3.268	-0.375	-3.082	3.960	7.417	shi

续表

Coll_Word	jiao	rang	shi	exp_jiao	exp_rang	exp_shi	pbin_jiao	pbin_rang	pbin_shi	SumAbsDev	LargestDev
增加	0	0	9	0.823	4.910	3.268	-0.375	-3.082	3.960	7.417	shi
送(我)	0	14	0	1.280	7.637	5.083	-0.583	3.685	-2.743	7.010	rang
学	0	14	0	1.280	7.637	5.083	-0.583	3.685	-2.743	7.010	rang
坐	0	14	0	1.280	7.637	5.083	-0.583	3.685	-2.743	7.010	rang
形成	0	0	8	0.731	4.364	2.904	-0.333	-2.740	3.520	6.593	shi
显得	0	4	14	1.646	9.819	6.535	-0.750	-2.261	3.390	6.401	shi
喊	4	0	0	0.366	2.182	1.452	4.156	-1.370	-0.784	6.309	jiao
回家	4	0	0	0.366	2.182	1.452	4.156	-1.370	-0.784	6.309	jiao
拿	4	0	0	0.366	2.182	1.452	4.156	-1.370	-0.784	6.309	jiao
感觉	0	12	0	1.097	6.546	4.357	-0.500	3.158	-2.351	6.009	rang
结合	0	0	7	0.640	3.819	2.541	-0.292	-2.397	3.080	5.769	shi
理解	0	0	7	0.640	3.819	2.541	-0.292	-2.397	3.080	5.769	shi
升高	0	0	7	0.640	3.819	2.541	-0.292	-2.397	3.080	5.769	shi
实现	0	0	7	0.640	3.819	2.541	-0.292	-2.397	3.080	5.769	shi
看见	0	11	0	1.006	6.001	3.994	-0.458	2.895	-2.155	5.508	rang
过	0	10	0	0.914	5.455	3.631	-0.416	2.632	-1.959	5.007	rang
回来	0	10	0	0.914	5.455	3.631	-0.416	2.632	-1.959	5.007	rang

续表

Coll_Word	jiao	rang	shi	exp_jiao	exp_rang	exp_shi	pbin_jiao	pbin_rang	pbin_shi	SumAbsDev	LargestDev
看到	0	10	0	0.914	5.455	3.631	-0.416	2.632	-1.959	5.007	rang
想	0	10	0	0.914	5.455	3.631	-0.416	2.632	-1.959	5.007	rang
处于	0	0	6	0.549	3.273	2.178	-0.250	-2.055	2.640	4.945	shi
降低	0	0	6	0.549	3.273	2.178	-0.250	-2.055	2.640	4.945	shi
穿（衣服）	3	0	0	0.274	1.637	1.089	3.117	-1.028	-0.588	4.732	jiao
负责	3	0	0	0.274	1.637	1.089	3.117	-1.028	-0.588	4.732	jiao
进去	3	0	0	0.274	1.637	1.089	3.117	-1.028	-0.588	4.732	jiao
起床	3	0	0	0.274	1.637	1.089	3.117	-1.028	-0.588	4.732	jiao
瞧	3	0	0	0.274	1.637	1.089	3.117	-1.028	-0.588	4.732	jiao
上去	0	9	0	0.823	4.910	3.268	-0.375	2.369	-1.763	4.507	rang
帮	0	9	0	0.823	4.910	3.268	-0.375	2.369	-1.763	4.507	rang
帮助	0	9	0	0.823	4.910	3.268	-0.375	2.369	-1.763	4.507	rang
给	0	9	0	0.823	4.910	3.268	-0.375	2.369	-1.763	4.507	rang
听听	0	9	0	1.097	6.546	4.357	1.046	0.893	-2.351	4.290	shi
睡	3	9	0	0.457	2.728	1.815	-0.208	-1.712	2.200	4.121	shi
服务	0	0	5	0.457	2.728	1.815	-0.208	-1.712	2.200	4.121	shi
扩大	0	0	5	0.457	2.728	1.815	-0.208	-1.712	2.200	4.121	shi

续表

Coll_Word	jiao	rang	shi	exp_jiao	exp_rang	exp_shi	pbin_jiao	pbin_rang	pbin_shi	SumAbsDev	LargestDev
趋于	0	0	5	0.457	2.728	1.815	-0.208	-1.712	2.200	4.121	shi
取得	0	0	5	0.457	2.728	1.815	-0.208	-1.712	2.200	4.121	shi
受	0	0	5	0.457	2.728	1.815	-0.208	-1.712	2.200	4.121	shi
想起	0	6	12	1.646	9.819	6.535	-0.750	-1.236	2.065	4.050	shi
进入	0	5	11	1.463	8.728	5.809	-0.666	-1.281	2.071	4.017	shi
喝	0	8	0	0.731	4.364	2.904	-0.333	2.106	-1.567	4.006	rang
记住	0	8	0	0.731	4.364	2.904	-0.333	2.106	-1.567	4.006	rang
想想	0	8	0	0.731	4.364	2.904	-0.333	2.106	-1.567	4.006	rang
过去	0	7	0	0.640	3.819	2.541	-0.292	1.842	-1.371	3.505	rang
接（你）	0	7	0	0.640	3.819	2.541	-0.292	1.842	-1.371	3.505	rang
解释	0	7	0	0.640	3.819	2.541	-0.292	1.842	-1.371	3.505	rang
洗	0	7	0	0.640	3.819	2.541	-0.292	1.842	-1.371	3.505	rang
唱	3	5	0	0.731	4.364	2.904	1.521	0.331	-1.567	3.420	shi
联想	1	0	4	0.457	2.728	1.815	0.419	-1.712	1.210	3.342	rang
避免	0	0	4	0.366	2.182	1.452	-0.167	-1.370	1.760	3.297	shi
变为	0	0	4	0.366	2.182	1.452	-0.167	-1.370	1.760	3.297	shi
促进	0	0	4	0.366	2.182	1.452	-0.167	-1.370	1.760	3.297	shi

续表

Coll_Word	jiao	rang	shi	exp_jiao	exp_rang	exp_shi	pbin_jiao	pbin_rang	pbin_shi	SumAbsDev	LargestDev
加快	0	0	4	0.366	2.182	1.452	-0.167	-1.370	1.760	3.297	shi
接近	0	0	4	0.366	2.182	1.452	-0.167	-1.370	1.760	3.297	shi
帮忙	3	4	0	0.640	3.819	2.541	1.695	0.223	-1.371	3.289	jiao
摸	3	4	0	0.640	3.819	2.541	1.695	0.223	-1.371	3.289	jiao
包（扁食）	2	0	0	0.183	1.091	0.726	2.078	-0.685	-0.392	3.155	jiao
朴交	2	0	0	0.183	1.091	0.726	2.078	-0.685	-0.392	3.155	jiao
打交道	2	0	0	0.183	1.091	0.726	2.078	-0.685	-0.392	3.155	jiao
发愁	2	0	0	0.183	1.091	0.726	2.078	-0.685	-0.392	3.155	jiao
服气	2	0	0	0.183	1.091	0.726	2.078	-0.685	-0.392	3.155	jiao
搁	2	0	0	0.183	1.091	0.726	2.078	-0.685	-0.392	3.155	jiao
跟	2	0	0	0.183	1.091	0.726	2.078	-0.685	-0.392	3.155	jiao
回答	2	0	0	0.183	1.091	0.726	2.078	-0.685	-0.392	3.155	jiao
检查	2	0	0	0.183	1.091	0.726	2.078	-0.685	-0.392	3.155	jiao
捐	2	0	0	0.183	1.091	0.726	2.078	-0.685	-0.392	3.155	jiao
睡觉	2	0	0	0.183	1.091	0.726	2.078	-0.685	-0.392	3.155	jiao
偷	2	0	0	0.183	1.091	0.726	2.078	-0.685	-0.392	3.155	jiao
忘记	2	0	0	0.183	1.091	0.726	2.078	-0.685	-0.392	3.155	jiao

续表

Coll_Word	jiao	rang	shi	exp_jiao	exp_rang	exp_shi	pbin_jiao	pbin_rang	pbin_shi	SumAbsDev	LargestDev
谢恩	2	0	0	0.183	1.091	0.726	2.078	−0.685	−0.392	3.155	jiao
修理	2	0	0	0.183	1.091	0.726	2.078	−0.685	−0.392	3.155	jiao
重归于好	2	0	0	0.183	1.091	0.726	2.078	−0.685	−0.392	3.155	jiao
到(家)	1	7	0	0.731	4.364	2.904	0.271	1.221	−1.567	3.059	shi
吃饭	0	6	0	0.549	3.273	2.178	−0.250	1.579	−1.175	3.004	rang
呆(在)	0	6	0	0.549	3.273	2.178	−0.250	1.579	−1.175	3.004	rang
读	0	6	0	0.549	3.273	2.178	−0.250	1.579	−1.175	3.004	rang
感谢	0	6	0	0.549	3.273	2.178	−0.250	1.579	−1.175	3.004	rang
欢迎	0	6	0	0.549	3.273	2.178	−0.250	1.579	−1.175	3.004	rang
受不了	0	6	0	0.549	3.273	2.178	−0.250	1.579	−1.175	3.004	rang
说话	0	6	0	0.549	3.273	2.178	−0.250	1.579	−1.175	3.004	rang
选择	0	6	0	0.549	3.273	2.178	−0.250	1.579	−1.175	3.004	rang
用	0	6	0	0.549	3.273	2.178	−0.250	1.579	−1.175	3.004	rang
坐下	0	6	0	0.549	3.273	2.178	−0.250	1.579	−1.175	3.004	rang
画	2	4	0	0.549	3.273	2.178	1.010	0.364	−1.175	2.549	shi
骗	2	4	0	0.549	3.273	2.178	1.010	0.364	−1.175	2.549	shi
照顾	2	4	0	0.549	3.273	2.178	1.010	0.364	−1.175	2.549	shi

续表

Coll_Word	jiao	rang	shi	exp_jiao	exp_rang	exp_shi	pbin_jiao	pbin_rang	pbin_shi	SumAbsDev	LargestDev
走	0	23	15	3.474	20.730	13.796	−1.582	0.547	0.397	2.527	jiao
放心	0	5	0	0.457	2.728	1.815	−0.208	1.316	−0.980	2.504	rang
飞	0	5	0	0.457	2.728	1.815	−0.208	1.316	−0.980	2.504	rang
分析	0	5	0	0.457	2.728	1.815	−0.208	1.316	−0.980	2.504	rang
回去	0	5	0	0.457	2.728	1.815	−0.208	1.316	−0.980	2.504	rang
留下（墨宝）	0	5	0	0.457	2.728	1.815	−0.208	1.316	−0.980	2.504	rang
瞧瞧	0	5	0	0.457	2.728	1.815	−0.208	1.316	−0.980	2.504	rang
在（手里）	0	5	0	0.457	2.728	1.815	−0.208	1.316	−0.980	2.504	rang
证明	0	0	3	0.274	1.637	1.089	−0.125	−1.028	1.320	2.473	shi
把握	0	0	3	0.274	1.637	1.089	−0.125	−1.028	1.320	2.473	shi
超越	0	0	3	0.274	1.637	1.089	−0.125	−1.028	1.320	2.473	shi
吃惊	0	0	3	0.274	1.637	1.089	−0.125	−1.028	1.320	2.473	shi
度过	0	0	3	0.274	1.637	1.089	−0.125	−1.028	1.320	2.473	shi
符合	0	0	3	0.274	1.637	1.089	−0.125	−1.028	1.320	2.473	shi
互补	0	0	3	0.274	1.637	1.089	−0.125	−1.028	1.320	2.473	shi
集中	0	0	3	0.274	1.637	1.089	−0.125	−1.028	1.320	2.473	shi
减弱	0	0	3	0.274	1.637	1.089	−0.125	−1.028	1.320	2.473	shi

续表

Coll_Word	jiao	rang	shi	exp_jiao	exp_rang	exp_shi	pbin_jiao	pbin_rang	pbin_shi	SumAbsDev	LargestDev
经受	0	0	3	0.274	1.637	1.089	-0.125	-1.028	1.320	2.473	shi
蒙受	0	0	3	0.274	1.637	1.089	-0.125	-1.028	1.320	2.473	shi
缺乏	0	0	3	0.274	1.637	1.089	-0.125	-1.028	1.320	2.473	shi
融入	0	0	3	0.274	1.637	1.089	-0.125	-1.028	1.320	2.473	shi
死亡	0	0	3	0.274	1.637	1.089	-0.125	-1.028	1.320	2.473	shi
缩小	0	0	3	0.274	1.637	1.089	-0.125	-1.028	1.320	2.473	shi
稳定	0	0	3	0.274	1.637	1.089	-0.125	-1.028	1.320	2.473	shi
污染	0	0	3	0.274	1.637	1.089	-0.125	-1.028	1.320	2.473	shi
显示	0	0	3	0.274	1.637	1.089	-0.125	-1.028	1.320	2.473	shi
陷于	0	0	3	0.274	1.637	1.089	-0.125	-1.028	1.320	2.473	shi
消除	0	0	3	0.274	1.637	1.089	-0.125	-1.028	1.320	2.473	shi
消失	0	0	3	0.274	1.637	1.089	-0.125	-1.028	1.320	2.473	shi
生气	2	3	0	0.457	2.728	1.815	1.159	0.233	-0.980	2.372	jiao
挑	2	3	0	0.457	2.728	1.815	1.159	0.233	-0.980	2.372	jiao
休息	2	3	0	0.457	2.728	1.815	1.159	0.233	-0.980	2.372	jiao
拿出（意见）	1	5	0	0.549	3.273	2.178	0.359	0.801	-1.175	2.336	shi
丧失	0	3	6	0.823	4.910	3.268	-0.375	-0.762	1.196	2.333	shi

附录4 "使、让、叫"字迂回致使结构结果动词槽位多元共现词位分析数据表 / 215

续表

Coll_Word	jiao	rang	shi	exp_jiao	exp_rang	exp_shi	pbin_jiao	pbin_rang	pbin_shi	SumAbsDev	LargestDev
搬（床板）	0	4	0	0.366	2.182	1.452	-0.167	1.053	-0.784	2.003	rang
吃亏	0	4	0	0.366	2.182	1.452	-0.167	1.053	-0.784	2.003	rang
担心	0	4	0	0.366	2.182	1.452	-0.167	1.053	-0.784	2.003	rang
懂得	0	4	0	0.366	2.182	1.452	-0.167	1.053	-0.784	2.003	rang
讲话	0	4	0	0.366	2.182	1.452	-0.167	1.053	-0.784	2.003	rang
念（书）	0	4	0	0.366	2.182	1.452	-0.167	1.053	-0.784	2.003	rang
陪	0	4	0	0.366	2.182	1.452	-0.167	1.053	-0.784	2.003	rang
上学	0	4	0	0.366	2.182	1.452	-0.167	1.053	-0.784	2.003	rang
伺候	0	4	0	0.366	2.182	1.452	-0.167	1.053	-0.784	2.003	rang
下（楼）	0	4	0	0.366	2.182	1.452	-0.167	1.053	-0.784	2.003	rang
欣赏	0	4	0	0.366	2.182	1.452	-0.167	1.053	-0.784	2.003	rang
做饭	0	4	0	0.366	2.182	1.452	-0.167	1.053	-0.784	2.003	rang
试试（衣服）	1	4	0	0.457	2.728	1.815	0.419	0.603	-0.980	2.002	shi
掌握	0	4	6	0.914	5.455	3.631	-0.416	-0.567	0.954	1.937	shi
得	0	2	4	0.549	3.273	2.178	-0.250	-0.581	0.879	1.709	shi
和好	1	0	1	0.183	1.091	0.726	0.758	-0.685	0.226	1.669	jiao
忘掉	1	0	1	0.183	1.091	0.726	0.758	-0.685	0.226	1.669	jiao

续表

Coll_Word	jiao	rang	shi	exp_jiao	exp_rang	exp_shi	pbin_jiao	pbin_rang	pbin_shi	SumAbsDev	LargestDev
安度	0	0	2	0.183	1.091	0.726	-0.083	-0.685	0.880	1.648	shi
安居乐业	0	0	2	0.183	1.091	0.726	-0.083	-0.685	0.880	1.648	shi
变形	0	0	2	0.183	1.091	0.726	-0.083	-0.685	0.880	1.648	shi
步人	0	0	2	0.183	1.091	0.726	-0.083	-0.685	0.880	1.648	shi
成熟	0	0	2	0.183	1.091	0.726	-0.083	-0.685	0.880	1.648	shi
呈（现）	0	0	2	0.183	1.091	0.726	-0.083	-0.685	0.880	1.648	shi
处在	0	0	2	0.183	1.091	0.726	-0.083	-0.685	0.880	1.648	shi
发热	0	0	2	0.183	1.091	0.726	-0.083	-0.685	0.880	1.648	shi
发扬光大	0	0	2	0.183	1.091	0.726	-0.083	-0.685	0.880	1.648	shi
反抗	0	0	2	0.183	1.091	0.726	-0.083	-0.685	0.880	1.648	shi
负有	0	0	2	0.183	1.091	0.726	-0.083	-0.685	0.880	1.648	shi
富有	0	0	2	0.183	1.091	0.726	-0.083	-0.685	0.880	1.648	shi
感慨	0	0	2	0.183	1.091	0.726	-0.083	-0.685	0.880	1.648	shi
各得其所	0	0	2	0.183	1.091	0.726	-0.083	-0.685	0.880	1.648	shi
过得	0	0	2	0.183	1.091	0.726	-0.083	-0.685	0.880	1.648	shi
化为	0	0	2	0.183	1.091	0.726	-0.083	-0.685	0.880	1.648	shi
缓解	0	0	2	0.183	1.091	0.726	-0.083	-0.685	0.880	1.648	shi

续表

Coll_Word	jiao	rang	shi	exp_jiao	exp_rang	exp_shi	pbin_jiao	pbin_rang	pbin_shi	SumAbsDev	LargestDev
具备	0	0	2	0.183	1.091	0.726	−0.083	−0.685	0.880	1.648	shi
怦然心动	0	0	2	0.183	1.091	0.726	−0.083	−0.685	0.880	1.648	shi
前进	0	0	2	0.183	1.091	0.726	−0.083	−0.685	0.880	1.648	shi
融合	0	0	2	0.183	1.091	0.726	−0.083	−0.685	0.880	1.648	shi
上升	0	0	2	0.183	1.091	0.726	−0.083	−0.685	0.880	1.648	shi
深化	0	0	2	0.183	1.091	0.726	−0.083	−0.685	0.880	1.648	shi
深入	0	0	2	0.183	1.091	0.726	−0.083	−0.685	0.880	1.648	shi
深受	0	0	2	0.183	1.091	0.726	−0.083	−0.685	0.880	1.648	shi
渗入	0	0	2	0.183	1.091	0.726	−0.083	−0.685	0.880	1.648	shi
升华	0	0	2	0.183	1.091	0.726	−0.083	−0.685	0.880	1.648	shi
适合	0	0	2	0.183	1.091	0.726	−0.083	−0.685	0.880	1.648	shi
受益（匪浅）	0	0	2	0.183	1.091	0.726	−0.083	−0.685	0.880	1.648	shi
熟知	0	0	2	0.183	1.091	0.726	−0.083	−0.685	0.880	1.648	shi
思考	0	0	2	0.183	1.091	0.726	−0.083	−0.685	0.880	1.648	shi
突出	0	0	2	0.183	1.091	0.726	−0.083	−0.685	0.880	1.648	shi
脱落	0	0	2	0.183	1.091	0.726	−0.083	−0.685	0.880	1.648	shi
羡慕	0	0	2	0.183	1.091	0.726	−0.083	−0.685	0.880	1.648	shi

续表

Coll_Word	jiao	rang	shi	exp_jiao	exp_rang	exp_shi	pbin_jiao	pbin_rang	pbin_shi	SumAbsDev	LargestDev
移动	0	0	2	0.183	1.091	0.726	-0.083	-0.685	0.880	1.648	shi
赢得	0	0	2	0.183	1.091	0.726	-0.083	-0.685	0.880	1.648	shi
原形毕露	0	0	2	0.183	1.091	0.726	-0.083	-0.685	0.880	1.648	shi
增多	0	0	2	0.183	1.091	0.726	-0.083	-0.685	0.880	1.648	shi
增高	0	0	2	0.183	1.091	0.726	-0.083	-0.685	0.880	1.648	shi
增强	0	0	2	0.183	1.091	0.726	-0.083	-0.685	0.880	1.648	shi
增添	0	0	2	0.183	1.091	0.726	-0.083	-0.685	0.880	1.648	shi
展开	0	0	2	0.183	1.091	0.726	-0.083	-0.685	0.880	1.648	shi
转变	0	0	2	0.183	1.091	0.726	-0.083	-0.685	0.880	1.648	shi
转化	0	0	2	0.183	1.091	0.726	-0.083	-0.685	0.880	1.648	shi
转危为安	0	0	2	0.183	1.091	0.726	-0.083	-0.685	0.880	1.648	shi
转为	0	0	2	0.183	1.091	0.726	-0.083	-0.685	0.880	1.648	shi
走向	0	0	2	0.183	1.091	0.726	-0.083	-0.685	0.880	1.648	shi
接受	2	8	9	1.737	10.365	6.898	0.277	-0.710	0.658	1.644	rang
倾倒	0	1	3	0.366	2.182	1.452	-0.167	-0.606	0.856	1.629	shi
成长	0	8	3	1.006	6.001	3.994	-0.458	0.738	-0.409	1.605	rang
感动	0	8	3	1.006	6.001	3.994	-0.458	0.738	-0.409	1.605	rang

续表

Coll_Word	jiao	rang	shi	exp_jiao	exp_rang	exp_shi	pbin_jiao	pbin_rang	pbin_shi	SumAbsDev	LargestDev
安心	1	0	0	0.091	0.546	0.363	1.039	-0.343	-0.196	1.577	jiao
扒(拆)	1	0	0	0.091	0.546	0.363	1.039	-0.343	-0.196	1.577	jiao
保密	1	0	0	0.091	0.546	0.363	1.039	-0.343	-0.196	1.577	jiao
爆(玉米)	1	0	0	0.091	0.546	0.363	1.039	-0.343	-0.196	1.577	jiao
背黑锅	1	0	0	0.091	0.546	0.363	1.039	-0.343	-0.196	1.577	jiao
补考	1	0	0	0.091	0.546	0.363	1.039	-0.343	-0.196	1.577	jiao
查查	1	0	0	0.091	0.546	0.363	1.039	-0.343	-0.196	1.577	jiao
尝尝	1	0	0	0.091	0.546	0.363	1.039	-0.343	-0.196	1.577	jiao
乘车	1	0	0	0.091	0.546	0.363	1.039	-0.343	-0.196	1.577	jiao
出声	1	0	0	0.091	0.546	0.363	1.039	-0.343	-0.196	1.577	jiao
出庭	1	0	0	0.091	0.546	0.363	1.039	-0.343	-0.196	1.577	jiao
喘(气)	1	0	0	0.091	0.546	0.363	1.039	-0.343	-0.196	1.577	jiao
发急	1	0	0	0.091	0.546	0.363	1.039	-0.343	-0.196	1.577	jiao
发酵气	1	0	0	0.091	0.546	0.363	1.039	-0.343	-0.196	1.577	jiao
发烧	1	0	0	0.091	0.546	0.363	1.039	-0.343	-0.196	1.577	jiao
返(城)	1	0	0	0.091	0.546	0.363	1.039	-0.343	-0.196	1.577	jiao
返回	1	0	0	0.091	0.546	0.363	1.039	-0.343	-0.196	1.577	jiao

续表

Coll_Word	jiao	rang	shi	exp_jiao	exp_rang	exp_shi	pbin_jiao	pbin_rang	pbin_shi	SumAbsDev	LargestDev
服役	1	0	0	0.091	0.546	0.363	1.039	-0.343	-0.196	1.577	jiao
告别	1	0	0	0.091	0.546	0.363	1.039	-0.343	-0.196	1.577	jiao
恭维	1	0	0	0.091	0.546	0.363	1.039	-0.343	-0.196	1.577	jiao
鼓掌	1	0	0	0.091	0.546	0.363	1.039	-0.343	-0.196	1.577	jiao
归队	1	0	0	0.091	0.546	0.363	1.039	-0.343	-0.196	1.577	jiao
滚	1	0	0	0.091	0.546	0.363	1.039	-0.343	-0.196	1.577	jiao
还（回）	1	0	0	0.091	0.546	0.363	1.039	-0.343	-0.196	1.577	jiao
画押	1	0	0	0.091	0.546	0.363	1.039	-0.343	-0.196	1.577	jiao
回信	1	0	0	0.091	0.546	0.363	1.039	-0.343	-0.196	1.577	jiao
魂牵梦绕	1	0	0	0.091	0.546	0.363	1.039	-0.343	-0.196	1.577	jiao
检验	1	0	0	0.091	0.546	0.363	1.039	-0.343	-0.196	1.577	jiao
接班	1	0	0	0.091	0.546	0.363	1.039	-0.343	-0.196	1.577	jiao
惊讶	1	0	0	0.091	0.546	0.363	1.039	-0.343	-0.196	1.577	jiao
开心	1	0	0	0.091	0.546	0.363	1.039	-0.343	-0.196	1.577	jiao
开张	1	0	0	0.091	0.546	0.363	1.039	-0.343	-0.196	1.577	jiao
扛	1	0	0	0.091	0.546	0.363	1.039	-0.343	-0.196	1.577	jiao
烤（热）	1	0	0	0.091	0.546	0.363	1.039	-0.343	-0.196	1.577	jiao

附录4 "使、让、叫"字迂回致使结构结果动词槽位多元共现词位分析数据表 / 221

续表

Coll_Word	jiao	rang	shi	exp_jiao	exp_rang	exp_shi	pbin_jiao	pbin_rang	pbin_shi	SumAbsDev	LargestDev
磕头	1	0	0	0.091	0.546	0.363	1.039	−0.343	−0.196	1.577	jiao
哭笑不得	1	0	0	0.091	0.546	0.363	1.039	−0.343	−0.196	1.577	jiao
唠唠	1	0	0	0.091	0.546	0.363	1.039	−0.343	−0.196	1.577	jiao
联欢	1	0	0	0.091	0.546	0.363	1.039	−0.343	−0.196	1.577	jiao
落马	1	0	0	0.091	0.546	0.363	1.039	−0.343	−0.196	1.577	jiao
摸透	1	0	0	0.091	0.546	0.363	1.039	−0.343	−0.196	1.577	jiao
闹腾	1	0	0	0.091	0.546	0.363	1.039	−0.343	−0.196	1.577	jiao
呕吐	1	0	0	0.091	0.546	0.363	1.039	−0.343	−0.196	1.577	jiao
拍照	1	0	0	0.091	0.546	0.363	1.039	−0.343	−0.196	1.577	jiao
抛弃	1	0	0	0.091	0.546	0.363	1.039	−0.343	−0.196	1.577	jiao
泡茶	1	0	0	0.091	0.546	0.363	1.039	−0.343	−0.196	1.577	jiao
骑（车）	1	0	0	0.091	0.546	0.363	1.039	−0.343	−0.196	1.577	jiao
牵来	1	0	0	0.091	0.546	0.363	1.039	−0.343	−0.196	1.577	jiao
确认	1	0	0	0.091	0.546	0.363	1.039	−0.343	−0.196	1.577	jiao
入学	1	0	0	0.091	0.546	0.363	1.039	−0.343	−0.196	1.577	jiao
散开	1	0	0	0.091	0.546	0.363	1.039	−0.343	−0.196	1.577	jiao
上当	1	0	0	0.091	0.546	0.363	1.039	−0.343	−0.196	1.577	jiao

续表

Coll_Word	jiao	rang	shi	exp_jiao	exp_rang	exp_shi	pbin_jiao	pbin_rang	pbin_shi	SumAbsDev	LargestDev
上缴	1	0	0	0.091	0.546	0.363	1.039	-0.343	-0.196	1.577	jiao
上台	1	0	0	0.091	0.546	0.363	1.039	-0.343	-0.196	1.577	jiao
捎	1	0	0	0.091	0.546	0.363	1.039	-0.343	-0.196	1.577	jiao
生出	1	0	0	0.091	0.546	0.363	1.039	-0.343	-0.196	1.577	jiao
声张	1	0	0	0.091	0.546	0.363	1.039	-0.343	-0.196	1.577	jiao
识字	1	0	0	0.091	0.546	0.363	1.039	-0.343	-0.196	1.577	jiao
瘦	1	0	0	0.091	0.546	0.363	1.039	-0.343	-0.196	1.577	jiao
送客	1	0	0	0.091	0.546	0.363	1.039	-0.343	-0.196	1.577	jiao
索赔	1	0	0	0.091	0.546	0.363	1.039	-0.343	-0.196	1.577	jiao
腾（房子）	1	0	0	0.091	0.546	0.363	1.039	-0.343	-0.196	1.577	jiao
停下	1	0	0	0.091	0.546	0.363	1.039	-0.343	-0.196	1.577	jiao
退	1	0	0	0.091	0.546	0.363	1.039	-0.343	-0.196	1.577	jiao
退回（东西）	1	0	0	0.091	0.546	0.363	1.039	-0.343	-0.196	1.577	jiao
退赔	1	0	0	0.091	0.546	0.363	1.039	-0.343	-0.196	1.577	jiao
挽（头发）	1	0	0	0.091	0.546	0.363	1.039	-0.343	-0.196	1.577	jiao
下载	1	0	0	0.091	0.546	0.363	1.039	-0.343	-0.196	1.577	jiao
信教	1	0	0	0.091	0.546	0.363	1.039	-0.343	-0.196	1.577	jiao

附录4 "使、让、叫"字迂回致使结构结果动词槽位多元共现词位分析数据表

续表

Coll_Word	jiao	rang	shi	exp_jiao	exp_rang	exp_shi	pbin_jiao	pbin_rang	pbin_shi	SumAbsDev	LargestDev
遭罪	1	0	0	0.091	0.546	0.363	1.039	-0.343	-0.196	1.577	jiao
卖弄	1	0	0	0.091	0.546	0.363	1.039	-0.343	-0.196	1.577	jiao
轧	1	0	0	0.091	0.546	0.363	1.039	-0.343	-0.196	1.577	jiao
织（布）	1	0	0	0.091	0.546	0.363	1.039	-0.343	-0.196	1.577	jiao
住院	1	0	0	0.091	0.546	0.363	1.039	-0.343	-0.196	1.577	jiao
自生自灭	1	0	0	0.091	0.546	0.363	1.039	-0.343	-0.196	1.577	jiao
变得	0	3	0	0.274	1.637	1.089	-0.125	0.790	-0.588	1.502	rang
捅	0	3	0	0.274	1.637	1.089	-0.125	0.790	-0.588	1.502	rang
承受	0	3	0	0.274	1.637	1.089	-0.125	0.790	-0.588	1.502	rang
抽烟	0	3	0	0.274	1.637	1.089	-0.125	0.790	-0.588	1.502	rang
闯（江湖）	0	3	0	0.274	1.637	1.089	-0.125	0.790	-0.588	1.502	rang
打开	0	3	0	0.274	1.637	1.089	-0.125	0.790	-0.588	1.502	rang
读书	0	3	0	0.274	1.637	1.089	-0.125	0.790	-0.588	1.502	rang
干活	0	3	0	0.274	1.637	1.089	-0.125	0.790	-0.588	1.502	rang
关注	0	3	0	0.274	1.637	1.089	-0.125	0.790	-0.588	1.502	rang
后悔	0	3	0	0.274	1.637	1.089	-0.125	0.790	-0.588	1.502	rang
呼吁	0	3	0	0.274	1.637	1.089	-0.125	0.790	-0.588	1.502	rang

续表

Coll_Word	jiao	rang	shi	exp_jiao	exp_rang	exp_shi	pbin_jiao	pbin_rang	pbin_shi	SumAbsDev	LargestDev
混	0	3	0	0.274	1.637	1.089	-0.125	0.790	-0.588	1.502	rang
加入	0	3	0	0.274	1.637	1.089	-0.125	0.790	-0.588	1.502	rang
见鬼去	0	3	0	0.274	1.637	1.089	-0.125	0.790	-0.588	1.502	rang
见面	0	3	0	0.274	1.637	1.089	-0.125	0.790	-0.588	1.502	rang
蒙(人)	0	3	0	0.274	1.637	1.089	-0.125	0.790	-0.588	1.502	rang
爬	0	3	0	0.274	1.637	1.089	-0.125	0.790	-0.588	1.502	rang
娶	0	3	0	0.274	1.637	1.089	-0.125	0.790	-0.588	1.502	rang
收拾	0	3	0	0.274	1.637	1.089	-0.125	0.790	-0.588	1.502	rang
受苦	0	3	0	0.274	1.637	1.089	-0.125	0.790	-0.588	1.502	rang
谈谈	0	3	0	0.274	1.637	1.089	-0.125	0.790	-0.588	1.502	rang
听见	0	3	0	0.274	1.637	1.089	-0.125	0.790	-0.588	1.502	rang
享受	0	3	0	0.274	1.637	1.089	-0.125	0.790	-0.588	1.502	rang
歇	0	3	0	0.274	1.637	1.089	-0.125	0.790	-0.588	1.502	rang
拥有	0	3	0	0.274	1.637	1.089	-0.125	0.790	-0.588	1.502	rang
自律	0	3	0	0.274	1.637	1.089	-0.125	0.790	-0.588	1.502	rang
感受	0	4	5	0.823	4.910	3.268	-0.375	-0.410	0.711	1.496	shi
难以置信	1	2	0	0.274	1.637	1.089	0.602	0.246	-0.588	1.435	jiao

附录4 "使、让、叫"字迁回致使结构结果动词槽位多元共现词位分析数据表 / 225

续表

Coll_Word	jiao	rang	shi	exp_jiao	exp_rang	exp_shi	pbin_jiao	pbin_rang	pbin_shi	SumAbsDev	LargestDev
签字	1	2	0	0.274	1.637	1.089	0.602	0.246	-0.588	1.435	jiao
送来	1	2	0	0.274	1.637	1.089	0.602	0.246	-0.588	1.435	jiao
钻空子	1	2	0	0.274	1.637	1.089	0.602	0.246	-0.588	1.435	jiao
捏摸	1	1	0	0.183	1.091	0.726	0.758	-0.153	-0.392	1.303	jiao

注：Coll_Word 表示要考察的与结构搭配的动词；jiao、rang、shi 栏分别表示"叫、让、使"字迁回致使结构在语料库中的总数；exp_jiao、exp_rang、exp_shi 栏分别表示"叫、让、使"字迁回致使结构在语料库中的期望频次；pbin_jiao、pbin_rang、pbin_shi 栏分别表示每个搭配动词与该结构的关联强度（pbin_* >3 表示 p<0.001；pbin_* >2 表示 p<0.01；pbin_* >1.30103 表示 p<0.05），数字前的符号"+"和"-"分别表示该动词与对应结构的吸引或排斥倾向；SumAbsDev 栏是前面三个 pbin_* 值的绝对值之和，表明该动词在三个结构之间的分布差异越大；LargestDev 栏给出了搭配词分布差异最大的那个结构。

参考文献

安丰存、刘立群：《英语 SVOC 句式与汉语兼语式动词类别对比》，《延边大学学报》（社会科学版）2004 年第 2 期。

曹余生：《汉语的兼语式和英语的"动＋宾＋宾补"结构》，《山西大学师范学院学报》（综合版）1993 年第 2 期。

常辉：《母语为英语的留学生汉语致使结构的习得研究》，《世界汉语教学》2011 年第 1 期。

陈昌来：《论现代汉语的致使结构》，《井冈山师范学院学报》（哲学社会科学）2001 年第 3 期。

陈光波：《谈英语"动词＋复合宾语"与汉语"兼语式"的对应关系》，《山东教育学院学报》1995 年第 3 期。

陈慧英：《"连动式"和"兼语式"是否应该取消?》，《安徽大学学报》1978 年第 4 期。

陈建桥：《兼语式的俄译》，《俄语学习》2000 年第 1 期。

陈静、王东波、谢靖、郑建明：《基于条件随机场的兼语结构自动识别》，《情报科学》2012 年第 3 期。

陈俊芳：《现代汉语致使移动结构构式研究》，《宁夏大学学报》（人文社会科学版）2009 年第 4 期。

陈力、曲秀芬：《时体范畴的出现与"让"的语法化》，《语言与翻译》2008 年第 2 期。

陈小英：《带兼语的"使"与"让"之比较》，《广西社会科学》2005 年第 2 期。

陈秀娟：《致使义的汉语兼语句和英语复合宾语句的对比研究》，博士学位论文，吉林大学，2010 年。

成镇权：《论现代汉语中的兼语式》，硕士学位论文，华南师范大学，2003 年。

程希岚：《连谓结构、兼语结构的复杂性（一）》，《松辽学刊》（社会科学版）1984 年第 3 期。

程希岚：《连谓结构、兼语结构的复杂性（二）》，《松辽学刊》（社会科学版）1984 年第 4 期。

程琪龙、王宗炎：《兼语一般句式和把字句式的语义特征》，《语文研究》1998 年第 1 期。

程琪龙：《致使概念语义结构的认知研究》，《现代外语》2001 年第 2 期。

程琪龙、梅文胜：《使移事件及其小句》，《外语学刊》2008 年第 3 期。

古川裕：《现代汉语感受谓语句的句法特点——"叫/让/使/令"字句和"为"字句之间的语态转换》，《语言教学与研究》2003 年第 2 期。

崔冰洁：《基于 BMI 模型的汉语兼语构式研究》，硕士学位论文，四川外国语学院，2012 年。

崔希亮：《"把"字句的若干句法语义问题》，《世界汉语教学》1995 年第 3 期。

崔应贤、盛永生：《简论"兼语式"的范围》，《河南师范大学学报》（哲学社会科学版）1990 年第 3 期。

［英］戴维·克里斯特尔：《现代语言学词典》，沈家煊译，商务印

书馆 2000 年版。

丹洛：《兼语结构同主谓结构作宾语的区别》，《汉语学习》1981 年第 2 期。

党兰玲：《英语 SVOC 句式与汉语兼语句的对比》，《河南教育学院学报》（哲学社会科学版）2006 年第 6 期。

董治国：《古代汉语兼语句型新探》，《南开学报》1995 年第 6 期。

段虹宇：《〈金瓶梅词话〉"教、叫、交"兼语结构的研究》，硕士学位论文，山东师范大学，2010 年。

段芸、莫启扬、文旭：《认知语料库语言学刍议》，《外语与外语教学》2012 年第 6 期。

范晓：《论"致使结构"》，中国语文杂志社编：《语法研究和探索》（第十卷），商务印书馆 2000 年版。

封世文、沈兴安、杨亦鸣：《从使动句加工的功能性磁共振成像看中文句法加工的独立性》，《心理学报》2011 年第 2 期。

冯英：《试论先秦汉语使动用法和使令兼语式的发展顺序》，《云南师范大学学报》（哲学社会科学版）1991 年第 1 期。

冯英、曾晓渝：《汉语藏缅语"致使"义表达方式的历史层次及类型学意义》，《西南师范大学学报》（人文社会科学版）2004 年第 1 期。

符达维：《从句子内部结构看所谓"兼语式"》，《辽宁大学学报》（哲学社会科学版）1980 年第 4 期。

傅成宏：《现代汉语兼语结构的机器探测》，《合肥学院学报》（社会科学版）2011 年第 6 期。

傅兴岭、陈章焕：《常用构词词典》，中国人民大学出版社 1982 年版。

高华年：《试以语法意义和语法形式相结合的原则讨论汉语兼语式》，《学术研究》1962 年第 1 期。

桂诗春：《以概率为基础的语言研究》，《外语教学与研究》2004 年第 1 期。

郭姝慧：《现代汉语致使句式研究》，博士学位论文，北京语言大学，2004 年。

郭姝慧：《倒置致使句的类型及其制约条件》，《世界汉语教学》2006 年第 2 期。

郭姝慧：《"把"字句与"使"字句的置换》，《山西大学学报》（哲学社会科学版）2008 年第 3 期。

郭曙纶：《兼语式的语义分析》，《零陵师范高等专科学校学报》2000 年第 4 期。

何慎怡：《汉语兼语式与英语宾语复合宾语句比较》，《湖南师范大学学报》（社会科学版）1992 年第 6 期。

何元建、王玲玲：《论汉语使役句》，《汉语学习》2002 年第 4 期。

何元建：《论使役句的类型学特征》，《语言科学》2004 年第 1 期。

贺阳：《现代汉语欧化语法现象研究》，《世界汉语教学》2008 年第 4 期。

胡建华、杨萌萌：《"致使—被动"结构的句法》，《当代语言学》2015 年第 4 期。

胡明扬：《语体与语法》，《汉语学习》1993 年第 2 期。

胡明扬：《词类问题考察》，北京语言学院出版社 1996 年版。

胡文泽：《也谈"把"字句的语法意义》，《语言研究》2005 年第 6 期。

胡云晚：《带兼语的"使"和"让"之比较研究》，《松辽学刊》（人文社会科学版）2002 年第 1 期。

黄锦章：《汉语中的使役连续统及其形式紧密度问题》，《华东师范大学学报》（哲学社会科学版）2004 年第 5 期。

黄德智：《由介词结构形成的一种兼语式》，《吉首大学学报》1980

年第 1 期。

贾伯鑫：《新兼语构式"让 X 飞"的多重压制分析》，硕士学位论文，四川外国语学院，2012 年。

江蓝生：《近代汉语探源》，商务印书馆 2000 年版。

阚哲华：《致使动词与致使结构的句法——语义结构研究》，上海交通大学出版社 2010 年版。

李靖之：《先秦兼语式的结构形式》，《语文研究》1991 年第 2 期。

李临定：《现代汉语句型》，商务印书馆 1986 年版。

李临定：《现代汉语实用标词类词典》，山西教育出版社 2000 年版。

李香玲：《汉语兼语式的语义重合与话语功能的认知语法研究》，博士学位论文，河南大学，2013 年。

李佐丰：《谈〈左传〉三类复合使动式》，《内蒙古大学学报》1983 年第 4 期。

李佐丰：《先秦汉语实词》，北京广播学院出版社 2003 年版。

梁晓波：《致使词汇与结构的认知研究》，河南大学出版社 2007 年版。

梁银峰：《先秦汉语的新兼语式——兼论结果补语的起源》，《中国语文》2001 年第 4 期。

林太安：《"有"字兼语式初探》，《殷都学刊》1986 年第 6 期。

刘街生：《兼语式是一种句法连动式》，《汉语学习》2011 年第 1 期。

刘荣生：《现代汉语"兼语式"及其鉴别方法》，《西藏民族学院学报》（社会科学版）1996 年第 2 期。

刘世英：《汉语兼语结构的象似性探讨》，《渝西学院学报》（社会科学版）2002 年第 4 期。

刘特如：《关于汉语语法中的连谓式和兼语式的问题》，《淮南师专学报》（社会科学版）1983 年第 1 期。

刘永兵、于元方：《英语复合宾语与汉语兼语式的对比分析》，《松辽学刊》（社会科学版）1992年第2期。

刘永耕：《使令类动词和致使词》，《新疆大学学报》（社会科学版）2000年第1期。

刘永耕：《使令度和使令类动词的再分类》，《语文研究》2000年第2期。

刘云飞：《现代汉语兼语式分类新论——以力量关系的心理表征为视角》，《外语学刊》2014年第1期。

刘云飞：《现代汉语助成类兼语构式中的概念套叠分析》，《三峡论坛》2014年第1期。

刘云飞：《兼语式语义构建过程中的识解特征分析——以事件域认知模型为视角》，《外语教学》2014年第6期。

吕叔湘：《中国文法要略》，商务印书馆1982年版。

吕叔湘：《现代汉语八百词》（增订本），商务印书馆1999年版。

吕叔湘：《吕叔湘全集（第一卷）：中国文法要略》，辽宁教育出版社2002年版。

吕叔湘：《吕叔湘全集（第三卷）：汉语语法论文续集》，辽宁教育出版社2002年版。

吕叔湘：《吕叔湘全集（第四卷）：语法修辞讲话》，辽宁教育出版社2002年版。

马志刚：《最简方案下的探针—目标一致关系与汉语使令意兼语式的推导生成——基于题元准则和格位过滤原则质疑移位进入题元位置理论》，《英语研究》2011年第2期。

孟琮、郑怀德、孟庆海、蔡文兰：《汉语动词用法词典》，商务印书馆1999年版。

苗焕德：《汉语兼语式及其在维吾尔族语中的表现形式》，《西北民族学院学报》（哲学社会科学版）1984年第3期。

牛保义：《新自主/依存链接分析模型的建构与应用》,《现代外语》2011年第3期。

牛保义：《兼语N2的衔接功能的认知语法研究》,《外语学刊》2013年第2期。

牛顺心：《汉语中致使范畴的结构类型研究》,博士学位论文,上海师范大学,2004年。

牛顺心：《动词上致使标记的产生极其对分析型致使结构的影响》,《语言科学》2007年第3期。

牛顺心：《普通话中致使词的三个语法化阶段》,《社会科学家》2007年第3期。

牛顺心：《从类型学参项看普通话中分析型致使结构的句法类型和语义表现》,《语言研究》2008年第1期。

彭利贞：《论使役语义的语法表现层次》,《杭州大学学报》1996年第4期。

彭利贞：《论使役语义的语形表现》,《语文研究》1997年第1期。

戚晓杰：《谈兼语的省略及其条件限制》,《世界汉语教学》1996年第2期。

齐曦：《论英语使役结构及其两大范式》,《外语学刊》2007年第3期。

秦礼军：《兼语结构的日译刍议》,《福建外语》1988年第Z1期。

曲淑虹：《泰国学生兼语句是习得研究》,硕士学位论文,广西大学,2013年。

屈哨兵：《被动标记"让"的多角度考察》,《语言科学》2008年第1期。

饶勤：《离合词的结构特点和语用分析——兼论中高级对外汉语离合词的教学》,《汉语学习》1997年第1期。

任海波、王刚：《基于语料库的现代汉语离合词形式分析》,《语言科学》2005年第6期。

沈家煊：《语言的"主观性"和"主观化"》，《外语教学与研究》2001年第4期。

沈家煊：《如何处置"处置式"?》，《现代汉语语法的功能语用、认知研究》，商务印书馆2005年版。

沈家煊：《关于外语界做研究的几点想法》，《中国外语》2007年第1期。

沈家煊：《认知语言学系列丛书序》，上海外语教育出版社2008年版。

沈家煊：《怎样比才能有说服力——以英汉名动对比为例》，《现代外语》2012年第1期。

沈阳、何元建、顾阳：《生成语法理论与汉语语法研究》，黑龙江教育出版社2001年版。

施春宏：《动结式的论元结构和配位方式研究》，博士学位论文，北京大学，2003年。

史震己：《关于〈左传〉的兼语省略》，《内蒙古大学学报》（哲学社会科学版）1983年第4期。

束定方：《中国认知语言学二十年：回顾与反思》，《现代外语》2009年第3期。

宋卫华：《对"兼语式"语法特点的再认识》，《青海师范大学学报》（社会科学版）1995年第1期。

宋文辉、阎浩然：《再论现代汉语双宾语的句式原型》，《语文研究》2007年第2期。

宋玉柱：《也谈"连动式"和"兼语式"》，《郑州大学学报》（哲学社会科学版）1978年第2期。

宋玉柱：《论带"得"兼语式》，《徐州师范学院学报》1979年第1期。

苏丹洁：《构式语块教学法的实质——以兼语句教学及实验为例》，《语言教学与研究》2011年第2期。

苏丹洁：《取消"兼语句"之说——构式语块法的新分析》，《语言研究》2012年第4期。

孙爱凤：《基于语料库的英汉迂回致使构式对比研究》，硕士学位论文，安徽大学，2013年。

孙书杰：《先秦两汉新兼语式的发展及其影响》，《河北大学学报》（哲学社会科学版）2015年第3期。

唐培良：《使动用法与使令兼语式》，《上海师范大学学报》（哲学社会科学版）1983年第3期。

陶红印：《试论语体分类的语法学意义》，《当代语言学》1999年第3期。

童山东：《"有（无）+名+动"句式不应划入兼语式》，《岳阳师专学报》1980年第3期。

托乎提·巴海：《关于兼语式句子及其翻译》，《语言与翻译》1986年第4期。

宛新政：《现代汉语致使句研究》，博士学位论文，复旦大学，2004年。

万莹：《显性单纯致使句兼语式质疑》，《中南民族学院学报》（人文社会科学版）2001年第4期。

王海峰：《现代汉语离合词离析动因刍议》，《语文研究》2002年第3期。

王还、常宝儒：《现代汉语频率词典》，北京语言学院出版社1986年版。

王进祥：《浅谈兼语式的英译》，《大学英语》1988年第2期。

王力：《中国现代语法》，商务印书馆1943/1985年版。

王励：《"使"的词类归属》，《上海师范大学学报》1994年第4期。

王玲玲:《致使型套和结构》,载陆俭明《面向新世界挑战的现代汉语语法研究》,山东教育出版社2000年版。

王锐:《关于汉语兼语式的日译》,《日语学习与研究》2000年第2期。

王燕:《维吾尔族学生汉语致使句式习得研究》,《喀什师范学院学报》2012年第5期。

王寅:《构式压制、词汇压制和惯性压制》,《外语与外语教学》2009年第12期。

王寅:《构式语法研究(上卷):理论探索》,上海外语教育出版社2011年版。

王志敏:《藏汉语古今兼语结构格局比较》,《西藏大学学报》2006年第2期。

温宾利、袁芳:《论汉语兼语式的推导》,《外国语》2009年第5期。

文旭:《以认知为基础的英汉对比研究——关于对比认知语言学的一些构想》,《中国外语》2009年第3期。

吴迪:《对于一种所谓"兼语式"的初步探讨》,《语言与翻译》1987年第3期。

吴国良:《论英语中使役结构的语义用法特征》,《外语研究》1999年第2期。

吴平:《"使"字句时间结构的语义分析》,《浙江大学学报》(人文社会科学版)2009年第3期。

吴锡根:《〈金瓶梅词话〉与〈骆驼祥子〉〈围城〉中"使"字句比较研究》,《浙江树人大学学报》2004年第2期。

吴义诚、李艳芝:《语言及物性的构式研究》,《外国语》2014年第3期。

项开喜:《汉语的双施力结构式》,《语言研究》2002年第2期。

肖忠华、戴光荣：《寻求"第三语码"——基于汉语译文语料库的翻译共性研究》，《外语教学与研究》2010年第1期。

邢欣：《论兼语式的深层结构》，《新疆大学学报》（哲学社会科学版）1984年第1期。

邢欣：《试析兼语式动词"使"的特点》，《新疆师范大学学报》（哲学社会科学版）1992年第4期。

邢欣：《致使动词的配价》，载沈阳、郑定欧《现代汉语配价语法研究》，北京大学出版社1995年版。

邢欣：《现代汉语与维吾尔族语致使句型比较》，《汉语学报》2008年第2期。

熊学亮：《增效构式与非增效构式》，《外语教学与研究》2009年第5期。

熊学亮、梁晓波：《致使结构的原型研究》，《江西师范大学学报》2003年第6期。

熊学亮、杨子：《N_1 + V + 得 + N_2 + VP/AP 构式的复合致使分析》，《外国语文》2010年第1期。

熊仲儒：《动结式的致事选择》，《安徽师范大学学报》（人文社会科学版）2004年第4期。

徐丹：《"使"字句的演变——兼谈"使"字的语法化》，载吴福祥、洪波：《语法化与语法研究（一）》，商务印书馆2003年版。

徐通锵：《自动和使动——汉语语义句法的两种基本句式及其历史演变》，《世界汉语教学》1997年第1期。

许家金：《青少年汉语口语中话语标记的话语功能研究》，外语教学与研究出版社2009年版。

薛凤生：《"把"字句和"被"字句的结构意义——真的表示"处置"和"被动"?》，载戴浩一、薛凤生《功能主义与汉语研究》，北京语言学院出版社1994年版。

严辰松:《从年方十八说起再谈构式》,《解放军外国语学院学报》2008 年第 6 期。

杨成凯:《"兼语式"存废之争》,《学习与思考》1984 年第 1 期。

杨春雷:《兼语式的深层语言处理:从语言学设计到计算实现》,《外国语》2013 年第 3 期。

杨大然:《现代汉语使动结构的 ECM 现象研究》,《现代外语》2003 年第 4 期。

杨惠中:《语料库语言学导论》,上海外语教育出版社 2002 年版。

杨军:《古代汉语"隐形兼语"初探——关于名词的分化与演化现象》,《新疆师范大学学报》(社会科学版)1982 年第 2 期。

杨庆蕙:《现代汉语离合词用法词典》,北京师范大学出版社 1995 年版。

杨晓斌:《典籍兼语式的汉英翻译探析》,《宜春学院学报》2013 年第 4 期。

杨月蓉:《连动句和兼语句中的语义关系——兼论连动式与兼语式的区别》,《西南师范大学学报》(哲学社会科学版)1992 年第 4 期。

杨哲:《兼语构式浅析》,《文教资料》2010 年第 6 期。

杨自俭:《英汉对比研究的一个新领域:〈英汉隐喻认知对比研究〉序》,《外语教学》2008 年第 6 期。

叶狂、潘海华:《把字句的跨语言视角》,《语言科学》2012 年第 6 期。

叶向阳:《"把"字句的致使性解释》,《世界汉语教学》2004 年第 2 期。

游汝杰:《现汉汉语兼语句的句法和语义特征》,《汉语学习》2002 年第 6 期。

袁芳、魏行:《汉语兼语式中论元共享问题的拷贝分析》,《现代外语》2015 年第 4 期。

袁毓林:《汉语句子的文意不足和结构省略》,《汉语学习》2002 年第 3 期。

曾钢城:《古汉语动词"使"后兼语可表隐密性初探》,《怀化师专学报》(社会科学版) 1985 年第 2 期。

张彬:《英汉使役结构的对比分析》,《河南科技大学学报》(社会科学版) 2004 年第 2 期。

张恒:《现代汉语致使动词语义粘合等级研究》,《汉语学报》2011 年第 1 期。

张建理:《单宾语句的认知构式语法研究》,《浙江大学学报》(人文社会科学版) 2008 年第 4 期。

张建中:《〈史记〉的使动用法和"使""令"兼语式》,《广西师范大学学报》(哲学社会科学版) 1990 年第 1 期。

张京鱼:《心理动词和英语典型使役化结构》,《四川外国语学院学报》2004 年第 5 期。

张景霓:《西周金文的连动式和兼语式》,《广西民族学院》(哲学社会科学版) 1999 年第 3 期。

张静:《"连动式"和"兼语式"应该取消》,《郑州大学学报》(哲学社会科学版) 1977 年第 4 期。

张静:《"使"和"使动句"》,《语文学习》1982 年第 9 期。

张美兰:《近代汉语使役动词及其相关的句法、语义结构》,《清华大学学报》(哲学社会科学版) 2006 年第 2 期。

张丽丽:《从使役到条件》,《台湾大学文史哲学报》2006 年第 65 期。

张树铮:《再论"兼语式"》,《山东大学学报》(哲学社会科学版) 1987 年第 1 期。

张伟:《关于兼语式的二元性与二分法》,《延安大学学报》(社会科学版）1981 年第 Z1 期。

张欣、桑晔：《北京人——100 个普通人的自述》，上海文艺出版社 1987 年版。

张翼：《汉语"得"字致使句式研究》，《解放军外国语学院学报》 2011 年第 3 期。

张允若：《汉语兼语式和英语复杂宾语》，《江西财经学院学报》 1983 年第 1 期。

赵冰波：《论"使"字的介词词性》，《河南教育学院学报》1994 年第 1 期。

赵朝永、邵志洪：《英汉语使役概念表达的词汇化模式对比研究》，《西安外国语大学学报》2009 年第 1 期。

赵淑华、张宝林：《离合词的确定与离合词的性质》，《语言教学与研究》1996 年第 1 期。

赵益贵：《论兼语的特征及兼语式结构之关系》，《广西民族学院学报》（哲学社会科学版）1998 年第 3 期。

赵元任：《汉语口语语法》，吕叔湘译，商务印书馆 1968 年版。

周红：《现代汉语致使范畴研究》，博士学位论文，华东师范大学，2004 年。

周红：《致使动词的类型及动态变化》，《烟台师范学院学报》（哲社版）2006 年第 2 期。

周华文：《基于语料库的外国学生兼语句习得研究》，《语言教学与研究》2009 年第 3 期。

周维杰：《复合宾语与兼语式的比较研究》，《扬州教育学院学报》 1999 年第 1 期。

朱德熙：《语法讲义》，商务印书馆 1982 年版。

中国社会科学院语言研究所词典编辑室：《现代汉语词典（第 5 版）》，商务印书馆 2005 年版。

Altenberg, B. & Granger, S. "The Grammatical and Lexical Patterning of Make in Native and Non-native Student Writing", *Applied Linguistics*, No. 22, 2001.

Arppe, A., Gilquin, G., Glynn, D., Hilpert, M. & Zeschel, A. "Cognitive Corpus Linguistics: Five Points of Debate on Current Theory and Methodology", *Corpora*, No. 1, 2011.

Barlow, M. & Kemmer, S. *Usage-Based Models of Language*, Stanford, CA: CSLI Publications, 2000.

Bazerman, C. Systems of Genres and the Enactment of Social Intentions, In: Freeman, A. & Medway, P. *Genre and the New Rhetoric*, London: Taylor & Francis, 1994.

Benveniste, E. *Problems in General Linguistics*, Coral Gablres, FL: University of Miami Press, 1971/1958.

Bernard, L. *Reference Guide for the British National Corpus (World Edition)*, Oxford: Oxford University Press, 2000.

Biber, D., Conrad, S. & Reppen, R. *Corpus Linguistics: Investigating Language Structure and Use*, Beijing: Foreign Language Teaching and Research Press, 2000/1998.

Biber, D. *Dimensions of Register Variation: A Cross-Linguistic Comparison*, New York: Cambridge University Press, 1995.

Biber, D. "The Multi-dimensional Approach to Linguistic Analyses of Genre Variation: An Overview of Methodology and Findings", *Computers and the Humanities*, Vol. 26, No. 5-6, 1992.

Biber, D. *Variation Across Speech and Writing*, Cambridge & New York: Cambridge University Press, 1988.

Bod, R., Hay, J. & Hannedy, S. *Probabilistic Linguistics*, Massachusetts: The MIT Press, 2003.

Cai, Q. & Brysbaert, M. "SUBTLEX – CH: Chinese Word and Character Frequencies Based on Film Subtitles", *PLOS ONE*, Vol. 5, No. 6, 2010: e10729. doi: 10. 1371/journal. pone. 0010729.

Cannings, P. L. & Moody, M. D. "Faire Faire Quelque Chose à/Par Quelqu'un: the Causative Triangle", *The Modern Language Journal*, No. 62, 1978.

Chafe, W. Evidentiality in English Conversation and Academic Writing, In: Chafe, W. and Nichols, J. *Evidentiality: The Linguistic Coding of Epistemology*, Norwood, NJ: Ablex, 1986.

Chatti, S. "The Semantic Network of Causative make", *ICAME Journal*, No. 35, 2011.

Chen, C. "Corpus, Lexicon, and Construction: A Quantitative Corpus Approach to Mandarin Possessive Construction", *Computational Linguistics and Chinese Language Processing*, Vol. 14, No. 3, 2009.

Cole, P. "The Grammatical Role of the Causee in Universal Grammar", *International Journal of American Linguistics*, No. 49, 1983.

Collins, P. "The Indirect Object Construction in English: An Informational Approach", *Linguistics*, No. 33, 1995.

Comrie, B. *Language Universals and Linguistic Typology* (2nd edition), Chicago: The University of Chicago Press, 1989.

Comrie, B. The Syntax of Causative Constructions: Cross-language Similarities and Divergences, In: Shibatani, M. *The Grammar of Causative Constructions*, New York: Academic Press, 1976.

Cruse, D. A. Prototype Theory and Lexical Semantics, In: Tsohatzidis, S. L. *Meanings and Prototypes. Studies in Linguistic Categorization*. London/New York: Routledge, 1990.

Divjak, D. S. and Gries, S. T. Corpuse-based Cognitive Semantics: A

Contrastive Study of Phrasal Verbs in English and Russian, In: Dziwirek, K. and Leandowska-Tomaszczyk, B. *Studies in Cognitive Corpus Linguistics*, Frankfurt /Main: Peter Lang, 2009.

Evans, V. & Green, M. *Cognitive Linguistics: An Introduction*, Edinburgh: Edinburgh University Press, 2006.

Fang, X. & Kennedy, G. "Expressing Causation in Written English", *RELC Journal*, Vol. 23, No. 1, 1992.

Firth, J. R. *Papers in Linguistics* 1934 – 1951, London: Oxford University Press, 1957.

Fitzmaurice, S. "Subjectivity, Intersubjectivity and the Historical Construction of Interlocutor Stance: From Stance Markers to Discourse Markers", *Discourse Studies*, Vol. 6, No. 4, 2004.

Geeraerts, D. Where does Prototypicality Come from? In: Rudzka-Ostyn, B. *Topics in Cognitive Linguistics*, Amsterdam/Philadelphia: John Benjamins Publishing Company, 1988.

Giles, S. T. , Hampe, B. & Schonefeld, D. "Converging Evidence: Bring Together Experimental and Corpus Data on the Association of Verbs and Construction", *Cognitive Linguistics*, Vol. 16, No. 4, 2005.

Gilquin, G. Causative *make* and *faire*: A Case of Mismatch, In: González, M. , Mackenzie, J. L. & Álvarez, E. M. G. *Current Trends in Contrastive Linguistics: Functional and Cognitive Perspectives*, Amsterdam /Philadelphia: John Benjamins Publishing Company, 2008.

Gilquin, G. *Corpus, Cognition and Causative Constructions*, Amsterdam: John Benjamins Publishing Company, 2010.

Gilquin, G. Lexical Infelicity in Causative Constructions: Comparing Native and Learner Collostructions, In: Leino, J. & Von Waldenfels, R. *Analytical Causatives: from "give" and "come" to "let" and "make"*, München: Lincom Europa, 2012.

Gilquin, G. The Place of Prototypicality in Corpus Linguistics: Causation in the Hot Seat, In: Gries, S. T. & Stefanowitsch, A. *Corpora in Cognitive Linguistics: Corpus-Based Approaches to Syntax and Lexis*, Berlin/New York: Mouton de Gruyter, 2006b.

Gilquin, G. "The Verb Slot in Causative Construction: Finding the Best Fit", *Constructions*. SV1 - 3. 2006a. < http: www. construction-online. de/articles/specvol1/674 > (accessed July 1, 2010).

Givón, T. *English Grammar: A Function-Based Introduction. Vol. II*, Amsterdam/ Philadelphia: John Benjamins Publishing Company, 1993.

Givón, T. Prototypes: Between Plato and Wittgenstein, In: Craig, C. *Noun Classes and Categorization*, Amsterdam/Philadelphia: John Benjamins Publishing Company, 1986.

Givón, T. "The Binding Hierarchy and the Typology of Complements", *Studies in Language*, No. 4, 1980.

Goldberg, A. E. "Constructions: A New Theoretical Approach to Language", *Trends in Cognitive Science*, Vol. 7, No. 5, 2003.

Goldberg, A. E. *Constructions. A Construction Grammar Approach to Argument Structure*, Chicago: The University of Chicago Press, 1995.

Goldberg, A. E. *Constructions at Work: The Nature of Generalization in Language*, Oxford: Oxford University Press, 2006.

Gries, S. T. & Stefanowitsch, A. Covarying Collexemes in the *Into-causative*, In: Achard, M. & Kemmer, S. *Language, Culture, and Mind*, Stanford, CA: CSLI. 2004b.

Gries, S. T. & Stefanowitsch, A. "Extending Collostructional Analysis: A Corpus-based Perspective on 'Alternations'", *International Journal of Corpus Linguistics*, Vol. 9, No. 1, 2004a.

Gries, S. T. *Coll. analysis 3.2. A program for R for Windows 2.x.*, < http://www.linguistics.ucsb.edu/faculty/stgries >, 2007.

Gu, Y. Towards an Understanding of Workplace Discourse: A Pilot Study for Compiling a Spoken Chinese Corpus of Situated Discourse, In: Canlin, C. *Theory and Practice of Professional Discourse*, Hong Kong: City University of Hong Kong Press, 2001.

Haiman, J. Symmetry, In: Haimann, J. *Iconicity in Syntax*, Amsterdam/Philadelphia: John Benjamins Publishing Company, 1985.

Haiman, J. "The Iconicity of Grammar: Isomorphism and Motivation", *Language*, No. 56, 1980.

Halliday, M. A. K. & Hasan, R. *Language, Context, and Text: Aspects of Language in a Social-semiotic Perspective* (2nd edition), Oxford: Oxford University Press, 1989.

Halliday, M. A. K. & Matthiessen, C. *An Introduction to Functional Grammar* (3rd edition), London: Hodder Arnold, 2004.

Hollmann, W. *Synchrony and Diachrony of English Periphrastic Causatives: A Cognitive Perspective*, Unpublished Doctoral Dissertation, University of Manchester, 2003.

http://davies-linguistics.byu.edu/ling485/for_class/BNC_WORLD_INDEX.XLS (Accessed Oct. 10, 2012).

Hundt, M, Sand, A. & Siemund, R. *Manual of Information to Accompany the Freiburg-LOB Corpus of British English (FLOB)*, 1998. < http://khnt.hit.uib.no/icame/manuals/flob/flobinfo.index.htm > (accessed April 5, 2010).

Hunston, S. & Thomson, G. *Evaluation in Text: Authorial Stance and the Construction of Discourse*, New York: Oxford University Press, 2000.

Jing-Schmidt, Z. & Jing, T. "Embodied Semantics and Pragmatics: Empathy, Sympathy and Two Passive Constructions in Chinese Media Discourse", *Journal of Pragmatics*, No. 43, 2011.

Jing-Schmidt, Z. & Tao, H. "The Mandarin Disposal Constructions: Usage and Development", *Language and Linguistics*, Vol. 10, No. 1, 2009.

Kemmer, S. & Verhagen, A. "The Grammar of Causatives and the Conceptual Structure of Events", *Cognitive Linguistics*, No. 5, 1994.

Lakoff, G. & Johnson, M. *Metaphors We Live By*, Chicago/London: The University of Chicago Press, 1980.

Lakoff, G. *Women, Fire and Dangerous Things. What Categories Reveal about the Mind*, Chicago/London: The University of Chicago Press, 1987.

Langacker, R. W. *Concept, Image, and Symbol: The Cognitive Basis of Grammar*, Berlin: Mouton de Gruyter, 1990b.

Langacker, R. W. *Foundations of Cognitive Grammar Vol. I: Theoretical Prerequisites*, Stanford: Stanford University Press, 1987.

Langacker, R. W. *Foundations of Cognitive Grammar. Vol. II. Descriptive Application*, Standford, CA: Stanford University Press, 1991.

Langacker, R. W. *Grammar and Conceptualization*, Berlin & New York: Mouton de Gruyter, 1999.

Langacker, R. W. "Sequential and Summary Scanning: A Reply", *Cognitive Linguistics*, No. 4, 2008.

Langacker, R. W. "Subjectification", *Cognitive Linguistics*, No. 1,

1990a.

Lee, D. Y. W. BNC World Index. 2002. Available at:

Lee, D. Y. W. "Genres, Registers, Text Types, Domains and Styles: Clarifying the Concepts and Navigating a Path through the BNC Jungle", *Language Learning & Technology*, No. 5, 2001.

Lemmens, M. *Lexical Perspectives on Transitivity and Ergativity: Causative Constructions in English*, Amsterdam/Philadelphia: John Benjamins, 1998.

Levin, B. *English Verb Classes and Alternations: A Preliminary Investigation*, Chicago: The University of Chicago Press, 1993.

Levshina, N., Geeraerts, D. & Speelman, D. Changing the World vs. Changing the Mind: Distinctive Collexeme Analysis of the Causative Construction with *doen* in Belgium and Netherlandic Dutch, In: Greeensen, F. Porrot, J. and Quist, P. *Language Variation: Eurpoean Perspectives III. Selected papers from ICLaVE5*, Cophegen, June 2009, Amsterdam: John Benjamins Publishing Company, 2010.

Levshina, N., Geeraets, D. & Speelman, D. "Mapping Constructional Spaces: A Contrastive Analysis of English and Dutch Analytical Causatives", *Linguistics*, No. 51, 2013.

Markman, A. & Wisniewski, E. "Similar and Different: The Differentiation of Basic-Level Categories", *Journal of Experimental Psychology*, Vol. 23, No. 1, 1997.

Matisoff, J. A. Lahu Causative Constructions: Case Hierarchies and the Morphology/Syntax Cycle in the Tibeto-Turman Perspective, In: Shibatani, M. *The Grammar of Causative Constructions*, New York: Academic Press, 1976.

McEnery, A. & Wilson, A. *Corpus Linguistics: An Introduction*, Edinburgh: Edinburgh University Press, 2001/1996.

McEnery, A. & Xiao, Z. Lancaster Corpus of Mandarin Chinese. Published by the European Language Resources Association (Catalogue No. W0039) and the Oxford Text Archive (Catalogue No. 2474). 2003.

McEnery, A., Xiao, Z. & Mo, L. "Aspect marking in Chinese and English: Using the Lancaster Corpus of Mandarin Chinese for Contrastive Language Study", *Literary and Linguistic Computing*, Vol. 18, No. 4, 2003.

McEnery, T. & Hardie, A. *Corpus Linguistics: Method, Theory and Practice*, Cambridge: Cambridge University Press, 2012.

McEnery, T. & Xiao, R. The Lancaster Corpus of Mandarin Chinese: A Corpus of Monolingual and Contrastive Language Study, In: Lino, M., Xavier, M., Ferreire, F., Costa, R. & Silva, R. *Proceedings of the Fourth International Conference on Language Resources and Evaluation* (LREC 2004), Paris: European Language Resources Association, 2004.

McEnery, T., Xiao, R. & Tono, Y. *Corpus-based Language Studies: An Advanced Resource Book*, London and New York: Routledge, 2006.

Mitchell, T. T. *Principles of Firthian Linguistics*, London: Longman, 1975.

Miyake, T. A Usage-based Analysis of the Causative Verb *Shi* in Mandarin Chinese, In: Takagaki, T., Zaima, S., Tsuruga, Y., Moreno-Fernandez, F. & Kawaguchi, Y. *Corpus-based Approaches to Sentence Structures*, Amsterdam/Philadelphia: John Benjamins Publishing Company, 2005.

Montrul, S. A. *Transitivity Alternation in Second Language Acquisition:*

A Cross-linguistic Study of English, Spanish and Turkish, Unpublished PhD Dissertation. McGill University, Montreal, 1997.

Oakes, M. *Statistics for Corpus Linguistics*, Edinburgh: Edinburgh University Press, 1998.

Ochs, E. & Schieffelin, B. "Language Has a Heart: the Pragmatics of Affect", *Text*, Vol. 9, No. 1, 1989.

Quaglio, P. *Television Dialogue: The Sitcom Friends vs. Natural Conversation*, Amsterdam/ Philadelphia: John Benjamins, 2009.

Renouf, A. Corpus Linguistics: Past and Present (Preface). In: Wei, N. X. et al. *Corpora in Use*, Shanghai: Shanghai Foreign Language Education Press, 2005.

Rosch, E. & Mervis, C. "Family Resemblances: Studies in the Internal Structure of Categories", *Cognitive Psychology*, No. 7, 1975.

Rosch, E., Mervis, C., Gray, W. Johnson, D. & Boyes-Braem, P. "Basic Objects in Natural Categories", *Cognitive Psychology*, No. 8, 1976.

Rosch, E. Principles of Categorization, In: Rosch, E. and Lloyd, B. B. *Cognitive and Categorization*, New York: Lawrence Erlbaum. 1978.

Sampson, G. From Central Embedding to Corpus Linguistics, In: Thomas, J. & Short, M. *Using Corpora for Language Research*, Beijing: Foreign Language Teaching and Research Press, 2001.

Sampson, G. "Quantifying the Shift towards Empirical Methods", *International Journal of Corpus Linguistics*, Vol. 10, No. 1, 2005.

Schegloff, E. A. Reflections on Language, Development, and the Interactional Character of Talk-in-interaction, In: Bornstein, M. C. & Bruner, J. B. *Interaction in Human Development*, Hillsdale: Lawrence

Erlbaum Associates, 1989.

Schegloff, E. A. "Repair after Next Turn: the Last Structurally Provided Defense of Intersubjectivity in Conversation", *American Journal of Sociology*, Vol. 97, No. 5, 1992.

Scheibman, J. *Point of View of Grammar: Structural Patterns of Subjectivity in American English Conversation*, Amsterdam: John Benjamins, 2002.

Schmid, H. *English Abstract Nouns as Conceptual Shells: From Corpus to Cognition*, Berlin/New York: Mouton de Gruyter, 2000.

Schönefeld, D. "It is... Quite Common for Theoretical Predictions to Go Untested (BNC_CMH). A Register-specific Analysis of the English *go un-V-en* Construction", *Journal of Pragmatics*, No. 52, 2013.

Shibatani, M. The Grammar of Causative Constructions: A Conspectus, In: Shibatani, M. *The Grammar of Causative Constructions*, New York: Academic Press, 1976.

Stefanowitsch, A. & Gries, S. T. "Collostructions: Investigating the Interaction Between Words and Constructions", *International Journal of Corpus Linguistics*, No. 2, 2003.

Stefanowitsch, A. & Gries, S. T. Corpora and Gammar, In: Lüdeling, A. & Kytö, M. *Corpus Linguistics: An International Handbook*, Vol. 2, Berlin & New York: Mouton de Gruyter, 2009.

Stefanowitsch, A. & Gries, S. T. "Covarying Collexemes", *Corpus Linguistics and Linguistic Theory*, Vol. 1, No. 1, 2005.

Stefanowitsch, A. *Constructing Causation: A Construction Grammar Approach to Analytic Causatives*, Ph. D. Dissertation, Rice University, 2001.

Stefanowitsch, A. "The Function of Metaphor: Developing a Corpus-based

Perspective", *International Journal of Corpus Linguistics*, Vol. 10, No. 2, 2005.

Swales, J. *Genre Analysis: English in Academic and Research Settings*, Cambridge & New York: Cambridge University Press, 1990.

Talmy, L. "Force Dynamics in Language and Cognition", *Cognitive Science*, No. 12, 1988.

Talmy, L. Semantic Causative Types, In Shibatani, M. *Syntax and Semantics: The Grammar of Causative Constructions*, New York, San Fransisco, London: Academic Press, 1976.

Talmy, L. *Toward a Cognitive Semantics Vol. I Concept Structuring Systems*, Cambridge, MA.: The MIT Press, 2000a.

Talmy, L. *Toward a Cognitive Semantics. Volume II: Typology and Process in Concept Structuring*, Cambridge, MA: MIT Press, 2000b.

Taylor, J. *Linguistic Categorization: Prototypes in Linguistic Theory*, Beijing: Foreign Language Teaching and Research Press, 2003.

Thompson, S. A. Information Flow and Dative Shift in English Discourse, In: Edmondson, J. A, Feagin, C. & Muhlhausler, P. *Development and Diversity: Language Variation Across Time and Space*, Dallas: SIL and University of Arlington, TX. , 1990.

Tomasello, M. "First Steps Toward a Usage-based Theory of Language Acquisition", *Cognitive Linguistics*, Vol. 11, No. 1-2, 2000.

Ungerer, F. & Schmid, H. *An Introduction to Cognitive Linguistics*, Beijing: Foreign Language Teaching and Research Press, 2001.

Verhagen, A. & Kemmer, S. "Interaction and Causation: Causative Constructions in Modern Standard Dutch", *Journal of Pragmatics*, No. 27, 1997.

Wittgenstein, L. *Philosophical Investigations*, Trans. by Elizabeth Anscombe. Oxford: Blackwell Publishing, 2001/1953.

Wolff, P. & Song, G. "Models of Causation and the Semantics of Causal Verbs", *Cognitive Psychology*, No. 47, 2003.

Wolff, P., Jeon, G. & Yeh, K. "Causal Agents and the Individuation of Events in English, Chinese, and Korean", *Proceedings of the 5th International Conference on Cognitive Science*. Mahwah, NJ: Lawrence Erlbaum. 2006.

Wolff, P., Jeon, G., Klettke, B. & Yu, L. Force Creation and Possible Causers Across Languages, In: Malt, B. & Wolff, P. *Words and the World: How Words Capture Human Experience*, Oxford: Oxford University Press, 2010.

Wolff, P., Klettke, B., Ventura, T. & Song, G. Expressing Causation in English and Other Languages, In: Ahn, W., Goldstone, R. L., Love, B. C., Markman, A. B. & Wolff, P. *Categorization Inside and Outside the Laboratory: Essays in Honor of Douglas L. Medin*, Washington, D. C.: American Psychological Association, 2005.

Wolff, P. "Representing Causation", *Journal of Experimental Psychology: General*, Vol. 136, No. 1, 2007.

Wulff, S., Stefanowitsch, A. & Gries, S. T. "Brutal Brits and Persuasive Americans: Variety-specific Meaning Construction in the *into-causative*", In: Berg, T., et al. *Constructing Meaning: From Concepts to Utterances*, Amsterdam/Philadelphia: John Benjamins Publishing Company, 2007.

Xiao, R. & McEnery, A. "Two Approaches to Genre Analysis: Three Genres in Modern American English", *Journal of English Linguistics*, Vol. 33, No. 1, 2005.

Xiao, R. & Tao, H. "A Corpus-based Sociolinguistic Study of Amplifiers in British English", *Sociolinguistics Studies*, Vol. 1, No. 2, 2007.

Xiao, R., McEnery, T. & Qian. Y. "Passive Constructions in English and Chinese: A Corpus-based Contrastive Study", *Languages in Contrast*, Vol. 6, No. 1, 2006.

Xiao, Z. & Tao, H. The Lancaster Los Angeles Spoken Chinese Corpus, Lancaster, UCREL, Lancaster University, 2006. http://www.lancaster.ac.uk/fass/projects/corpus/LLSCC/ (accessed Oct 10, 2010).

Yap, F. & Iwasaki, S. From Causative to Passive: A Passage in Some East and Southeast Asian Languages, In: Casad, E. H. & Palmer, G. B. *Cognitive Linguistics and Non-Indo-European Languages*, Berlin: Mouton de Gruyter, 2003.

Yip, P. & Don, R. *Chinese: A Comprehensive Grammar*, London and New York: Routledge, 2004.

Zhang, R., Yasuda, K. & Sumita, E. "Chinese Word Segmentation and Statistical Machine Translation", *ACM Transactions on Speech and Language Processing*, Vol. 5, No. 2, 2008, doi: 10.1145/1363108.1363109.

Zou, C. & Xia, N. "A Formal Treatment of the Causative Constructions in Chinese", *Frontiers of Philosophy in China*, Vol. 3, No. 2, 2008.